广州市法学会法治重点研究基地成果

刘长兴◎著

H 环境损害
政府补偿责任研究

UANJING SUNHAI

ZHENGFU BUCHANG ZEREN YANJIU

中国政法大学出版社

2019·北京

图书在版编目（ＣＩＰ）数据

环境损害政府补偿责任研究/刘长兴著. —北京：中国政法大学出版
社, 2019. 4

ISBN 978-7-5620-8954-4

Ⅰ. ①环… Ⅱ. ①刘… Ⅲ. ①环境污染－国家赔偿法－研究－中国
Ⅳ. ①D922.684②D922.114

中国版本图书馆 CIP 数据核字(2019)第 066000 号

出 版 者	中国政法大学出版社
地　　址	北京市海淀区西土城路 25 号
邮寄地址	北京 100088 信箱 8034 分箱　邮编 100088
网　　址	http://www.cuplpress.com (网络实名：中国政法大学出版社)
电　　话	010-58908586(编辑部) 58908334(邮购部)
编辑邮箱	zhengfadch@126.com
承　　印	北京中科印刷有限公司
开　　本	880mm×1230mm　1/32
印　　张	8.875
字　　数	215 千字
版　　次	2019 年 4 月第 1 版
印　　次	2019 年 4 月第 1 次印刷
定　　价	46.00 元

政府环境责任：从事理描述转向法理研究

（代序）

中国的环境法学与改革开放的进程相伴随，已经走过了近40年。回顾环境法学从无到有、从"潜学"到"显学"的历程，有两个因素不可忽视：一是环境法学起始于对外国环境法制度的介绍引进，二是环境法学的兴盛与环境保护在中国的政治地位提升直接相关。这两个因素对于新兴的环境法学，益处不言而喻：以国外的环境法制度与环境法学理论为研究对象的中国环境法学一开始就"站在了巨人的肩膀上"；环境保护政治地位的不断提升为环境法学的迅速成长提供了土壤。可以说，中国环境法学就是在这样的条件下成长起来的。理论的"速生"也支撑了实践的"加速"——环境立法一直跑在"快车道"上、环境执法"风暴"不断、环境司法"后来居上"……几代环境法学者就是在这样的环境中逐渐"成熟"，形成了"中国环境问题很严重——外国有相关法律——中国也要立法"的事理逻辑，也习惯于以政策语言诠释法律，以政治正确替代法理论证的研究路径。

当今的中国，虽然已经有了近 40 部自己的环境立法，但是环境执法实施性问题凸显，司法亟待学理支撑，基于外国法律制度研究的环境法理论难免隔靴搔痒，学者们发出的声音苍白无力。而在生态文明建设被提升为国家整体战略，承载着以"绿色执政"引领中国"强起来"的重任，环境保护成为各个传统法律都必须高度重视制度安排的时候，建立在简单的政治话语体系、政策应对逻辑之上的环境法理论时常捉襟见肘，法学学科间的对话十分困难。

每一代环境法学人都有自己的使命。中国环境法学经过 40 年的发展，实现从"外来输入型"到"内生成长型"的转变是"这一代"环境法学人义不容辞的责任。我们必须清醒地认识到，实现转变需要做出巨大的努力：一是环境法理论研究必须有"中国意识"、问题导向，二是实现政治话语向法律话语、学术话语的转变。

挑战与机遇向来是一枚硬币的两面，时代对环境法学理论研究转型的呼唤，为新一代环境法学人提供了广阔的空间。如果说，当代环境法学发展最重要的任务是从事理分析转向到法理分析，构建法理分析的逻辑框架和理论体系；那么，在环境法学"回归"法律逻辑、法律语言、法律思维的过程中，定会出现标志性成果、代表性人物。无论是构建从注重环境科学、环境管理学到重视法理学、法哲学的环境新法理基础，还是在探索从注重社会法学到法社会学与法教义学并重的环境法新研究路径，抑或创新从注重还原主义到超越还原主义和整体主义的环境法新方法，都是培育智慧之树、思想之花、学术之果的最肥沃土壤。

令人欣慰的是，近年来，出现了既立足于中国的政治发展道路，又努力用法律的语言、学术话语体系表达政治道路、政治逻辑、政治立场的论著。刘长兴的《环境损害政府补偿责任研究》，正是环境法研究转型的有益尝试。本书立足于生态文明建设给政府提出新要求、环境污染历史欠账多、治理要求高给政府带来巨大压力等现实问题，从政府应该承担环境责任的事理中提炼法学理论命题，探讨将政府环境责任的基本社会共识转化为科学、合理、可操作的法律制度的理论基础与实践路径。

　　读完《环境损害政府补偿责任研究》一书，可以强烈地感受到作者强烈的探索愿望与谨慎的论证分析之间的张力。作者没有研究政府环境责任的全部，而是选择了补偿责任这个"小切口"，去作一篇关系到政府在处理环境事件中承担的应急处置、善后处理等责任落实的"大文章"；从建立污染者受害补偿制度这个"小环节"，打通关涉应急法制和救助法制与环境法制关系的"大关键"。既为政府已经给予污染受害者补偿的实践提供充分的法律制度根据，也从理论上分析其法律困境及其原因、论证政府环境损害补偿责任制度的合理性与合法性。

　　以政府对受害者补偿的法律依据不足为研究起点。作者在对已有的大量环境事件特别是重大环境污染事件处理案例进行分析的基础上，发现政府在进行善后处理时为安抚、救助受害人采取的补偿方式法律依据不足。实践中，政府支付的补助金、援建房、医疗费等不同形式的补偿金，虽然取得了顺利处置环境事件的良好效果，也使受害人实际获益；但因为缺乏法律依据，政府支付补偿金的权力来源、行使方式、行政程序等都存在问题，将会直接影响法治政府建设和政府补偿的社会评价。规范和完善环境损害政府补偿制度是急迫的实践课题。

　　以建立环境损害政府补偿责任的法理基础为学术旨趣。作者研究了政治学、行政学对政府具体责任方式、责任范围等方面的不同理论，归纳现代政府承担保障人的基本权利、解决环境污染带来的社会问题职责的共识。并以此为基础，探索政府承担环境损害补偿责任从政治合理性转化为法律正当性的途径与方法，为设计相关法律制度提供理论支撑。建立环境损害政府补偿制度的法理基础是重大的理论课题。

以提出环境损害政府补偿的制度化方案为理论归宿，作者认为，基础理论可以为法律制度研究提供基本的框架，但并不会必然带来制度的完善，制度设计还必须研究制度环境、主体类型、社会效果、实施成本等更多、更实际的问题。因此，在现行法律体系下展开对环境损害的政府补偿责任制度的研究，为解决补偿条件、补偿主体、补偿范围、补偿标准等具体问题提出建设性方案。设计环境损害政府补偿制度的具体内容是理论走向实践必须架设的桥梁。

本书从现实问题出发、基于理论展开分析、提出制度化解决方案的思路值得肯定，其中提出的一些问题也有值得深入研究价值。比如：政府责任扩张理论是否必然导致政府补偿责任的法律制度创设？对于这种新的政府责任形式，是否还有其他角度的阐释和论证？又如，如何处理政府责任在环境保护领域的扩张与限制政府权力的关系、划定政府责任扩张的界限、实现政府不同职责之间法律平衡？再如，环境损害的政府补偿责任与损害赔偿责任在制度内容和追究形式上界分，环境损害与已有侵权责任制度、责任保险制度、公益诉讼制度之间如何协调，政府补偿责任与应急制度、救助制度如何有机衔接？等等。

对于这些问题，作者在不同程度上有所涉及，有的问题回答得比较充分，有的问题还缺乏足够的解释力、说服力。因此，也希望作者对这个问题的研究以本书为对政府环境责任制度研究的开始而不是结束。更希望通过研究，扭转过去环境法研究主要关注企业责任、相对忽视政府责任的现状，以环境损害的政府补偿责任研究作为突破传统政府责任理论、深化政府环境责任研究的新起点。

吕忠梅

2018 年 9 月 30 日于京西宾馆

CONTENTS 目　录

环境损害及其救济难题

人类文明无疑已经达到了一个前所未有的高度，但人与自然的关系也正面临严峻的考验。在人类历史上，也许从未真正达到过人与自然和谐相处、"天人合一"的理想境界，但是，也许人类文明史上任何时代都不像今天这样距离这一理想如此遥远。起源于自然且作为自然异化之产物的"人类"与作为母体的"自然"正深深地相互伤害：

——自然之伤。看看我们周围的环境，空气中弥漫的雾霾和烟尘正吞噬着我们的健康；越来越多河流变黑发臭，生物减少甚至绝迹；固体废弃物侵占了大量的土地并在农村蔓延；森林大片消失，草地退缩、沙漠侵袭；酸雨普降，臭氧层被破坏，温室效应导致海平面上升和冰川退化、消失，极端天气频繁出现。自然越来越失去其本来面目。

——人类之痛。作为人类栖息地的自然正严重伤害着栖居其中的人类，极端天气夺去了数以十万计的人命，海平面上升正威胁着人类的家园；污染的空气、水源导致无数人生病、死亡，大幅度降低了生命的质量；气候变化和污染使人类赖以生存的资源枯竭；荒野的消失、绿地的减少从整体上降低了人类的生存质量。人类距离物质和精神富足的目标似乎渐行渐远。

这一切看起来正进入一个恶性循环，人类损害环境，[1]环境再反过来伤害人类。当人类还沉浸于现代化、全球化时代的亢奋之中时，环境问题已经成为人类面临的最大难题之一，环境污染直接威胁千万人的健康，自然资源的破坏和气候的变化给人类文明的未来蒙上了阴影。这些主要是二战后工业国家经济发展导致的问题，同时也引发了人们的反思和对环境的关注并开始有所行动。[2]无论资源保护主义、自然保护主义以及环境保护主义之间存在多么大的分歧，[3]至少有一点认识是共同的，那就是人类应当保护自然、减少对环境的损害，最终——作为目的或者客观效果——增进人类的福利、减少对人的损害。撇开增进人类利益的积极角度、仅从消极角度看，上述共识可以简单理解为：保护环境以及人类免受损害。这一目标又可以

---

〔1〕 环境"并非自然本身"，而是比自然更宽泛的概念，包括自然环境和人工环境。自然环境即一般所谓的自然或自然界，是由光、热、水、土、大气等无机因素和植物、动物、微生物等有机因素共同组成的自然体系。人工环境是人类在自然环境的基础上进行加工、改造而形成的环境，如名胜古迹、风景游览区、城市、农村等。我国 2014 年《环境保护法》把环境界定为："影响人类生存和发展的各种天然的和经过人工改造的自然因素的总体，包括大气、水、海洋、土地、矿藏、森林、草原、湿地、野生生物、自然遗迹、人文遗迹、自然保护区、风景名胜区、城市和乡村等。"与 1989 年《环境保护法》相比，这一概念增加了"湿地"的表述，其他没有改变。在环境法意义上，"环境"主要强调"自然因素"，因此基本可以与"自然"互换，本书即作此种理解。有关概念参见江伟钰、陈方林主编：《资源环境法词典》，中国法制出版社 2006 年版，第 191、398、634 页。

〔2〕 参见〔美〕J. R. 麦克尼尔：《阳光下的新事物：20 世纪世界环境史》，韩莉、韩晓雯译，商务印书馆 2013 年版，第 345 页。

〔3〕 认识到人与自然关系的紧张是一回事，寻找解决问题的途径和目标是另一回事。资源保护主义者主张保护自然的目的在于开发利用，将自然作为资源进行"明智的利用和科学的管理"；自然保护主义者超越了保护自然的功利目的，主张尊重自然的内在价值，"世界并不仅仅是人类意义上的"；环境保护主义者将争论的范围从自然扩展到社会，主张对自然环境和社会环境的保护。参见侯文蕙："荒野无言"，载《读书》2008 年第 11 期。这些争议几乎贯穿于环境保护思想史的全程，并渗透到环境法的理论和制度争议之中。

分为两个层次：一是保护环境本身免受损害，即将人类对自然的开发和利用控制在不改变自然环境之本来面貌或循环过程的限度之内，保持环境在某种程度上处于"自然状态"。二是保护人类免受损害，在个体层次上每个自然人都不因环境污染或破坏而受到人身或者财产的损害，在集体层次上社会不因环境污染和破坏而丧失发展的机会或者承担福利降低的后果。本质上，这两个层次是统一的，保护环境免受损害即可保护人类免受损害，或者说保护人类免受损害需要保护环境。

预防当然是最理想的途径，如果我们有真正的远见卓识和行动能力，问题就应该被解决在萌芽阶段，损害本不应发生。然而，现实情况是环境损害已经大量出现。对环境问题的预防性措施虽然重要，但在当下至少同样重要的是应对已经形成的环境损害。即使人类社会对环境问题的预防体系真正建立起来之后，也难免因预防不及或者失败而造成环境损害。因此，环境损害的应对是必须考虑的问题，而这并不是一个容易解决的问题。

一、环境损害界定的困难

我们使用"环境损害"一词时，大致所指是环境污染或者生态破坏带来的不利后果，这一点并无争议。但是进一步界定其具体范围特别是需要对环境损害进行计量时，争议便接踵而至。

第一，环境损害包括对环境的损害吗？从词义分析，损害是指使事业、利益、健康、名誉等蒙受损失，[1]这一概念暗含

---

〔1〕 中国社会科学院语言研究所词典编辑室编：《现代汉语词典》（2002 年增补本），商务印书馆 2002 年版，第 1211 页。更进一步界定，损失是指没有代价地消耗或失去，或者没有代价地消耗或失去的东西。

了主体因素，即损害是对一定主体的损害，因为不管是事业、利益还是健康、名誉都是要归属于一定主体的。那么，环境损害就应当理解为对主体的环境的损害，就像财产损害指的是对主体的财产损害一样。但是困难在于，环境本身是一个发散性的概念，法律上对环境概念的界定也是宽泛的，环境在什么意义上才能被认为是属于主体的？如果环境不能被归属于一定主体，那么环境本身受到的污染和破坏能被认为是一种损害吗？

尽管环境哲学提出了一些相对一致的超越现代哲学主客体关系的新观点，[1]但是对环境损害概念如果突破主客体关系的框架进行分析，将带来难以适应法律框架的问题。因此，也许关于主体和客体的内涵可以重新界定，但界定环境损害还是需要界定被损害的主体和客体。比较宽泛的理解是，环境损害包括对环境的损害和对人的损害。对人的损害是现行侵权行为法已经明确规定的损害，包括财产损害、人身损害、精神损害；而对环境的损害是侵权行为法尚未明确规定的损害，包括环境污染、生态破坏，[2]实质上是对公共环境利益的损害。这两种环境损害往往是同一行为的不同后果，并且相互联系。由于环境"就其本身固有的属性来说，为了公众的利益应委托于公共机关来维持、管理"，[3]是典型的公共物品，因此对环境的损害是对公共利益的侵犯，可以由公共机关作为受侵犯主体的代表。

这一思路将对环境的损害纳入了环境损害的概念，为环境公共利益的保护提供了可能的出路，但是并未真正平息争议。特别是在对环境损害的救济出现困难时，更加容易受到质疑。

---

〔1〕 参见王正平：《环境哲学：环境伦理的跨学科研究》，上海人民出版社2004年版，第30~51页。

〔2〕 吕忠梅："环境公益诉讼辨析"，载《法商研究》2008年第6期。

〔3〕 〔日〕宫本宪一：《环境经济学》，朴玉译，生活·读书·新知三联书店2004年版，第60页。

第二，环境损害是对权利的损害吗？自现代早期自然权利观念兴起以来，权利就成为法律体系的基本支点，尽管实证主义法学已经大幅占领了自然法学的领地，基于权利的社会建构也在一定意义上陷入了困境，[1]但是权利逻辑仍是法律话语的主流。那么，在法律意义上讨论环境损害，是否必然意味着对某种权利的损害呢？如果是，意味着可以通过对既有权利体系的分析去认识环境损害的范围，尽管现实权利的边界也难免具有模糊性，但是毕竟还可以凭借着可据以展开分析的法律框架和准则而具有相当程度的确定性。

前述第一个问题的意义在于界定环境损害概念与主体的关系，这个问题是要进一步界定客体的范围，即对于主体哪些方面的损害应当被认定为环境损害。在法律意义上，一般谓损害乃财产或者法益所受之不利益，[2]也就是说损害的客体是主体的财产或者所享受法益，据此可以将环境损害的客体界定为环境法益。但是问题在于对法益概念的认识并不统一，虽然一般认为是法所保护的客体、是受法保护的一切利益，[3]但是法益概念是作为社会的实在概念的"利益"与作为法的评价概念的"法的要保护性"相结合的产物，[4]因此对法益的范围有广义和狭义的理解，广义法益的基准点是应然性法益，狭义法益的基准点是实然性法益，内容包括法保护的个体利益、公共利益和国家利益。[5]

---

〔1〕　参见张康之："基于权利的社会建构陷入了困境"，载《新视野》2016年第1期。

〔2〕　史尚宽：《债法总论》，中国政法大学出版社2000年版，第201页。

〔3〕　参见刘芝祥："法益概念辨识"，载《政法论坛》2008年第4期。

〔4〕　参见［日］关哲夫："法益概念与多元的保护法益论"，王充译，载《吉林大学社会科学学报》2006年第3期。

〔5〕　参见刘芝祥："法益概念辨识"，载《政法论坛》2008年第4期。

按照这种理解，环境损害的客体不限于包括一定权能和特定利益的法定权利，而是跨入了需要应然判断的不确定领域。由于环境损害的成因复杂、形式多样、后果难以衡量，导致的问题很难纳入现代法律的基本框架，因此所损害的利益是否应当纳入法律的保护范围并不容易确定。所以说，通过法益概念的引入只是在形式上解决了环境损害的客体问题，在实质上并未解决环境损害是否限于对权利的损害这一根本问题，在很大程度上也就无助于环境损害之界定。

第三，环境损害可以计量吗？确定性的最高级表现是量化，即通过数量的计算来确定一定对象的范围。在很多情况下，描述性的定性分析意义有限，准确的定量分析才有说服力，环境损害概念的界定最终也需要对应于可以在一定程度上量化的环境损害才具有制度意义，比如，环境损害赔偿需要以环境损害的有效计量为前提。

即使在环境损害的主体和客体都基本确定的情况下，环境损害的计量也不是容易处理的问题。首先，环境损害的计量无法回避公共利益的损失，而公共利益在法律上是一个重要但不易把握的概念，"可能就不是一个法定标准"，[1]具有很大的不确定性。而且，各种未经组织的"公共"利益不可能得到强有力的支持。[2]其次，公共利益范围内的各类损失计量也存在着不同程度的困难，例如自然资源损害的计量即存在技术上的困难。[3]因此，虽然不能否认在当前技术条件下至少特定的环境

---

〔1〕 ［美］奥利弗·A. 霍克：《夺回伊甸园：改变世界的八大环境法案件》，尤明青译，北京大学出版社 2017 年版，第 16 页。

〔2〕 参见 ［美］理查德·B. 斯图尔特：《美国行政法的重构》，沈岿译，商务印书馆 2002 年版，第 67 页。

〔3〕 See Karen Bradshaw, "Setting for Natural Resource Damages", *Harvard Environmental Law Review*, Vol. 40, No. 2 (2016), pp. 211~250.

损害是可以明确计量的，例如，特定污染事故造成的生态价值和经济利益损失。但是，对环境损害的计量仍存在巨大争议，并在某些领域存在无法逾越的障碍，例如雾霾天气造成的健康、经济及生态损失，这是环境损害难以界定的直观表现。

环境损害鉴定评估是量化环境损害数额的技术手段，[1]在司法程序中，环境损害的鉴定意见对于损害事实的认定也具有重要意义，甚至有学者认为环境损害鉴定是环境诉讼必不可少的环节。[2]鉴定和评估可以借助于一定的程序和专业知识来增强对环境损害量化结果的说服力，也是解决环境损害量化难题的可行选择，但由于其难以克服的主观性和方法论难题，并不能完全解决环境损害的量化争议，这将是环境损害界定中始终需要面对的问题。

环境损害界定中的这些困难表明，现有的对于环境问题的不利后果的共识是脆弱的，"环境损害"虽然已经在法学理论分析、规范性文件以及司法实践中得以运用，但是要将其真正纳入法律体系的框架获得明确的含义还有很长的路要走。与法律上的一般损害概念相比，环境损害的主体、客体和量化标准都存在非常大的不确定性，这就需要对环境损害的成因、过程和结果进行更细致且有针对性的分析。

----

[1]　根据2014年公布的《环境损害鉴定评估推荐方法》（第Ⅱ版），环境损害鉴定评估："指鉴定评估机构按照规定的程序和方法，综合运用科学技术和专业知识，评估污染环境或破坏生态行为所致环境损害的范围和程度，判定污染环境或破坏生态行为与环境损害间的因果关系，确定生态环境恢复至基线状态并补偿期间损害的恢复措施，量化环境损害数额的过程。"我国正在积极推进环境损害的鉴定评估工作，原环境保护部出台了《关于开展环境污染损害鉴定评估工作的若干意见》（环发［2011］60号），司法部和原环境保护部联合出台了《关于规范环境损害司法鉴定管理工作的通知》（司发通［2015］118号）等一系列文件。

[2]　参见吴宇欣："环境损害鉴定法理依据探讨"，载《环境与可持续发展》2013年第3期。

二、环境损害应对的难题

环境法的产生通常被认为是由于传统部门法在应对环境问题方面存在严重不足，因此需要综合性甚至专门性的法律制度。然而从实际效果看，环境法虽然作出了制度创新的种种努力，例如环境侵权制度的规则创新、环境管制手段的多样化、环境刑事法律规范的调整等，但是并未取得显著的成效，至少到目前为止，我国的环境污染和破坏状况并未得到根本的遏制。

通常，我们将环境污染和破坏统称为环境问题。[1]环境问题之所以成为困扰人类社会的"问题"，可以从两个视角加以观察。从事前来角度看，所谓的环境问题是人类社会遭受损失的不确定性，即环境风险；从事后角度来看，人类所面临的问题是因为环境污染和破坏而受到的现实损失，即环境损害。至少从时间界分的意义上，环境风险和环境损害具有根本的区别，而且在表现形态上二者也存在根本的差别，因此法律制度对环境问题的应对也应当从这两个方面着手。在环境损害现实发生之前，应当采取针对环境风险的预防措施以防止损失的发生；针对已经发生的环境损害，应当着重于如何进行补救。环境风险在具备条件时即转化为现实的环境损害，而累积的环境损害意味着更大的环境风险，因此两者之间存在密切的联系。对环境风险的预防就是为了减少环境损害，而环境损害本身也需要在法律上的适当处置。在这个意义上，环境问题的法律应对可以集中体现在环境损害的法律应对过程中。

然而，法律制度在应对环境损害的过程中面临严峻的挑战，并不能适应解决环境问题、预防或者补救环境损害的实际需要。

---

〔1〕 参见吕忠梅：《环境法学》，法律出版社 2004 年版，第 3 页。

一方面，法律体系在环境风险的预防上存在明显不足，即使为适应风险社会的需要而发展出的风险行政理论与制度，〔1〕也未能真正解决环境风险的应对问题，仍然存在着风险规制理念、规制制度、规制过程和规制机构等方面的断裂问题，〔2〕环境损害结果的产生在一定程度上就意味着环境风险预防制度的失败，而相对比较普遍的环境损害结果的不断显现更显示了法律制度应对的不力。另一方面，法律制度在环境领域面临的挑战，与上述环境损害的界定困难有关，也是从另外角度显现出法律制度在直接应对环境损害方面的不完备。具体体现在：

第一，现行法律框架下难以厘清环境损害涉及的主体关系。环境损害影响为数众多的自然人的利益，在个体层面上体现出私人性；同时也具有关涉不特定多数人的公共性特征，或者说在整体层面上体现出明显的公共性。而且这种公共性并非一般公共事务意义上的公共性，而是与特定利益密切相关甚至直接表现为一定利益损失的公共性。环境损害的公共性特征打破了法律上主体之间利益可以明确切割的格局，使得主体问题成为法律制度设计时首先面临的障碍。

环境损害如果表现为具体的财产损害或者人身损害，那么受害一方主体是明确的，即财产或者人身受到损害的人；如果表现为对环境的损害，而且未转化或者未完全转化为对财产或者人身的损害，即为公共利益受到损害，在法律意义上受害一方主体并不能直接确定，而需要由公共利益的代表者来充任。更加复杂的情况是，环境损害的原因是众多的分散排污或者破坏行为，导致环境损害的主体在法律上就是无法明确的，而法

---

〔1〕　参见王贵松："风险行政的组织法构造"，载《法商研究》2016 年第 6 期。
〔2〕　参见刘超："环境风险行政规制的断裂与统合"，载《法学评论》2013 年第 3 期。

律上的追责是需要明确的责任主体的。

这就是说，环境损害涉及的主体在法律意义上是难以明确的。虽然一般将政府当作公共利益的代表者，但实践操作中仍难免遇到一些特殊的困难。目前将环境公益诉讼作为应对环境问题的重要制度手段，也正说明环境损害出现后公共利益代表者的主体界定存在困难，而环境公益诉讼也存在司法权定位的问题，[1]更显示出法律上还未能很好解决公共利益的代表主体问题。

第二，法律权利体系的构造无法涵盖环境损害显现出来的问题。环境损害所造成的问题显然已经超出了法律权利体系的解释范围，有一部分利益损害显然不属于法定权利的保护范围。因此，只有打破既有权利体系、建立新的权利才能平衡由于环境问题所产生的具体利益冲突，环境权理论就是在这一背景下出现的。[2]

环境权的理论和实践虽然取得了一定进展，但并没有在环境问题的解决上展现足够的解释力。当环境污染和破坏出现时，哪些受到损害的利益应当纳入权利保护的范围，以及以何种形式纳入保护并未得到适当的安排。仅仅基于某种正当性观念而提出的景观权、阳光权等概念并不具有现实的可操作性，虽然有对抗特定环境损害的价值但是并不容于法律权利体系。在回应环境损害所显现出来的特定利益的保护需求时，法律权利体系显然还没有作出充分的调整。

第三，法律体系内难以解决环境损害的专业技术问题。一定意义上可以说，环境问题是现代工业技术应用的副产品，技

---

〔1〕 参见王明远："论我国环境公益诉讼的发展方向：基于行政权与司法权关系理论的分析"，载《中国法学》2016年第1期。

〔2〕 参见吕忠梅：《环境法学》，法律出版社2004年版，第85页。

术复杂性和科学不确定性是环境问题的基本特征，[1]因此环境保护也具有极强的技术性。但在应对包括环境损害的计量在内的技术性问题时，法律并没有足够的针对性措施，在很大程度上建立在常识和共识基础之上的法律制度并不直接提供专业技术问题的解决方案，而是经由程序引入专门的技术问题处理机制，例如环境损害的鉴定和评估机制。

将专业技术问题交由法律体系之外的机制处理损害了法律应对环境损害的灵活性，将法律判断与专业技术判断区隔开来看似是合理分工的需要，但显然难以达成对环境损害的统一、全面地衡量和处置，从而导致对环境损害的应对措施片面化、碎片化，无法取得完满的效果。从实证主义的角度来看，法学不是一门难以精确的科学，[2]从而可以看到法律与专业技术沟通的可能性。但是到目前为止，法律在处理环境损害问题时所展现出来的科学性、精确性还远远不够，不得不依赖于外在的专业技术支持。

总之，在应对环境损害时法律制度显现出诸多不足，这也说明环境损害是污染背景下出现的一个新问题，其解决方法一方面需要法律制度的适应性调整，另一方面也需要按照法律的思路对环境损害进行分析、分解、分类，再纳入法律制度框架进行处理。法律作为解决社会问题的制度工具，并不能解决所有的社会问题。当然，环境问题产生的环境损害也不能指望完全依赖法律制度得以解决。社会发展过程中，法律制度需要创新和发展，但任何创新都有其条件和限度。

---

〔1〕　See Tracylee Clarke, Tarla Rai Peterson, *Environmental Conflict Management*, Thousand Oaks, California：SAGE Publications, Inc. , 2016, p.7.

〔2〕　参见左卫民："一场新的范式革命？——解读中国法律实证研究"，载《清华法学》2017 年第 3 期。

三、环境损害救济的障碍

即使对于环境损害的界定还存在着模糊不清的问题，但作为不利后果总是有补救的需要，法律上的补救途径即通常所谓的救济。救济是一个含义并不确定的概念，英美法上主要是指法律所提供的矫正损害的手段，具体包括损害发生后从诉讼开始到权利实现的过程，分为诉讼、命令和强制执行三个要素。[1]大陆法系中，救济主要被理解为获得法院命令或者法院判决的权利。[2]概括地说，还可以将"救济"理解为有益于特定人的惩罚性制裁。[3]对环境损害的救济就是对环境损害的矫正，程序上的强制是救济制度的基本内容，同时救济是针对特定权利的，关于环境损害的实体制度的不完善才是实现环境损害救济的真正困难所在。

前述法律制度在应对环境损害方面的不足，具体到对环境损害的救济上就是存在以下障碍：一是法律关系主体不明。造成环境损害的主体和遭受损失的主体都可能因人数众多、关系复杂或者损害的潜伏性而难以在法律上确定，给救济程序的启动造成障碍。二是权利内容不明。并非所有遭受损害的利益都应当得到补救，整体上应当是一个对环境污染和破坏造成的利益冲突的平衡过程，权利的内容和界限不明是救济难以推进的原因之一。三是损害的矫正体现为将特定利益——一般表现为赔偿金——从致害人转移到受害人，这需要对相应环境损失的

---

〔1〕 参见于宏："英美法上'救济'概念解析"，载《法制与社会发展》2013年第3期。

〔2〕 参见于宏："英美法上'救济'概念解析"，载《法制与社会发展》2013年第3期。

〔3〕 ［澳］皮特·凯恩：《法律与道德中的责任》，罗杰华译，商务印书馆2008年版，第68页。

准确计量，这一点在环境损害的场合也存在一些困难。

因此，环境损害救济的困难是法律制度不能适当地应对环境损害的外在表现。环境损害意味着致害人对受害人利益的减损，其救济需要致害人将特定的利益转移给受害人以补偿其损失，这个过程需要主体的特定化、权利内容的特定化和准确计量，但目前还有一定程度的不确定性，这就是环境损害救济的困难所在。

四、环境损害救济的制度需求

对环境损害界定的困难已经表明这是一个新的社会问题，法律制度在应对环境损害上显现的不足具有必然性，具体到环境损害法律救济的困难更是直观地说明了法律制度在应对新问题上的不足之处，制度创新是必要的。

对环境损害的救济需要法律制度的创新，主要就是从环境损害的实践特征出发，在法律制度的主体、权利内容的界定和计量方面作出适应性的调整，从而能够达到对环境损害的公平救济。环境侵权制度相对于一般侵权已经作出了很多调整，[1]无过错责任原则的确立、举证责任倒置规则的进入都具有重要的革新意义，但是显然不足以完成对环境损害的救济，现实中大量环境损害得不到适当处理的现状清楚地提出了这个问题，环境损害的政府补偿问题正是在此背景下提出的。

---

〔1〕　参见王明远：《环境侵权救济法律制度》，中国法制出版社 2001 年版，第 37~267 页。

第一章
环境损害的概念及救济

损害是日常用语也是法律概念，不同语境下其含义有明显不同，法律意义上的损害概念是在对日常损害进行裁剪、取舍甚至重新界定的基础上形成的。环境损害首先是作为非法律用语出现的，要成为法律概念还需要将损害的事实状况置于法律的框架之下进行分析和界定。未完成法律分析过程，直接将一般意义的环境损害置于法律语境之下，而且有意无意地将其与法律意义上的损害联系起来，是造成当前对于环境损害的法律制度适用和设计出现问题的根源。在此基础上，从环境损害的实践分析入手，界定环境损害的法律概念，进而提出环境损害救济的制度进路，并在比较分析的基础上将主题集中到环境损害的政府补偿进路之上。

第一节 环境损害的概念分析

概念在理论构建中具有基础性作用，理论体系主要是由概念以及概念之间的逻辑关系构成的。[1]法律概念旨在负载立法者等所赋予的法律意义，是为构建法律体系而有逻辑地排列在

---

〔1〕 参见姜井水：《社会系统论》，学林出版社 2004 年版，第 95 页。

成文法中的。[1]环境损害首先指称一种事实状况，是对环境污染或者破坏发生后现实状况的概括和抽象。要将其作为法律上的概念，还需要经过法律思维的加工以便纳入法律制度，并成为法律制度的有机组成部分。在此讨论环境损害所指称的事实状况，并分析其应当负载的法律意义和所指范围。

当然，还存在一个相反的认识过程，即法律概念的解释过程。模糊性以及因模糊性而产生的不确定性是法律的基本特征，[2]法律中所使用的概念具有模糊性也难以避免，因此需要联系社会事实进行解释以明确其所指范围。两个过程在实质上都是将法律与事实对应起来，只是所采用的观察角度不同。相对来讲，前一个视角更适合法律制度的建构过程，后一个视角是法律适用过程。从制度设计的意义上讨论环境损害的救济问题时，应当从环境损害的事实状况入手进行分析，进而界定其法律概念。然而法律概念通常也很难进行准确定义，因此在法律适用中还需要进一步的解释，但相对确定的概念界定仍是制度设计不可或缺的。

一、损害的概念

环境损害从词语结构上来看是在损害这一概念之上附加了"环境"的限定，可以理解为对环境的损害或者经由环境的损害。[3]两种解释看似差别较大，但仍具有统一起来的可能。不管怎样，都需要先界定损害的概念。

---

〔1〕 参见陈金钊："论法学的核心范畴"，载《法学评论》2000年第2期。
〔2〕 参见［英］蒂莫西·A.O.恩迪科特：《法律中的模糊性》，程朝阳译，北京大学出版社2010年版，第1页。
〔3〕 参见吕忠梅等：《环境损害赔偿法的理论与实践》，中国政法大学出版社2013年版，第18页。

（一）损害的词义分析

损害一般理解为使事业、利益、健康、名誉等蒙受损失，从词源和词义上来看，《说文解字》对"损"的解释是："损，减也"，[1]《现代汉语词典》对"损"的解释是："减少、损害、损坏。"[2]《说文解字》对"害"的解释是："害，伤也。"[3]《现代汉语词典》对"害"的解释是："祸害、坏处（跟利、益相对)。"[4]据此，可以将损害理解为最广义上的损失或者不利益。

损害可以理解为动态的损害过程，具有动词意义，对应于损失的动态含义，即没有代价地消耗或失去；也可以理解为静态的损害后果，属于名词性质，对应于损失的名词含义，即没有代价地消耗或失去的东西。通常情况是将损害作为名词使用的，就是一定的损害结果或者损害事实状态。[5]但是某些情形也会将损害作为动词使用，指损害的动作或者过程，[6]这一过程与损害的后果相联系。在此从名词意义来分析损害的概念，主要把握其作为结果的事实状态。

对于损害概念的分析往往到此为止，这对于既定社会和观念体系中分析损害现象似乎已经足够。但是环境损害对社会结构和人类观念的冲击都是空前的，要准确把握环境损害需要对

---

〔1〕（汉）许慎撰：《说文解字》（现代版），王宏源新勘，社会科学文献出版社 2006 年版，第 676 页。

〔2〕中国社会科学院语言研究所词典编辑室编：《现代汉语词典》（2002 年增补本），商务印书馆 2002 年版，第 1210 页。

〔3〕（汉）许慎撰：《说文解字》（现代版），王宏源新勘，社会科学文献出版社 2006 年版，第 395 页。

〔4〕中国社会科学院语言研究所词典编辑室编：《现代汉语词典》（2002 年增补本），商务印书馆 2002 年版，第 493 页。

〔5〕例如《侵权责任法》第 8 条的规定："二人以上共同实施侵权行为，造成他人损害的，应当承担连带责任。"

〔6〕例如《侵权责任法》第 7 条的规定："行为人损害他人民事权益，不论行为人有无过错，法律规定应当承担侵权责任的，依照其规定。"

损害概念作更深入的分析。作为损害或者不利益的损害包括两层含义：

第一，客观意义上的状态改变。虽然自然界也处于不断地演进和变化过程中，但是如果没有人为地干预，在特定时间物质世界的状态是可以经由一些手段确定的，或者说在人为因素介入之前的事实状态是可以确定的。而损害首先意味着变化，即相对于某种基准状态的"减少、损坏"，着重在"损"。这个过程或者说前后两种事实状态的改变是客观存在的，比如水库中水的减少。当然，物质在绝对意义上是不会消失的，这里的减少预设了一定的范围，或者更准确地说，就是状态的改变。特殊情形下物质的增加也被认为是损害，比如画作沾染污迹，以及水库中被排放污染物。

第二，主观意义上的否定态度。损害的另一方面是对物质状态改变的主观评价，即按照一定的价值观念来看物质状态的改变是有害的，着重在"害"。这个评价过程也有一定的价值标准，按照特定的价值标准才能说某事物是好的或者坏的，而且必须站在一定的主体立场，与主体相关。人的价值观念是复杂的，[1]价值标准也很难有统一的衡量，但在功利主义影响下现代社会，利益正在很多领域取得支配性地位，损害也经常被认为与利益的丧失或者不利益相关甚至相等同。

综合来看，损害就是特定事物状态改变的结果，这种状态改变不仅是客观意义上的——表现为物质形式，也是主观意义上的——表现为价值形式。法律语境下的损害更强调价值意义上的改变，即对价值判断之结果的"权利"的损害。事物价值的改变通常伴随着物质形态的改变，比如多数情况下对财产的

---

[1]　参见吴根友："试论作为哲学概念的价值观念"，载《理论月刊》1998年第3期。

损害。但是，对财产的损害也可能是纯粹价值意义上的减少即财产减值，比如由于商业信誉或者信息因素影响的股票价值。对人身自由的损害，就是减少人的自由而减损了其人格，更多是价值观念意义的损害。即使如此，这两种情况还是可以与特定事实状态的改变相联系，即信息传播或者限制人的活动。

因此可以说，损害就是站在特定主体立场上对于特定事实状态的否定评价，认为这种事实状态的改变对主体是不利益。必须从两个方面才能把握损害，一是事实状态的改变，发生了哪些改变、最终的形态相对于基准形态改变了什么；二是主体的不利益，对于谁来说这些改变是不利的、这种不利是如何评价或者量化的。

（二）法律上的损害概念

在法学范畴中，损害是侵权责任法的核心概念之一，也是侵权责任的构成要件，[1]侵权责任法在很大程度上就是解决损害赔偿问题的法。但是，成文法中通常都没有界定什么是损害，我国《侵权责任法》和《民法总则》，包括新《荷兰民法典》在内的欧洲多数国家成文法都是如此，[2]仅《奥地利民法典》第1291条第1句规定了损害的法律定义："损害是给某人财产、权利或人身造成的不利益。"[3]尽管如此，从欧洲各主要国家的情况看，损害还是一个法律概念，虽然其出发点是"自然"意义上的损害，但只有法律意义上的损害才能赔偿。[4]英美法上，

---

〔1〕 参见张新宝：《侵权责任构成要件研究》，法律出版社2007年版，第119页。

〔2〕 参见〔德〕U.马格努斯主编：《侵权法的统一：损害与损害赔偿》，谢鸿飞译，法律出版社2009年版，第275页。

〔3〕 参见〔德〕U.马格努斯主编：《侵权法的统一：损害与损害赔偿》，谢鸿飞译，法律出版社2009年版，第16页。

〔4〕 参见〔德〕U.马格努斯主编：《侵权法的统一：损害与损害赔偿》，谢鸿飞译，法律出版社2009年版，第276页。

人们认为损害是"在法律上被认为是可控诉情况下，一个人所遭受的损失和伤害"，[1]也是在一般意义的损失和伤害概念之上附加法律上可控诉的条件，但是需要在个案中加以具体化。如果能够在一般意义上使用损害的概念，则它仅指那些不使人遭受它已经成为义务内容的不利后果。[2]国内侵权责任法教材上多将损害等同于损害后果、损害事实，是指受害人的民事权益因他人的侵权行为（包括人的加害行为或物的危险之实现）而遭受的不利后果，[3]一般谓损害乃财产或法益所受之不利益，[4]"是对法律保护的利益造成的物质损失或非物质损失"。[5]

由此可见，法律上的损害概念更侧重于对法律评价的强调，直接与"可控诉""权利""义务"或者"民事权益"相关联，代表了损害的"不利"是对于法律上的权益来说的。这样的界定表面上看忽视了对损害的事实状态的强调，但是仍然是建立在某种事实状态的基础上，只不过将事实作为当然而直接进入价值评价，或者说权利的界定过程已经包含了价值评价，所以对事实状态的变化只需要判断其是否侵犯了特定权益，是否可救济即可。虽然也有边际型损害[6]等法律上未明确可救济性的情形，但在既定法律体系下损害在相对于法律保护的权益的意

---

〔1〕 [英] 戴维·M. 沃克：《牛津法律大辞典》，北京社会与发展研究所组织翻译，光明日报出版社1988年版，第238页。

〔2〕 参见 [德] 克雷斯蒂安·冯·巴尔：《欧洲比较侵权行为法》（下卷），焦美华译，法律出版社2004年版，第3页。

〔3〕 参见蒋云蔚、王康编著：《侵权责任法原理》，格致出版社、上海人民出版社2010年版，第54~55页。

〔4〕 史尚宽：《债法总论》，中国政法大学出版社2000年版，第201页。

〔5〕 欧洲侵权法小组编著：《欧洲侵权法原则：文本与评注》，于敏、谢鸿飞译，法律出版社2009年版，第4页。

〔6〕 参见张新宝：《侵权责任构成要件研究》，法律出版社2007年版，第141~142页。

义上是明确的。

或者可以理解为，法律上对于损害的界定是以对法律权益的界定为前提的，通过价值判断和法律制定过程已经将法律保护的权益边界确定了，那么只要发生了不利于这些权益的事实状态的改变，即可认定为法律上的损害。因此，法律上损害的界定逻辑与一般损害概念相同，但在界定路径上有两个重要的区别：一是以法律上的评价代替一般意义的评价。也就是某种事实状态的变化是好的还是坏的，标准是法律认可的价值——很多时候就是法律规定的标准。二是将对事实变化和法律评价的过程统一起来。也就是在观察事实变化的同时，已经凭法律上的评价标准完成了评价过程。因此，"民事权益遭受的不利后果"就是损害，内含了事实和评价两个方面，但在分析上仍然可以将损害分为事实方面和法律方面。[1]从事实方面看，损害为客观真实的事实，而不是虚假或者想象的"事实"，并且这种事实还需要有相对的确定性。进而，损害还是不利于受害人的客观事实，"可定义为法益主体之生活条件的减少"，[2]具有"不利性"。[3]"不利性"已经是对客观事实的主观评价，因此并不是客观事实本身；但是这里的不利还不一定是法律上的评价，因此从法律角度可以认为是等待法律认定的事实。从法律方面看，损害是被法律认可的"可救济"的损害，具有法律上的可救济性。这是对损害事实的法律评价过程，完成法律评价并被认定为"可救济"才能构成法律意义上损害。

目前为止对损害的讨论还是从事后角度对于某种损害后果

---

〔1〕 参见张新宝：《侵权责任构成要件研究》，法律出版社 2007 年版，第 121～125 页。

〔2〕 史尚宽：《债法总论》，中国政法大学出版社 2000 年版，第 166 页。

〔3〕 参见张新宝：《侵权责任构成要件研究》，法律出版社 2007 年版，第 121 页。

的分析，但在法律上还存在预期利益损失是否属于损害的问题。具体来说就是，按照事物进程在未来可以多得的利益，如果该进程被破坏而未能获得，能否将其界定为损害并获得救济，一直存在争议。《奥地利民法典》第 1291 条第 2 句限制了损害的意义："损害应区别于所失利润损失，这些利润是某人按照事物的进程可获得的。"[1]似乎从损害概念中排除了作为预期利益的利润损失，但是损害与利润损失的区别是技术问题，奥地利现在也是在广义上理解损害的概念，包括利润损失。欧洲其他国家也倾向于将损害定义为包括"任何损失""可从经济角度评价的不利益""确实会发生的事实上的不利益"等。[2]虽然这种广泛的定义被认为只能作为一个指导方针，其适用还需要仰赖于对具体案件的深入考量，但也显示出损害概念有一定的弹性，为将非典型意义上的权益损害纳入法律保护留下了余地。

在法律上使用损害一词时，虽然并不必然意味着它就是法律上可救济的损害，但是已经暗含了需要接受法律评价的要求，如果经过法律程序的认定不属于可救济的范围，那么它可能属于一般意义上的损害，而不属于法律意义上损害。而且，法律上的利害都是指特定主体的利益或者不利益，因此法律上的损害必定指对某法律主体的损害，被损害的"权益"必定是特定主体的权益。

二、环境损害的界定

在分析损害的一般概念和法律概念的基础上，接下来分析

---

〔1〕　参见［德］U. 马格努斯主编：《侵权法的统一：损害与损害赔偿》，谢鸿飞译，法律出版社 2009 年版，第 16 页。

〔2〕　参见［德］U. 马格努斯主编：《侵权法的统一：损害与损害赔偿》，谢鸿飞译，法律出版社 2009 年版，第 276 页。

附加"环境"这一限定后的"环境损害"究竟该如何界定。这里的一个前提是，虽然环境问题出现以来环境权的概念已经提出并且被广泛接受，[1]而且在立法和司法实践中获得了一定的进展，但总体来说环境权在理论和实践中都还存在诸多的争议和疑问，"同传统基本权利理论体系存在诸多理论冲突"，[2]因此并未形成边界明确，具有现实可操作性的法定权利。正由于受这种状况的限制，界定环境损害时并没有一个可以直接作为判断标准的法律意义上的权利或者明确受法律保护的利益范围，因此无法采用侵权责任法上"法律上权益"的概念直接界定损害概念的思路。对环境损害概念的界定需要从对客观事实状态的分析入手，并以社会普遍认可的价值观念为参照，运用法律思维和法律方法来完成。这个过程在一定意义上也是涉及环境的权益在法律上明确化的过程。

（一）环境损害的事实分析

环境立法对环境的界定是为了明确环境法的保护对象，这一对象呈现出立体性、多层次性、多因素性和系统性等特点，环境要素以自然要素为主体。[3]环境损害意味着对环境的不利改变，这已经包含了"改变"的事实和"不利"的评价。在既定的社会结构和普遍观念中，"不利性"评价也可以算作一种社会事实，[4]在此先分析环境损害中"改变"的事实，虽然在某种程度上将"改变"的事实和"不利"的评价完全区分开来是困难的。

环境损害是环境污染和破坏的后果，而环境污染和自然环

---

〔1〕 参见吕忠梅：《环境法学》，法律出版社2004年版，第85~91页。

〔2〕 陈海嵩："国家环境保护义务的溯源与展开"，《法学研究》2014年第3期。

〔3〕 参见李挚萍："环境法基本法中'环境'定义的考究"，载《政法论丛》2014年第3期。

〔4〕 参见张新宝：《侵权责任构成要件研究》，法律出版社2007年版，第121页。

境破坏是环境问题的基本表现形式。环境污染是指人类活动所引起的环境质量下降而有害于人类及其他生物的正常生存和发展的现象,[1]从事实分析的角度,其核心是环境质量状况的改变,也就是环境要素的构成成分或者状态发生了变化。环境质量状况改变的原因,可能是人类活动,也可能是自然环境本身的活动,或者两者的共同作用;表现形态主要是环境要素中有害物质的增加,特殊情况下是环境要素中有益成分的过量,或者性状的改变。

自然环境破坏是指人类不合理地开发利用自然环境、过量地向环境索取物质和能量,使得自然环境的恢复和增殖能力受到破坏的现象,[2]从事实分析的角度,其核心是构成环境的生物减少、生态系统失衡或者物质存在状态的改变,例如草原退化、地表塌陷等。自然资源破坏可能是环境污染造成的,因此环境污染和破坏在一定程度上是相互关联的;也可能是自然资源的过度开采、不当开发造成的。

不管是环境污染还是自然资源破坏都可能损害生态系统的稳定和正常演进,因此可以将环境损害与生态联系起来称为生态环境损害,或者主要考虑其生态因素称为生态损害。在相关文件中,生态环境损害被界定为"由于污染环境或破坏生态行为直接或间接地导致生态环境的物理、化学或生物特性的可观察的或可测量的不利改变,以及提供生态系统服务能力的破坏或损伤"。[3]这一表述也主要是从事实方面进行界定的,强调环境的"物理、化学或生物特性"的"可观察的或可测量的""改变",与前述分析具有一致性。从目前的使用情况看,不管

---

〔1〕　参见吕忠梅主编:《环境法》(第2版),高等教育出版社2017年版,第3页。
〔2〕　参见吕忠梅主编:《环境法》(第2版),高等教育出版社2017年版,第3页。
〔3〕　参见《环境损害鉴定评估推荐方法》(第Ⅱ版),2014年10月制定。

是环境损害、生态环境损害还是生态损害，都没有形成固定、无可争议的内涵和外延，而且在很大程度上指的是同样的事实，因此仍然以环境损害称之并展开进一步的分析。

总结起来，环境损害的事实方面就是环境要素的物理、化学或者生物特性发生改变，表现为一定的环境质量状况或者环境要素形态的改变，即环境改变。

（二）环境损害的评价立场

这个世界一直都处于变化之中，事物的改变本身并无所谓好或者坏，除非有一个评价的主体和立场。站在一定主体的立场上，属于对主体不利的环境改变才能称为环境损害。

虽然生态中心主义日益成为一种时髦的理论，[1]但是如果站在生态的立场对环境改变进行评价还是存在无法逾越的障碍：一是生态或者生物体的主体性[2]不过是人的虚构，其立场即使存在也是人类无法达到的。二是赋予生态和生命以价值本身不过是人类以自身生命为中心的思想的扩展，因此生态中心主义内含逻辑悖论，不过是生命体对生命的强调。所谓的生态中心说到底还是人的观念，即使声称站在生态立场上的评价也不过是把人的评价换了一个说法而已。

因此，对于环境改变的评价在任何意义上都只能是由人来作出的，只有人能成为主体，并且有自己的立场。在人类社会内部，某事物对特定主体是否有利，可以由其他主体作出所谓客观的评价，但这一点本身也是存在争议的，而且范围不能无限扩大。环境改变的利害，只能从人的立场作出评价。

---

〔1〕 参见雷毅："20世纪生态运动理论：从浅层走向深层"，载《国外社会科学》1999年第6期。

〔2〕 参见高利红：《动物的法律地位研究》，中国政法大学出版社2005年版，第193页。

按照一般的社会观念对环境改变进行评价，可以分为宏观和微观两个层面，宏观层面就是人类或者一定区域社会的整体立场，微观层面就是人类个体或者少数人的个体立场。人类的生存和发展依赖于自然环境，必然需要维持一定的环境质量和自然资源的持续产出，这是公共利益所在。从整体立场上看，环境质量低于一定标准、自然资源的持续产出能力降低是不利的环境改变。个体的健康和生活资源也依赖于自然环境，低于一定标准的环境质量、破坏自然资源本身或者其产出能力低可能损害个体的利益，属于从个体立场出发的不利的环境改变。两者之间存在密切联系，但又在一定意义上相互区别。

从法律的视角对环境改变的评价是法律上认定环境损害并作出制度应对的基础，但这要以对环境改变的一般评价为基础，以法律的评价标准对具体的环境改变进行分析，并与现有的法律制度和权益保护体系相协调。本质上，法律评价就是法律正当性评价，即按照一定法律体系的价值观念赋予事实和行为以法律意义。将环境改变界定为法律意义上的环境损害，意味着给予环境损害的事实状况否定性评价，对应的要有一定的法律后果，包括对损害的填补，以及对造成损害的行为人进行行政处罚乃至刑事处罚。对损害的填补是矫正正义的基本要求，矫正正义自亚里士多德开始成为制度化正义，即由法官通过适用法律使当事人得其所不应失、失其所不应得。[1] 在法律传统上，矫正正义是通过侵权法实现的，侵权法的主要功能就在于实现矫正正义，是矫正正义的体现。[2] 但在现代社会，损害填补的

---

〔1〕　参见傅鹤鸣："亚里士多德矫正正义观的现代诠释"，载《兰州学刊》2003年第6期。

〔2〕　参见叶金强："论侵权法的基本定位"，载《现代法学》2015年第5期。

途径越来越多样化，〔1〕已经不限于侵权法的范围。在法律上界定环境损害的首要意义在于确定环境损害是否可救济，主要方面就是是否应当得到填补。

法律评价的过程在很大程度上是一个利益平衡的过程，对环境损害的法律界定也需要考虑各种不同利益的平衡以确定合理的利益保护范围。没有污染的环境是理想的生存之地，但现代生活还有各种各样的物质需求，环境利益和经济利益、私人利益和公共利益在某种程度上都存在冲突，哪些利益具有法律上的正当性、应当纳入法律保护的范围需要在综合平衡的基础上作出判断。

（三）环境损害的法律概念

通过对环境损害的事实状况、社会评价以至法律评价的分析，应当可以界定法律意义上的环境损害范围，但是环境损害法律概念的界定仍然是困难的。因为相对于"财产或者法益所受之不利益"，环境因素的介入使问题复杂化了：一方面，环境"就其本身固有的属性来说，为了公众的利益应委托于公共机关来维持、管理"，〔2〕是典型的公共物品，这种公共性使受害主体变得难以确定，不再是通常法律意义上的特定主体，而是具有一定的不确定性或者公共性，而公共利益的界定历来都是难题。〔3〕另一方面，传统法律体系对环境因素的关注较少，既有的财产权利和人身权利体系不能完全容纳环境利益而有扩展的必要，

---

〔1〕 参见丁凤楚："论现代事故损害赔偿责任的客观化和社会化"，载《社会科学》2006年第7期。

〔2〕 ［日］宫本宪一：《环境经济学》，朴玉译，生活·读书·新知三联书店2004年版，第60页。

〔3〕 参见潘国刚："论公共利益的界定困境———一种规范性的分析方法"，载《思想战线》2011年第S1期。

但扩展后权益保护的边界至少目前还不明确。[1]例如，将环境损害界定为"人为日常的、反复的活动下所产生破坏维持人类健康与安适生活的环境，而间接损害公众之权利或利益或有损害之虞的事实，亦即以环境作为媒介，损害人民健康或有危害之虞者"，[2]反映了环境损害与公共利益相关、有风险属性，但并足以明晰其范围。

在此，仅比照民法上损害的概念，将环境损害界定为环境污染或者破坏所导致的公共利益或私人权益的损失。其内涵包括三个方面：一是存在环境污染或者破坏引起环境改变的客观事实，即环境要素发生的物理、化学或者生物特性的改变是客观存在的、"可观察和可测量的"。二是存在公共利益或者私人权益损失，即环境改变的客观事实侵犯了公共利益或者私人利益，具有对于个体或者社会的"不利性"。三是损失在法律上是应当得到救济的。这一点在表述和理解乃至指导实践上都存在困难。民法上将损害定义为"财产或法益所受之不利益"，[3]以"财产或法益"暗含了损害的是法律保护的权益，因此归入权利保护的法理而界定了损害的"可救济性"。在此以公共利益和私人权益的概念来表达环境损害在法律上是应当得到救济的。应当得到救济并非法律上直接的"可救济"，意味着环境损害关涉的公共利益和私人权益都还需要法律规定和法律解释，以明确其范围并加以救济。同时，公共利益和私人权益本身也包含具有法律正当性的判断，为制定法律和解释法律指定了方向。

---

〔1〕　有关阳光权、景观权等所谓新型环境权的理论和实践争议集中反映了民事权益扩张的需求，但实践表明这些权利内容的确定化和保护的法定化都还有很长的路要走。参见吕忠梅主编：《环境法案例辨析》，高等教育出版社2006年版，第45页。

〔2〕　陈慈阳：《环境法总论》，中国政法大学出版社2003年版，第328页。

〔3〕　史尚宽：《债法总论》，中国政法大学出版社2000年版，第201页。

运用法律手段保护公共利益的正当性毋庸置疑，需要明确的是其具体范围，在法律的明确规定之外还有衡量和解释的空间。私人权益主要是指民事权益，但是由于环境方面的权益具有某种公共性而被认为超出了民事权益的范围，因此用私人权益反映这种区别并与公共利益相对应，其认定和保护还需要遵循民事权益的路径。

更进一步讲，对于法律上环境损害的概念还需要把握以下几个方面：

第一，环境损害还不是法定概念。虽然环境保护法律制度中已经较多使用损害的概念，[1]但主要是在民法意义上使用的，似可按照一般损害概念来理解；而且在主要法律中未将"环境损害"作为一个概念使用，更遑论对环境损害进行立法界定了。因此，法律上的所谓"环境损害"还只是立法或者法律解释的设想，应当可以在一定程度上为法律实践提供参考，但是还不能达到法定概念的确定性。

第二，环境损害重在损害结果而非损害行为，这在法律处理上具有明显的区别。对环境损害的结果，法律上的救济主要体现为损失的填补，对于造成损害的行为人的行政处罚或者刑事处罚与其说是对损害结果的救济，不如说是对损害环境的行为的惩罚，虽然在广义上行政处罚和刑事处罚也属于救济的法律形式。环境损害概念关注于结果意味着对其救济也主要考虑损失填补的途径，即主要参考民事损害救济的途径，但是在主体、客体方面都需要突破，才可能适应环境损害的特殊性。

第三，环境损害的客观性与损害结果的计量密切相关。一

---

〔1〕 例如《环境保护法》第 64 条规定："因污染环境和破坏生态造成损害的，应当依照《中华人民共和国侵权责任法》的有关规定承担侵权责任。"《侵权责任法》第 65 条规定："因污染环境造成损害的，污染者应当承担侵权责任。"

方面环境损害的客观性要求损害的结果是可观察和可测量的，仅仅基于主观感受而无法观察和测量的损害后果并不具有客观性。例如，某些辐射的后果由于观察和测量的困难而没有客观性基础、不能成为法律上可以救济的损害。另一方面环境损害的救济以损失的填补为原则，而填补的主要实现方式是进行货币计量之后的金钱补偿，或者需要转化为金钱补偿，不能计量的损害往往难以填补甚至无所谓填补。因此，环境损害的计量是环境损害救济制度的关键因素之一。

第四，环境损害的损失认定标准以法律应当保护的利益为参照。就这个角度来看，对环境损害的法律界定有循环定义的嫌疑，即环境损害是对法律保护的利益的损害，而法律保护的利益范围需要在对环境损害进行分析的基础上确定。民法上以"财产或法益所受之不利益"来定义损害其实也存在类似的问题，这是法律发展过程中各种因素交叉影响的过程，也是形成相对确定的法律规则的必经阶段。解决这一矛盾的基本途径一是运用既定权利体系来界定环境损害，直接比照民法损害的概念，如果环境污染和破坏造成了法定民事权益的损害，则可以认定为环境损害；二是通过法律正当性分析的途径，直接对损害后果受保护的正当性进行分析，以补充、完善或者重新解释法律规则，实现对环境损害的救济。在这个意义上，环境损害的法律概念具有价值储藏和意义演进的功能。[1]

以一定的共识为基础，环境损害概念已经被广泛运用，但是其法律含义和外延还是相当模糊的，上述界定力图使环境损害的内涵清晰化，为环境损害外延的确定提供基础。这至少可以在一定程度上厘清环境损害的内涵和外延，减少直接运用民

---

〔1〕　参见吴丙新："法律概念与法治——兼为概念法学辩护"，载《山东大学学报（哲学社会科学版）》2004年第4期。

法上损害的概念，忽视环境损害的特征而进行环境损害救济的制度设计和解释所带来的混乱。

三、环境损害的形态

不管怎样，环境损害的概念可以为界定环境损害提供整体框架，但是要完成环境损害的救济还需要更加具体的分析，区别环境损害的不同形态。法律发展的经验表明，要评定损害赔偿就必须区分损害的不同类型。[1]对环境损害形态的分析以环境损害的事实状态为基础，并考虑其最终纳入法律体系的需要而展开。

（一）环境公益损害

将环境损害解释为"对环境的损害"本身不具有实质的法律意义。然而，如果从环境承载的公共利益来看，对环境的损害就是对公共利益的损害，是对不特定多数人的损害，虽然还存在主体确定的困难，但对公共利益的保护是法律的基本使命，有必要将"对环境的损害"纳入法律救济的范围。

对环境的损害包括了环境污染导致环境质量降低、自然资源破坏或者环境污染导致环境的生态功能减低甚至丧失的情形，而维持一定的环境质量和生态环境的持续产出能力是人类生存的必要条件，从社会整体立场出发，对环境的损害就是对人类生存条件的损害，是环境公益损害。

从事实方面看，环境公益损害是可观察的环境质量或者自然资源状态及其生态功能的改变，效果上是对公共利益的损害，具有损害的事实特征，即客观性和不利性。[2]

---

〔1〕 参见［德］U. 马格努斯主编：《侵权法的统一：损害与损害赔偿》，谢鸿飞译，法律出版社2009年版，第280页。

〔2〕 参见张新宝：《侵权责任构成要件研究》，法律出版社2007年版，第121页。

从法律方面看，环境公益损害具有纳入法律救济体系的必要性，但是由于公共利益的主体问题并没有直接的损害填补法律途径，目前环境公益诉讼实践中，由环境保护组织、检察机关或者政府机关作为公共利益代表者主张环境公共利益损失的补偿，[1]算是寻求环境公益损害法律救济途径的尝试。虽然还缺乏对于环境公益损害等具体概念和规则的明确规定，并且实践中也存在争议和困难，但是环境公益诉讼的成功案例显示，环境公益损害的法律救济不仅具有价值评价的正当性，更有实践操作的可行性。

（二）私益损害

从另一个角度看，将环境损害解释为"经由环境的损害"适应了一般损害的概念，既可以落实到对特定主体的损害，同时又强调"经由环境"的特征。现实中，同一环境损害可能既涉及公共利益，也影响直接相关的个体的利益，在整体角度衡量环境公益损害之外，需要考虑的是对私人权益的损害，是经由环境的私益损害。环境损害中的私益损害从结果形态来看可能与其他原因造成的损害并无本质区别，例如环境污染造成的健康损害与其他健康损害在很多方面是一致的，因此仅以私益损害称之。

"经由环境"意味着环境因素的媒介作用，即私益损害的事实方面包括两个层次的客观现象：一是环境状况的变化，包括环境污染导致环境质量降低、自然资源破坏或者环境污染导致环境的生态功能减低甚至丧失，这一点与环境公益损害具有同

---

〔1〕《民事诉讼法》第 55 条第 1 款规定："对污染环境、侵害众多消费者合法权益等损害社会公共利益的行为，法律规定的机关和有关组织可以向人民法院提起诉讼。"《环境保护法》和全国人大常委会的相关决定已经赋予环境保护组织和检察机关民事公益诉讼主体地位，行政机关作为民事公益诉讼原告的实践探索也已经展开。

质性，这也是两者的联系所在。二是私人权益状况的变化，即环境状况的变化进一步导致了私人的财产、健康或者其他权益受到影响，权益状态发生了客观的变化。其中第二个方面，还有权益受到不利影响的限定性。总之，私益损害是环境污染或者破坏的事实对私人权益造成的不利影响，在环境状况变化与权益状况变化之间存在一定的因果关系。[1]

从法律方面看，私益损害直接具有法律上的可救济性，或者在法律上应当予以救济。如果环境状况的变化使财产或者健康权益遭受了不利益，当然可以纳入既有的民事权利体系予以救济；如果环境状况的变化导致的是非传统民事权益的不利益，那么就需要对其进行法律上的正当性分析，以确定其是否应当在法律上予以救济，在应当救济的范围内构成法律意义上的私益损害。当然，要实现民事权益的救济，除了要求受损害权益本身的明确性之外，还要求致害人能够特定化。环境损害由于"经由环境"的损害过程的间接性、损害机理的复杂性、损害结果显现的滞后性等原因，[2]可能难以确定致害人，这一难题也需要法律制度的调整才能解决。

（三）私益损害的具体形态

将上述对私益损害的界定与现实状况结合起来分析，可以将"经由环境"的私益损害分为几种具体形态：

---

〔1〕 侵权法上的归责须确认行为与损害后果之间的因果关系，在环境成为侵权过程的媒介时，行为与损害结果之间的因果关系更难认定，存在行为导致环境污染或者破坏、环境污染或者破坏在导致损害结果这两个层次，其中后者即环境状况变化与权益状况变化之间的因果关系具有更大的不确定性，不能不通过盖然性因果关系等理论来解决。

〔2〕 对环境损害的分析多是将其作为环境侵权的一个要件，但不管是从环境损害结果还是环境侵权过程来看，都具有间接性、不确定性、继续性、复杂性等特征。参见陈慈阳：《环境法总论》，中国政法大学出版社 2003 年版，第 337 页；王明远：《环境侵权救济法律制度》，中国法制出版社 2001 年版，第 13~17 页，等等。

第一，财产损害。财产权是最基本的民事权利类型，对于民事主体来说意义重大，也是法律制度保障的重点。环境状况的改变可能直接与财产有关，比如草原退化同时也是作为财产的草场的状态变化，其财产价值也发生相应的改变；也可能间接导致财产状态的改变，从而减少财产的价值，比如空气质量不达标对房产使用价值的不利影响。在财产属于私人主体的意义上，其结果是对私人权益的损害，而且由于财产本身是可计量的，相应的损害也是可计量的；财产权利已经有比较完备的法律救济体系，从救济方面看只需考虑环境因素的介入是否需要相应补充或者调整财产权救济体系即可。

这里需要明确的是，作为环境损害的两种原因形态，环境污染和自然资源破坏两种情况对财产权的损害存在重大差别。环境污染造成环境质量的降低，对财产的损害是真正"经由环境"的损害，其事实认定、权益衡量和法律救济都需要考虑环境介入的因素。自然资源破坏表现为资源的物质实体改变或者生态功能的降低，一种情况可能是环境污染的后果，例如酸雨可以导致草原退化；另一种情况可能是对资源的直接破坏，例如滥伐林木。而自然资源的物质实体本身是财产权利的客体，虽然也存在公有制的问题，但本质上仍可归于民事权利的范畴。[1]因此，多数对自然资源的直接破坏本质上并不存在所谓的"经由环境"的问题，就是对于财产权的侵犯，甚至是财产权利人对权利的滥用，而作为环境污染后果的自然资源破坏与环境污染造成的其他财产权利损害具有同质性，应当与环境污染导致

---

〔1〕　自然资源国家所有权和集体所有权不同于私人所有权，对其权能有不同的理解。虽然公共财产法律关系被主要纳入民法调整范围、国家所有权参照私人所有权制度模式创立导致了逃避宪法实施义务等问题，但民事权利是理解国家所有权和集体所有权的重要视角。参见张力："国家所有权遁入私法：路径与实质"，载《法学研究》2016 年第 4 期。

的财产损害一并考虑。

因此，环境损害中所谓的财产损害是指环境污染造成的财产损害，即由于环境质量下降导致财产物质形态改变遭受损失或者财产价值降低。自然资源破坏是环境损害的一种表现形态，但由于自然资源权属体系已经存在，直接评价和救济自然资源权益即可，并不需要强调"经由环境"的特殊性。当然，自然资源的整体具有生态价值，从而具有重要的环境意义，这可以从环境公益损害的角度来进行法律上的评判和救济。

第二，人身损害，其中主要是健康损害，也包括生命损害。自然资源破坏以及相关的自然景观破坏、生态功能损失只在非常弱的意义上与人的健康有关，而且通常并不被看作是对健康的损害，只是存在不利影响。而环境污染如果达到一定程度，对生活在污染环境中的人的健康有直接的损害效果，直至导致死亡。除了少数重大的环境污染事故，一般情况下即使比较严重的污染也不会直接导致人的死亡，而是先导致人的健康受损，比如身体疼痛、罹患癌症等，死亡只是健康受损的后续和最终结果，与环境污染的关系比较间接。重大环境污染事故在短时间内导致的死亡是较多污染物直接毒害的结果，特征上更接近毒物致死而非"经由环境"造成的损害。因此，环境损害中的健康损害是指环境污染造成的人的健康受到的损害。需要注意的是，虽然健康权在概念上包括了对生理健康和心理健康的保护，[1]但是生理健康损害是更严重也更常见的健康损害，心理健康损害可能由环境污染引起，但是通常是较为轻微的损害。

环境损害中的健康损害是对个体健康权的侵犯，在传统健康权的意义上具有当然的可救济性。健康权的概念也存在诸多

---

[1] 参见王利明主编：《人格权法新论》，吉林人民出版社1994年版，第288页。

争议，比如界定为"人人享有可能达到最高标准的，维持身体的生理机能正常运转以及心理良好状态的权利"，[1]兼顾了生理健康与心理健康，但是在实践中生理健康是更被重视的方面。从事实状态来看，环境损害中的健康损害也需要认定两个方面的事实：一是环境质量状况下降的事实，即受害人所处的环境因污染而不利于人体健康，通常是污染的含量或者程度达到或者超过一定的环境质量标准；二是人体健康受到损害的事实，即受害人身体的不适达到了医学上疾病的标准。与财产损害因果关系判断相比，环境污染与健康损害之间的因果关系更难判定，但不管采用何种手段或者程序或者因果关系证明标准，总可在一定的范围内确定因果关系。

第三，环境私益损害。上述财产损害和健康损害在"经由环境"的意义上具有特殊性，可能需要法律救济制度的适当调整。同时在私人权益层面，环境污染所导致的问题并不限于一般意义的财产损害和健康损害，因污染遭受的不利益经常不能被纳入传统法律权利保护的范围，[2]因而需要在正当性评价的基础上重新考虑其法律救济问题。在不同于传统法律权益、并且与环境损害有关的意义上，将其称为环境私益损害。

在此将环境私益损害界定为环境污染导致的、未纳入传统民事权利进行保护，但应当给予法律上救济的特殊损害。一般来说，重大的私人利益都已经纳入了传统民法的保护体系，但是环境问题出现后确有一些与个人生活密切相关但未纳入法律保护的情形。例如，较长时期生活于不达标环境中但是还未导致疾病的情形，按照健康权的保护逻辑不能获得损害补偿，但

---

〔1〕 参见林志强：《健康权研究》，中国法制出版社 2010 年版，第 28~33 页。

〔2〕 参见吕忠梅主编：《环境法案例辨析》，高等教育出版社 2006 年版，第 47~48 页。

确实是一种明显的不利益，一般社会观念也越来越承认其获得救济的必要性。这些情形有一部分可以通过重新解释健康权或者财产权而纳入传统的救济渠道，但毕竟在损害程度、认定标准等方面具有明显的区别，也存在将其作为单独类型进行法律救济的必要。

环境私益损害与良好环境权相对应。环境权理论经过数十年的发展，尽管其性质、边界仍存在争议，但核心内容越来越集中于良好环境权，可以将环境权界定为"公民享有的在清洁、健康的环境中生活的权利"。[1] 良好环境权不能通过健康权的保护途径实现，其救济须体现在环境私益损害的填补过程中。

四、环境损害的评定

在基本明确环境损害的概念和形态的基础上，损害的确认本身需要可观察和可测量，以防止陷入主观随意性而丧失其客观性，同时损害的填补更依赖于对损失数额的准确计量。这都需要对环境损害的评定，即对于环境损害的评价、确定和计量。

对损害进行评定的基本方法是比较事物的两种状态以评价其间的差额，即"差额说"。[2] 环境损害的评定实质上也是比较两种状态下主体利益的变化，但是环境的生态价值的特殊性，一定程度上导致了评定的困难。环境的生态价值虽然获得了普遍的承认，[3] 但由于还不存在有效的市场，其价值评估一直充满争议。这直接导致了环境公益损害和环境私益损害评定的困难，并影响相关的财产损害和健康损害的评定。

---

〔1〕 吕忠梅主编：《环境法学概要》，法律出版社 2016 年版，第 146 页。
〔2〕 参见［德］U. 马格努斯主编：《侵权法的统一：损害与损害赔偿》，谢鸿飞译，法律出版社 2009 年版，第 277 页。
〔3〕 参见刘湘溶："论自然的价值"，载《求索》1990 年第 4 期。

（一）财产损害和健康损害的评定

环境损害中的财产损害和健康损害也具有特殊性，主要是作为环境污染的后果，在因果关系认定、损失范围和形态确定上须考虑污染致害过程的特殊性。毕竟财产权的边界和健康权的保护内容是相对清晰的，从主要方面看，财产损害和健康损害可以运用通常的评定方法来完成。

财产损害表现为财产的减少或经济利益的丧失，可以用一定数额的金钱来加以衡量。针对环境损害中财产损害的评定：首先，需要判定环境污染与财产损害之间的因果关系。环境污染损害的因果关系是损害救济的困难所在，虽然环境侵权规则已经发展出诸如盖然性因果关系等新的因果关系理论，[1]但普通环境损害案件中因果关系的认定仍是一大难题，政府环境损害补偿责任着重于严重的污染损害，在因果关系上会相对简单，但是仍需要考虑污染致害的特殊性。最后，需要评估财产毁损或价值减少的数额。因为环境污染导致的财产毁损或者价值减少是财产损失的直接方面，可以依据通常的损害评估思路、考虑受害财产的特殊价值加以评估。最后，要考虑清除财产污染需要的额外费用。环境污染后的修复费用越来越受到重视，对于受害人来说，也是财产损害的重要方面。

健康损害直接表现为生理上的痛苦或者疾病，同时会导致一系列的复杂后果，包括直接或者间接的财产损失、死亡或者残疾、受害人或其近亲属的精神损害等。从可救济的损害角度来看，侵害他人的健康、生命导致的实际损害只能归入财产损害赔偿和精神损害赔偿的范畴。[2]环境损害中健康损害的评定

---

〔1〕　参见胡学军："环境侵权中的因果关系及其证明问题评析"，载《中国法学》2013年第5期。

〔2〕　参见张新宝：《侵权责任构成要件研究》，法律出版社2007年版，第133页。

首先需要判定环境污染与健康损害之间的因果关系；其次需要确认因环境污染导致的受害人发生疾病、伤残、死亡等健康损害的事实；最后要评估健康损害的数额，损害数额的计算有《最高人民法院关于审理人身损害赔偿案件适用法律若干问题的解释》《最高人民法院关于确定民事侵权精神损害赔偿责任若干问题的解释》等具体的依据。

（二）环境公益损害和环境私益损害的评定

环境公益损害和环境私益损害在损害原因、过程和损害结果的表现形态上都与环境因素密切相关，特别是损害结果上与环境生态价值的关联给其评定带来的特殊的困难，需要创新损害评定的方法。

环境公益损害须从整体上评价环境状况改变造成的资源、生态价值的减少，以及可能的生态恢复、环境修复费用。具体来说，首先需要确定环境污染或者自然资源破坏行为导致的后果的范围；其次要确定生态环境基线、生态环境修复或者恢复目标，以明确公益损害的比较标准或者损害恢复的目标；再次要筛选环境修复或生态恢复的方案、选择环境损害评估的方法、评估环境修复或生态恢复的费用。

从实践状况看，生态环境损害评估方法包括替代等值分析方法和环境价值评估方法。[1]替代等值分析方法包括资源等值分析方法、服务等值分析方法和价值等值分析方法。资源等值分析方法是将环境的损益以资源量为单位来表征，通过建立环境污染或生态破坏所致资源损失的折现量和恢复行动所恢复资源的折现量之间的等量关系来确定生态恢复的规模。资源等值分析方法的常用单位包括鱼或鸟的种群数量、水资源量等。服

---

〔1〕 参见《环境损害鉴定评估推荐方法》（第 II 版），2014 年 10 月制定。

务等值分析方法是将环境的损益以生态系统服务为单位来表征，通过建立环境污染或生态破坏所致生态系统服务损失的折现量与恢复行动所恢复生态系统服务的折现量之间的等量关系来确定生态恢复的规模。服务等值分析方法的常用单位包括生境面积、服务恢复的百分比等。价值等值分析方法分为"价值-价值"法和"价值-成本"法。"价值-价值"法是将恢复行动所产生的环境价值贴现与受损环境的价值贴现建立等量关系，此方法需要将恢复行动所产生的效益与受损环境的价值进行货币化。衡量恢复行动所产生的效益与受损环境的价值需要采用环境价值评估方法。"价值-成本"法首先估算受损环境的货币价值，进而确定恢复行动的最优规模，恢复行动的总预算为受损环境的货币价值量。环境价值评估方法包括直接市场价值法、揭示偏好法、效益转移法和陈述偏好法。各种方法都有比较强的技术性。

环境私益损害的评定面临更大的不确定性，未达到医疗上的健康损害标准，仅仅是环境污染造成的舒适性降低或者健康隐患，虽被认为是利益损失但其可测量性值得怀疑，传统上可能被纳入容忍义务的范围，毕竟容忍他人合理损害是权利人的一项基本义务。[1]但在环境污染日益严重、环境舒适性日益受到重视的背景下，环境私益损害因其重要性的提升而有评定的必要，以便提供法律救济的基础。而且，在生命的价值都可以测量的现代社会，[2]环境私益损害的评定总能找到相对合理的方法。例如，可以根据环境污染排放的合法性、环境质量的超标程度、污染物的致害可能等因素来估算环境私益损害的数额。

---

〔1〕 参见李友根："容忍合理损害义务的法理——基于案例的整理与学说的梳理"，载《法学》2007年第7期。

〔2〕 参见刘秀光："生命价值计算与生命损失赔偿"，载《河南科技大学学报（社会科学版）》2013年第4期。

第二节 环境损害的救济方式

救济通常与权利联系在一起，"无救济则无权利"，无法诉诸法律救济的权利，实际上根本不是什么法律权利。在法律语境下，救济是对正在发生或者业已造成的伤害、损失等的纠正或者矫正，通常就是指权利救济。所谓权利救济，是指当公民的合法权益被侵害时，如何用社会规范所认可的方法，寻求帮助以维护自己的权利。[1]民法上将损害界定为法律保护的权益所受到的损失，因此对权利的救济在一定意义上就是对损害的填补，甚至直接用损害救济的概念来指称损害形成后法律上的矫正途径或者措施。

环境损害的救济方式就是指环境损害发生后，受害人可以寻求填补环境损害、维护相应权益的法律途径和方式。法律上的权利必然或者应当与救济相联系，同时法律上保护的利益也应当获得救济，以应对权利边界模糊的问题。由于对法律权利的救济被认为是理所当然的，通常的讨论并不涉及救济的必要性，以及不同情形下的救济方式选择。环境损害不仅涉及对法律上权利的损害，更有争议的是对于某种环境利益的损害，因此环境损害救济就需要必要性的论证以及考虑环境损害特殊性之后的救济方式的分析。在此意义上，环境损害救济的关键是如何以及在多大程度上实现环境损害的填补。

一、环境损害救济的必要性

在当前中国语境下，损害的救济一定程度上被认为是理所

---

〔1〕 参见李俊："从一元到多元：公民权利救济方式的比较研究"，载《华东师范大学学报（哲学社会科学版）》2007 年第 4 期。

当然的，损害救济被有意无意地等同于权利救济，因此有所谓侵权法上公平责任的规定，[1]甚至被作为侵权法的一项原则。在当代社会，侵权法的保护范围不断扩张，各种受到侵害的权益，无论是否构成权利，均可获得救济，[2]同时随着政府职能的扩张，社会个体因各种原因陷入生活困难都可能获得政府提供的经济资源，权利的边界在不断扩张中也变得模糊不清。但是，公平责任原则在构造上存在缺少理论依据、内容不明确等问题，[3]政府提供的经济资源也受到政府财力限制和正当性评价的制约，因此必须认识到，权利救济并不能等同于损害救济，并非所有的损害都应得到赔偿，"原则上，除非有充分的理由，足以移转损害由他人负担，否则个人应承担其自己不幸事件的后果"。[4]也就是说，对于事实上发生的损失，要经过评价具有法律上的可救济性才属于法律意义上的损害：如果是对权利的损害，基于权利的正当性，当然应当获得救济；如果是对其他利益的损害，那么就需要相对独立的评价过程。要么通过对权利的扩大解释纳入或者比照权利进行，要么不具有足够的正当性基础而不能获得救济，相应的利益不纳入法律保护的范围，也可以认为不存在法律上的受保护的权益。

　　环境损害的具体形态中，财产损害和健康损害本身是指对

---

　　〔1〕《民法通则》第 132 条规定："当事人对造成损害都没有过错的，可以根据实际情况，由当事人分担民事责任。"《侵权责任法》第 24 条规定："受害人和行为人对损害的发生都没有过错的，可以根据实际情况，由双方分担损失。"第 87 条规定："从建筑物中抛掷物品或者从建筑物上坠落的物品造成他人损害，难以确定具体侵权人的，除能够证明自己不是侵权人的外，由可能加害的建筑物使用人给予补偿。"

　　〔2〕　参见杨立新、杨彪："侵权法中的可救济性损害理论"，载《政治与法律》2007 年第 6 期。

　　〔3〕　参见毛东恒："'公平责任原则'构造问题的比较法研究"，载《湖南社会科学》2016 年第 4 期。

　　〔4〕　陈聪富：《侵权归责原则与损害赔偿》，北京大学出版社 2005 年版，第 7 页。

私人主体的财产权或者健康权的损害，其救济的必要性建立在民事权利的正当性基础之上，即使在救济方式上需要突破传统的民事救济方式，也不存在对其救济必要性的质疑。

理论上和实践中的困难都出现在对环境公益损害和环境私益损害的救济。对环境公益损害和环境私益损害的认定实质上扩大了法律保护的权益范围，包括了主体范围的扩大和权利内容的扩展，虽然获得了环境权理论的支持，也在司法实践中有某种程度的印证，但迟至 2014 年的《环境保护法》修订都未将公民环境权进行明确宣示，[1]环境权的法定化还有很长的路要走。在环境权还没有被明确为法定权利之前，对环境公益损害和环境私益损害的救济都需要比照权利损害救济进行必要性论证。

有关环境权的论证事实上已经完成了这一任务，[2]即在环境污染和破坏日益严重的背景下，不管是对环境的损害还是经由环境的损害都已经成为人的重大利益损害，在很多方面超出了容忍义务[3]所应当容忍的限度，前者构成重大的公共利益损害而需要对公众进行某种形式的补偿，后者在侵犯财产和人身权利之外，还可能严重妨碍社会个体在适当环境中过有尊严的生活。随着这些利益重要性的提升，其计量也日益受到重视并逐渐形成了相对统一、具有一定认可度的计量方法和标准。而损害救济法上，"受保护的利益的范围取决于利益的性质；价值越高，界定越精确、越明显，其所受的保护就越全面"。[4]因

---

〔1〕 参见吕忠梅："《环境保护法》的前世今生"，载吕忠梅主编：《环境资源法论丛》（第 10 卷），法律出版社 2015 年版。

〔2〕 参见吕忠梅："论公民环境权"，载《法学研究》1995 年第 6 期；吕忠梅："再论公民环境权"，载《法学研究》2000 年第 6 期。

〔3〕 参见胡杰："容忍义务起源的理论解释"，载《江海学刊》2013 年第 3 期。

〔4〕 欧洲侵权法小组编著：《欧洲侵权法原则：文本与评注》，于敏、谢鸿飞译，法律出版社 2009 年版，第 4 页。

此，即使还没有对环境权进行法律上的明确规定，但相关的利益纳入法律保护的范围仍具有充分的正当性基础，环境公益损害和环境私益损害的救济都是必要的。

二、环境损害救济的基本方式

法律上的救济本来指强制实现权利的保护或者损失的矫正过程，程序的意味更重，例如将公民权利救济体系分为司法救济模式、上访救济模式和群体救济模式，[1]以及更常见的私力救济与公力救济的划分，都是从程序角度对救济进行的分析。从另外一个角度，即权益保护的实体性方式上，也有将救济划分为民事救济、社会化救济以及行政救济等类型，其中也包含了程序上是司法还是行政管理的区分，但相对更关注从实体方面保护权益的不同方式。

环境损害的救济也需要从实体和程序两个方面考虑，以实现环境相关权益的合理保护为目标。虽然在环境公益损害的情形下也需要救济机制的创新，但环境损害救济更急需解决的是实体上的权利认定和保护范围、保护方式的确定，因此主要从实体角度区分环境损害的不同救济方式也就是环境损害的填补方式，即民事救济、社会化救济等。

（一）环境损害的民事救济

环境损害民事救济的核心是确定环境损害民事赔偿的范围。在程序上，环境损害的民事救济适用民事权利救济的一般程序，司法救济是最主要方式。实体上，环境损害的民事救济需要认定可救济的损害的范围，主要遵循侵权法的基本构造方式。

环境损害民事救济的基础在于直接的环境损害赔偿责任的

---

〔1〕　参见贺海仁："从私力救济到公力救济——权利救济的现代性话语"，载《法商研究》2004年第1期。

确定，其途径是以民事责任理论来构造环境损害赔偿责任制度，以"使污染受害人能迅速合理地获得赔偿"，[1]关键在于确定环境损害赔偿请求权之权利主体、对应的责任主体以及责任范围。由于环境损害的特殊性，环境损害赔偿责任之归责原则、因果关系认定等都区别于一般民事责任。明确的环境损害赔偿责任是环境损害社会化救济的基础。简言之，环境损害赔偿责任是环境责任"社会化"[2]的起点，是环境损害民事救济的实体内容和程序基础。

环境侵权以无过错责任为归责原则已经成为世界各国立法和司法实践的发展趋势，[3]但是，环境侵害行为是多种多样的，不加区别地对待难免过于笼统，分类处理更加适当，类型化方案应当根据环境损害的特点来展开。具体来说：违反保护环境、防治污染的强制性规定，造成环境损害的，应当承担赔偿责任，即采用客观过错归责；正常经营中依法排放污染造成环境损害的，除非侵害人能够证明自己没有过错，否则应当承担赔偿责任，即采用过错推定归责；因环境事故泄露有毒、有害或者放射性物质造成环境损害的，应当承担赔偿责任，即无过错归责。[4]

环境损害民事救济的实现形式主要是支付赔偿金，在环境修复和生态恢复有必要和可能的情况下应当以恢复原状为原则，不能恢复原状的，应当支付赔偿金。责任人不能恢复原状，可以负担环境整治和恢复费用，由受害人、政府或者他人代为整

---

〔1〕 陈慈阳：《环境法总论》，中国政法大学出版社 2003 年版，第 438 页。

〔2〕 王明远：《环境侵权救济法律制度》，中国法制出版社 2001 年版，第 133 ~ 162 页。

〔3〕 参见童光法："环境侵害的归责原则"，载《东方法学》2015 年第 3 期。

〔4〕 参见刘长兴："环境污染侵权的类型化及责任规则探析"，载《宁夏大学学报（人文社会科学版）》2010 年第 3 期。

治或者恢复。

环境损害民事救济中，对损害的赔偿标准应当区分情况确定：造成环境公益损害的，根据损害范围、损害程度、整治费用、整治效果、影响期限等因素确定赔偿数额；造成环境私益损害的，根据损害程度、影响期限等因素确定赔偿数额；造成财产和健康损害的，以一般侵权的赔偿标准为基础，考虑后续风险、影响期限等因素确定赔偿数额。政府或者独立机构可以制定环境损害的计算标准，作为赔偿的依据或者参考，实践中已有这方面的尝试。

环境损害民事救济中，赔偿责任的法定免除或者减轻事由应当包括：一是不可抗力。因不可抗力造成环境损害的，责任人不承担赔偿责任。但违反保护环境、防治污染的强制性规定，造成环境损害的，不得以不可抗力免除赔偿责任；不可抗力发生后，责任人未及时采取合理措施防止损害扩大的，应当对扩大的损失承担赔偿责任。二是第三人过错。因第三人过错导致环境损害的，责任人和第三人承担连带赔偿责任。责任人赔偿后，有权向第三人追偿。三是容忍义务。在符合保护环境、防治污染的强制性规定的前提下，因环境侵害行为导致的财产轻微减值等损害，以及环境私益损害，行为人不承担赔偿责任。四是减损义务。受害人应当采取合理措施减轻环境损害，未履行减损义务的，应当适当减轻行为人的赔偿责任。

在遵循民事救济一般规则的基础上，考虑上述方面构建环境损害的民事救济制度，当然可以解决环境损害中财产损害和健康损害救济的基本问题，再加上对生活环境质量的考虑，也可以解决环境私益损害的救济问题。但环境公益损害的主体不同于普通民事主体，受损害的也不是典型的民事权利，因此民事救济的意义有限，环境民事公益诉讼在这方面所做的努力更多是社会示范和警示意义，并不具备为环境公益损害提供普遍和常态救济的功能。

（二）环境损害的社会化救济

民事救济的个体视角难免有其局限性，无法为大规模侵权等新型损害提供充分救济，因此以社会连带为视角、以责任分担理论为基础的社会化救济成为必要。损害救济的社会化就是将损害视为社会过程的结果，应当通过社会分担机制转移和分散损失，对受害人进行及时有效的救济。由于环境污染后果的公共性特征，环境法上一直重视社会连带责任问题，包括社会责任之归责原则、自己责任的社会化、证明责任的"客观化"都隐含了连带责任，[1]从而构成相对独特的环境法律责任形态，并表现在不同的环境法律责任制度中。

环境损害救济的社会化是民法社会化和侵权责任社会化大潮的组成部分，需要在环境损害的民事赔偿责任基本明确的基础上，通过责任保险、共同基金或者特定财务安排来分散、转移或者特定化责任人的赔偿责任，目的是保护受害人获得及时、充分的赔偿，具体包括环境责任保险、环境共同基金和环境公积金三项制度。[2]

环境责任保险是责任社会化趋势在环境侵权赔偿领域的体现，[3]也是"避免因损害数额过巨导致污染制造者无法赔偿损害"[4]的制度措施。环境责任保险法以强制为原则，同时鼓励

---

〔1〕 参见郑少华："试论环境法上的社会连带责任"，载《中国法学》2005 年第 2 期。

〔2〕 参见刘长兴："环境损害赔偿法的基本概念和框架"，载《中国地质大学学报（社会科学版）》2010 年第 3 期。

〔3〕 参见张梓太、张乾红："我国环境侵权责任保险制度之构建"，载《法学研究》2006 年第 3 期。

〔4〕 陈慈阳：《环境法总论》，中国政法大学出版社 2003 年版，第 438 页。

自愿的环境责任保险安排。其机制是将污染者的环境损害赔偿责任形式上转嫁于保险人承担，实质上分散由作为被保险人的潜在污染者承担，避免环境损害赔偿责任主体无力赔偿之困境，保障受害人获得赔偿，同时保护受害人和侵害人，且符合"污染者付费"原则。环境责任保险仅限于分散和转移侵害人的一般民事赔偿责任，不能承保行政罚款、惩罚性赔偿等惩戒性责任，以及不符合保险经营技术的故意侵权等赔偿责任。

环境共同基金是环境赔偿责任社会化的另一种形式。同地区、同行业企业面临的环境风险具有共同性，甚至可能存在共同侵权而应当承担连带责任的情形，因此容易就赔偿风险的集中和转移达成一致，成立环境共同基金分散赔偿风险。环境共同基金应当是一定范围内企业自愿协议的结果，基金的筹集、赔偿、节余分配以及不足时的补充等规则都应当由企业自由协商，基金赔偿的条件由基金设立人在基金章程中约定。

环境公积金是强制企业从税后利润中提取的专项准备金，作为环境损害赔偿或者履行替代责任的专项准备金管理，用于环境损害赔偿。在企业解散或破产时，未使用的环境公积金纳入清算范围。由于提取环境公积金的要求与企业的经营自由相冲突，因此，不得强制非从事具有高度环境风险业务的企业提取环境公积金，以免影响企业效率。

环境损害的社会化救济无论对受害人损害的填补，还是对经济发展、社会稳定和环境保护均有着重要作用。[1]一方面可以避免因单个污染者支付能力不足而导致的救济不力，同时也可以通过社会分担的方式减少污染者的负担和发展风险，有益于

---

〔1〕　参见张志文、王秋俊："论环境侵权责任社会化的价值取向"，载《云南大学学报（法学版）》2004 年第 4 期。

提高生产、创造的积极性和社会经济的发展。[1]实践中，环境损害的社会化救济也正在发挥越来越重要的作用。

（三）环境损害救济方式的创新

相对于传统的救济方式，社会化救济已经属于环境损害救济的创新方式。社会化救济代表了从个体责任到社会共同责任的发展趋势，但是其范围并不明确，大概包括了从责任保险、财务保证、补偿基金乃至政府补偿的一系列制度安排。其中，责任保险是个体责任分担的最初形式，也是损害救济社会化的典型方式；财务保证和来源于私人的补偿基金是通过对个体财务安排的干涉提高其责任承担能力、达到社会目标，也属于损害救济社会化的基本方式。政府提供资金来源的补偿基金和政府补偿是最为特殊的社会化救济方式，从社会共同承担责任的角度也属于社会化救济的范畴；但是，政府的介入已经打破了损害救济法律关系的主体间平等，在很大程度上已经不是"社会"的范畴，而是具有一定的行政管理关系的性质，实质上是行政性救济的方式。

事实上，环境损害的民事救济和社会化救济并未完成环境损害救济的任务，在近年来发生的多个重大环境污染事件中政府最终直接承担了损害补偿责任，至少从实践需要的角度说明行政性救济是必要的。环境损害的行政补偿、国家给付等通过财政或者基金支付给受害人补偿金的救济手段已经获得了理论上的支持，[2]但是政府直接提供损害补偿在理论上还存在争议，在公共财政资金支持的具有行政性救济功能的损害填补基金和

---

〔1〕 参见周珂、杨子蛟："论环境侵权损害填补综合协调机制"，载《法学评论》2003 年第 6 期。

〔2〕 参见王明远：《环境侵权救济法律制度》，中国法制出版社 2001 年版，第 152 页。

责任保险之外，通过行政补偿方式提供行政性救济可能存在法律制度的重复设置问题。[1]

实践需要和理论争议都说明了环境损害救济制度创新的必要。在环境损害救济社会化的发展方向上，除了典型的社会化救济方式，行政性救济是否必要、功能如何定位、规则如何设计都需要进一步的研究。

三、环境损害的政府补偿

环境损害的政府补偿问题是在上述背景之下提出的。其一，重大环境污染事件中政府承担一定的补偿责任是事实且是常态，但是这种补偿如果不是不合法的，至少也是不规范的，补偿的范围和标准等都有极大的随意性。其二，在环境损害救济的理论设想和制度设计中，行政补偿都是可能乃至重要的一项救济制度，但是其制度的范围、救济对象、补偿标准等都还缺乏深入的研究，特别是结合政府承担补偿责任实践的研究更显不足。

（一）环境损害政府补偿责任的基本问题

本书拟从相关实践出发对环境损害的政府补偿责任进行系统化的研究，以实现环境损害政府补偿责任的理论化和制度化、指导和规范政府承担环境损害补偿责任的实践。

基本思路是：首先，分析环境问题爆发背景下，环境损害救济面临的困难和问题，特别是污染者不能承担责任时，存在政府可能实际承担了补偿责任但却于法无据的现象，这表明提出政府承担环境损害补偿责任的现实必要性。其次，从政府承担环境损害补偿责任的现实基础出发，分析政府补偿责任的可行性和理论基础。再次，基于政府补偿责任的定性探讨其承担

---

[1]　参见竺效：《生态损害的社会化填补法律研究》，中国政法大学出版社 2007 年版，第 299 页。

环境损害补偿责任的限度和范围，明确政府承担环境损害补偿的法律责任的界限。最后，提出政府承担补偿责任的具体方式，包括环境损害补偿基金和环境损害行政补偿，探讨具体的补偿方式的适用条件、责任限制和补偿程度等内容。另外，对环境损害政府补偿与环境损害其他救济方式的协调进行分析，明确环境损害政府补偿责任制度运行的外部关系。

总之，政府环境监督管理职责履行不当是其承担补偿责任的法理依据，侵权赔偿等对环境损害的救济不足是政府承担补偿责任的直接原因，对重大的基本权利损害承担补偿责任是其职能定位。

（二）环境损害政府补偿相关问题的界定

在基本完成对相关背景的分析之后，正式开展环境损害政府补偿责任的分析之前，对几个相关的问题界定如下：

第一，关于损害补偿与损害赔偿。从词义上看，"补偿"一般指"抵消（损失、消耗）、补足（缺欠、差额）"；"赔偿"一般指"因自己的行动使他人或集体受到损失而给予补偿"，从根本上都是对损失的填补，因此赔偿与补偿并无严格区别。在正统的民法理论中，补偿与赔偿并无实质区别，补偿或分担损失之义务也属于侵权损害赔偿责任。[1]在法律学说上，往往出于技术的需要区别损害赔偿与损失补偿的概念，将由侵权行为和债务不履行等违法行为发生的损害的填补叫作损害赔偿，[2]包含对违法行为的责难之意；而将接受对依据《土地收用法》的土地收用和根据相邻关系的土地通行那样的合法行为的特别

---

〔1〕 参见杨代雄："一般侵权行为的无过错损失分担责任——对'无过错即无责任'的质疑及对'公平责任原则'的改造"，载《华东政法大学学报》2010年第3期。

〔2〕 于敏：《日本侵权行为法》（第2版），法律出版社2006年版，第21页。

牺牲的填补叫作损失补偿,[1]体现对合法行为的中性评价。环境损害的填补既包括由违法者承担责任的赔偿,也包括违法者不明或者无力承担时政府或者公共机构的补偿,以显示对于政府承担的责任的中性评价而不是责难立场。但是,环境损害的政府补偿仍遵从损害赔偿的思路,在补偿范围等方面与赔偿责任保持一致性,只是由政府填补环境损害直接责任人不明或者不能承担责任留下的空缺,以完成损害救济过程。从受害人角度看,补偿和赔偿的效果都是获得损害的填补,因此不能重复获得。

第二,关于政府补偿与行政补偿。行政补偿是一个明确的法律概念,[2]但政府补偿主要还是一个实践操作概念,即由政府支付给特定主体补偿金以填补其某种利益损失。在重大环境污染事件中,实际对受害人进行补偿的一般是地方人民政府,有时是政府环境保护部门,但普遍未经正式的行政补偿或者赔偿程序,操作方式、资金来源、补偿标准、补偿程序等也没有统一的做法,因此暂且称之为政府补偿。从制度目标和设计要求来看,这里所谓的政府补偿也不限于一般意义上行政补偿,政府通过补偿基金间接给予的补偿也属于讨论的范围。

第三,关于实体规范与程序规范。权利救济制度包括实体制度和程序制度两个基本方面,环境侵权救济也由实体法规范和程序法规范共同构成。[3]环境损害政府补偿主要基于环境损害救济的实体规范,在民事赔偿之外探讨承担补偿义务的理由、

---

〔1〕 于敏:《日本侵权行为法》(第2版),法律出版社2006年版,第21页。

〔2〕 行政补偿制度,是指国家行政机关及其工作人员的合法行政行为使公民、法人或者其他组织的合法权益受到损失,由行政机关给予一定经济补偿的制度。参见李傲、夏军:“试论我国行政补偿制度”,载《法学评论》1997年第1期。

〔3〕 参阅王明远:《环境侵权救济法律制度》,中国法制出版社2001年版,第31~35页。

限制和具体范围，但补偿的最终实现需要一定的程序规范。环境损害政府补偿责任的实体内容包括补偿的主体和方式、补偿的范围和标准；程序规范包括申请补偿的条件和规则，给予补偿的审核程序和支付程序等。两个方面在一定程度上相互关联，但又有一定的独立性。

第四，关于私法规范与公法规范。损害赔偿是承担民事责任的基本方式之一，损害赔偿法传统上为民法之重要组成部分。但随着政府责任的扩张，行政侵权、行政赔偿等国家赔偿形式作为对特定损害的补救方法已经得到确认，[1]因此损害赔偿的概念已经不限于私法的范围。由于环境损害的特殊性和侵权责任的社会化[2]趋势，环境损害赔偿不可避免地出现了社会化趋向，[3]环境责任保险制度、行政补偿制度应当成为环境损害救济的重要方面。环境损害的政府补偿遵循民事赔偿的一般思路，因此在制度内容上会包括部分私法性质的规范，同时由于涉及行政权力的行使和公共财政资金的支出，也必然包括大量的公法规范。这与环境法的社会法定位[4]是一致的，环境损害政府补偿也是环境法中公法和私法相融合的具体表现。

第五，关于法定责任与政治责任。政府承担环境损害补偿责任需要法律上的定性，目前补偿实践中操作的不规范与其定性不清有重大关系，即给予重大环境事件的受害人一定补偿被认为是政府承担政治责任的一种形式。但是，现代法治的总体

〔1〕 参阅王世涛：《行政侵权研究》，中国人民公安大学出版社 2005 年版，第 221～223 页。

〔2〕 参阅张梓太、张乾红："我国环境侵权责任保险制度之构建"，载《法学研究》2006 年第 3 期。

〔3〕 王晓丽："论环境责任保险制度——兼论环境损害赔偿的社会化机制"，载《行政与法（吉林省行政学院学报）》2006 年第 6 期。

〔4〕 吕忠梅：《环境法学》，法律出版社 2004 年版，第 40 页。

要求是政府行为的法治化，不规范的操作最终应当纳入法律规范程序。从行政学的角度，行政责任包括政治责任、道义责任和法律责任，[1]其中道义责任的形式模糊、约束力弱，政治责任虽然也需要一定的法律程序来追究，但在本质上和形式上都与法律责任有明显的区别。[2]法律责任的透明性、明确性是保障政府行为合理合法的基本条件，环境损害的政府补偿责任应当定位为法律责任，即通过明确的法律规则来确定。当然，法律责任可能是承担政治责任的一种方式，同时政治责任也可以弥补法律责任弹性不足的缺陷，二者的配合才能更好约束政府行为。例如，对于行政不作为的治理，除了通过已有的行政复议等法律手段之外，还须辅以政治追责、内部评价等具有互补性的综合治理手段。[3]但是，环境损害政府补偿责任应当首先是法律责任，以超越政治责任的模糊性、减少实践操作中的争议和纠纷，解决实践中政府面临的赔与不赔两难的困境。

---

〔1〕　参见张创新、韩志明："行政责任概念的比较分析"，载《行政与法（吉林省行政学院学报）》2004年第9期。

〔2〕　参见张贤明："政治责任与法律责任的比较分析"，载《政治学研究》2000年第1期。

〔3〕　参见毕雁英："行政不作为的司法治理研究"，载姜明安主编：《行政法论丛》（第22卷），法律出版社2016年版。

第二章

环境损害政府补偿的实践分析

经历了多年的经济快速发展之后，我国已经进入环境问题相对集中爆发期，接连出现的危化品爆炸等重大环境污染事故、长期污染造成的儿童血铅超标和毒大米等污染事件，将环境损害的严酷性无情地显现出来。在部分重大环境污染事件的处置中，地方政府不同程度承担了损害补偿的责任，同时也暴露出政府承担环境损害补偿责任存在的问题。

第一节　环境损害政府补偿的基本情况

一、环境损害补偿的现实状况

（一）环境损害的基本情况

在国内，环境污染和破坏已经造成了比较严重的环境损害，这可以通过各类环境事件、局部比较严重的污染状况、草原等生态退化直观显现出来。但是，国内关于环境损害的数额还没有相对可用的数字，一方面由于环境损害计量的客观困难，另一方面由于对环境数据本身的敏感性。因此，对于环境损害只能从以下几个方面大致进行定性分析。

第一，环境污染事件持续高发。近年来环境污染事件总体上呈现高发态势，不仅有危险品爆炸、化学品泄漏等突发性环境污染事件，也有长期排污累积造成的土壤污染导致的毒大米、铅中毒、砷中毒等污染事件。2015 年，全国共发生突发环境事件 330 起，较 2014 年减少 141 起，其中重大事件 3 起，较大事件 5 起，一般事件 322 起。[1]2016 年，全国共发生环境事件 679 起，其中污染事件 113 起，其余为沙尘天气、地震、山体滑坡和泥石流、旱灾以及其他自然灾害。2017 年 1 月至 2 月，全国发生环境事件 76 起，其中污染事件 16 起。[2]总体上看，该时间段内污染事件占环境事件总数的 17%，每月平均近 10 件。环境污染事件通常伴随着严重的环境损害，频频发生的污染事件将环境损害问题显现在公众面前，成为越来越严重的社会问题。

　　第二，整体环境污染状况没有得到根本改善。虽然节能减排等工作取得了一定成效，局部地区的环境质量有所改善，但是总体上污染物排放量仍然居高不下，环境污染状况没有得到根本性改善。2016 年，全国 338 个地级及以上城市中，有 84 个城市环境空气质量达标，占全部城市数的 24.9%；254 个城市环

---

〔1〕　参见曹红艳："2015 年全国突发环境事件 330 起　较上一年减少 141 起"，载《中国环境报》2016 年 4 月 14 日。

〔2〕　参见李生才、安莹："2017 年 1-2 月国内环境事件"，载《安全与环境学报》2017 年第 2 期。2016 年数据根据上述作者发表在《安全与环境学报》的同类文章整理。具体分类数据如下：

	总计	污染事件	沙尘天气	地震	山体滑坡和泥石流	旱灾	其他自然灾害
2016 年 1-2 月	70	16	6	31	9	0	8
2016 年 3-4 月	123	25	15	41	18	0	24
2016 年 5-6 月	151	15	15	45	27	2	47
2016 年 7-8 月	147	24	2	41	32	3	45
2016 年 9-10 月	101	15	3	33	13	5	32
2016 年 11-12 月	87	18	4	50	6	0	9
2017 年 1-2 月	76	16	3	39	8	0	4

境空气质量超标，占 75.1%。338 个地级及以上城市平均优良天数比例为 78.8%，比 2015 年上升 2.1 个百分点；平均超标天数比例为 21.2%。全国地表水 1940 个评价、考核、排名断面（点位）中，Ⅰ类、Ⅱ类、Ⅲ类、Ⅳ类、Ⅴ类和劣Ⅴ类分别占2.4%、37.5%、27.9%、16.8%、6.8% 和 8.6%。6124 个地下水水质监测点中，水质为优良级、良好级、较好级、较差级和极差级的监测点分别占 10.1%、25.4%、4.4%、45.4% 和14.7%。[1]作为主要环境要素的水和空气的质量都还有比较高的不达标率，土壤污染的数据缺失。

第三，生态环境质量依然堪忧。经过多年治理，荒漠化等生态问题逐步得到改善，但是生态环境质量较差的地区依然占相当比例，生物多样性减少等生态问题也没有从根本上解决，森林覆盖率仍然偏低。2015 年，2591 个县域中，生态环境质量为"优""良""一般""较差"和"差"的县域分别有 548 个、1057 个、702 个、267 个和 17 个。生态环境质量"优"和"良"的县域主要分布在秦岭淮河以南、东北大小兴安岭和长白山地区，"一般"的县域主要分布在华北平原、东北平原中西部、内蒙古中部、青藏高原中部和新疆北部等地区，"较差"和"差"的县域主要分布在内蒙古西部、甘肃西北部、青藏高原北部和新疆大部。全国现有森林面积 2.08 亿公顷，森林覆盖率 21.63%；草原面积近 4 亿公顷，约占国土面积的 41.7%。全国共建立各种类型、不同级别的自然保护区 2750 个，其中陆地面积约占全国陆地面积的 14.88%；国家级自然保护区 446 个，其中陆地面积约占全国陆地面积的 9.97%。[2]

环境污染事件是造成环境损害的直接原因，环境污染的整

---

〔1〕 参见原环境保护部：《2016 年中国环境状况公报》，2017 年 6 月 5 日发布。
〔2〕 参见原环境保护部：《2016 年中国环境状况公报》，2017 年 6 月 5 日发布。

体状况对于环境损害有决定性影响，生态环境质量状况一方面是环境损害的表现形式，另一方面也对环境损害的形成有间接的影响。上述环境污染事件、环境污染状况和环境质量状况虽然不是表征环境损害的直接指标，但也反映我国目前面临比较严重的环境损害问题。

（二）环境损害的补偿途径

理论上，环境损害的救济途径主要包括民事救济的环境责任保险等社会化救济，政府补偿还未获得充分的理论支持，也未有细致的理论分析和制度设计。实践中，民事补偿仍然是环境损害救济的主要方式，特别是污染损害发生后受害人多是通过民事协商、民事诉讼获得一定的赔偿或者补偿，但是也有大量受害人未能获得或者未获得充分的赔偿或者补偿。环境民事公益诉讼在环境损害救济中发挥越来越重要的作用。目前来看环境损害的救济还未形成规范化、常态化的其他途径。

总体来看，对于已经形成的环境损害，其补偿的实践呈现以下特点：

第一，民事赔偿案件逐渐增多。损害救济的传统途径是民事赔偿，环境损害出现后，首先可选的法律救济途径也是民事赔偿诉讼。[1]近年来，统计可见的环境损害民事赔偿案件逐渐增加，[2]既有司法改革以来立案更加便利等因素的影响，也反

---

〔1〕　民事侵权责任是损害救济的基本途径，严重的环境污染和破坏多会导致人身权和财产权损害，依传统的损害救济路径即民事侵权路径寻求救济是当然选择，而民事赔偿是民事侵权救济的主要方式。

〔2〕　在聚法案例网的案例数据库中，以"案由：环境污染责任纠纷"为检索条件，共检索到3880篇文书，其中2013年214篇、2014年721篇、2015年861篇、2016年1748篇，呈明显的增长态势。虽然存在数据库收集案例不完全、环境污染责任纠纷与环境损害赔偿纠纷并不完全一致等因素，但是这些数据应当可以大致反映近年来我国环境损害赔偿案件的增长情况。

映了随着污染的累积，环境损害发生越来越多的社会现实。在诉讼之外，通过当事人之间的协商、调解等途径也可以达成民事赔偿协议或者给予受害人一定的民事赔偿。

大致上可以说，环境损害民事赔偿案件的增多说明民事司法救济在环境损害救济中占有越来越重要的地位。但同时也要注意到，环境损害的民事赔偿仍存在诸多问题，环境纠纷的"立案难、审理难、判决难、执行难"〔1〕问题一直存在。近年来，虽然立案难随着立案登记制改革有所缓解，审理难随着相关司法解释的出台、典型案例示范作用的发挥也在一定程度得到解决，判决难随着规则的明晰化也有所减轻，但是相对于其他领域的民事案件，环境损害案件社会敏感性高，涉及技术问题复杂导致因果关系认定等存在困难，判决结果难以获得当事人认可的问题依然存在，使得环境损害的民事诉讼救济并不顺畅。

第二，环境民事公益诉讼蓬勃发展。由于制度本身的局限以及实践操作的偏差，传统的行政管理、民事诉讼等手段不足以解决污染问题，至少没有使我国的环境污染状况得到根本地遏制。在此背景下，环境公益损害也成为越来越突出的社会问题，环境公益诉讼正是为救济环境公益损害而进行的制度创新的典范，随着 2012 年《民事诉讼法》的修订而从立法上确立，〔2〕并随着 2014 年《环境保护法》的修改而成为可操作的制度。〔3〕

---

〔1〕 参见吕忠梅："中国生态法治建设的路线图"，载《中国社会科学》2013年第 5 期。

〔2〕《民事诉讼法》第 55 条第 1 款规定："对污染环境、侵害众多消费者合法权益等损害社会公共利益的行为，法律规定的机关和有关组织可以向人民法院提起诉讼。"

〔3〕《环境保护法》第 58 条规定："对污染环境、破坏生态，损害社会公共利益的行为，符合下列条件的社会组织可以向人民法院提起诉讼：（一）依法在设区的市级以上人民政府民政部门登记；（二）专门从事环境保护公益活动连续五年以上且无违法记录。符合前款规定的社会组织向人民法院提起诉讼，人民法院应当依法受理。提起诉讼的社会组织不得通过诉讼牟取经济利益。"

2015年，全国人民代表大会常务委员会通过了《关于授权最高人民检察院在部分地区开展公益诉讼试点工作的决定》，最高人民检察院发布《检察机关提起公益诉讼改革试点方案》，检察机关也成为提起环境公益诉讼的主体。我国最早的民事公益诉讼司法探索始自20世纪90年代，一直在争议声中逐步通过案例推进。上述法律和文件出台后，环境民事公益诉讼在全国各地都进入快速发展阶段，环境保护组织和检察机关提起的环境民事公益诉讼数量可观，2015年1月至2016年12月31日，全国法院共受理社会组织和试点地区检察机关提起的环境公益诉讼一审案件189件、审结73件，受理二审案件11件、全部审结，其中大部分为环境民事公益诉讼案件。[1]最高人民法院于2017年3月7日发布了"环境公益诉讼十大典型案例"，其中包括环境民事公益诉讼8件、环境行政附带民事公益诉讼1件。[2]

但是与环境公益诉讼相关法律出台之前的预期不同，环境公益诉讼案件并未出现大量涌现，2015年1月至2015年11月，全国各级法院共受理一审环境资源民事案件50 331件。其中，贵州、山东等13个省（市）人民法院共受理环境民事公益诉讼案件45起，环境民事公益诉讼占全国环境资源民事案件的比率仅为0.0894%。这一数字折射出了一部被寄予厚望的新法在现实和理想之间的尴尬。[3]其原因一方面是因为法律对主体资格仍有比较严格的限制；另一方面也说明社会组织提起环境公益

---

〔1〕 "最高法发布十件环境公益诉讼典型案例"，载中国法院网：http://www.chinacourt.org/article/detail/2017/03/id/2573898.shtml，2017年7月30日访问。

〔2〕 "最高法发布十件环境公益诉讼典型案例"，载中国法院网：http://www.chinacourt.org/article/detail/2017/03/id/2573898.shtml，2017年7月30日访问。

〔3〕 参见叶乐峰："环境公益诉讼为何'遇冷'"，载《光明日报》2017年1月24日。

诉讼的意愿尚需提高、能力仍需培养。[1]这也说明，虽然环境民事公益诉讼的个案取得了良好的社会示范效应，但是环境民事公益诉讼还不是普遍解决环境损害问题的可靠途径。

第三，环境责任保险推进困难。环境责任保险是环境侵权责任社会化的首要方式，也是环境损害救济的可行途径之一，我国也在逐步推进环境责任保险，社会对环境责任保险的需求也不断增长。[2]早在2007年，原国家环境保护总局、原中国保险监督管理委员会（以下简称原保监会）出台了《关于环境污染责任保险工作的指导意见》（环发［2007］189号），标志着我国环境污染责任保险正式起步，各地环保部门和保险监督管理部门联合推动地方人大和人民政府，制定发布了一系列推进环境污染责任保险的法规、规章和规范性文件，引导保险公司开发相关保险产品，鼓励和督促高环境风险企业投保，取得积极进展。2013年，原环境保护部、原保监会出台《关于开展环境污染强制责任保险试点工作的指导意见》（环发［2013］10号），推动开展环境污染强制责任保险试点工作、建立环境风险管理的长效机制，明确了环境污染强制责任保险的试点企业范围，并且引导保险公司合理设计环境污染强制责任保险的条款、科学厘定保险费率、健全环境风险评估和投保程序、建立健全环境风险防范和污染事故理赔机制，搭建了基本的环境责任保险制度框架。我国已有30个省区市开展了环境污染责任险试点，包括重工业、重金属、印染、化工等领域，2016年保费收

---

〔1〕 参见叶乐峰："环境公益诉讼为何'遇冷'"，载《光明日报》2017年1月24日。

〔2〕 参见苏洁："中国对环境污染责任保险的需求不断增长"，载《中国保险报》2017年2月21日。

入在 2.8 亿元左右，提供风险保障达 260 亿元。[1]

环境责任保险的实践工作虽然取得了进展，但是相对于整体的环境损害规模，260 亿元的风险保障是远远不够的。当前，我国的环境责任保险还存在两个方面的主要问题：一是环境责任保险的法律法规体系不健全。环境责任险与机动车第三者责任险类似，需要强制而不能仅凭当事人自愿，否则难以达到为受害人提供普遍保障的目标。根据《保险法》的规定，"除法律、行政法规规定必须保险的外，保险合同自愿订立"，也就是说强制保险需要有法律或者行政法规作为依据，但目前为止环境责任保险还没有在法律或者行政法规中明确，主要是生态环境部等部门出台的部门规章推进，缺乏充分的法律依据。二是环境责任保险的实践推进困难。法律依据不充分是环境责任保险实践推进困难的原因之一，环境损害核算的困难、责任认定的不确定性等因素也是现实的障碍，导致政府推动环境责任保护十年来整体进展不大，保险费收入少、风险保障规模占整体风险的比例比较低。环境责任主体投保意愿不高、保险公司经营动力不足，环境责任保险还远未成为环境损害救济的有效途径，实践效果与制度预期还有很大差距。

第四，多元社会化救济方式不健全。在理论构想和国外实践中，环境损害多元化救济的主要方式是环境责任保险，同时也包括环境污染救济基金、企业财务保证或者公积金等。从国内实践来看，即使在污染损害比较严重的行业和地区也未建立相应的环境污染救济基金或者其他类型的环境共同基金，通过基金实现环境损害救济社会化实践还是空白。而在企业减负、企业负担法定化的大背景下，要求污染企业以财务保证或者环

---

[1]　参见李茜："环责险渐行渐近"，载《上海金融报》2017 年 3 月 14 日。

境公积金的方式为承担环境损害责任提前准备更是难以实现。所以从整体上看，虽然环境损害的社会化救济已经有比较充分的理论论证和试探性的制度实践，但是仍然存在救济方式不健全、社会化救济不充分的问题。除了环境责任保险已经艰难起步之外，其他的社会化救济方式还缺乏相应的实践。

第五，政府环境损害补偿不规范。环境损害的社会化救济主要还停留在纸面上、社会实践效果有限，环境公益诉讼主要指向环境公益损失的救济而且尚未成为普遍性的救济手段，民事救济还是实践中主要的环境损害救济途径，但它面临的实践困难也常常无法提供充分甚至基本的救济。这样，现实中时常会出现重大环境污染损害无法获得救济的情形，受害人利益救济的迫切性将政府推向前台，承担环境污染事件的善后处理角色和一定损害补偿责任。环境损害的政府补偿虽然对于特定情形下受害人的权益救济至关重要，在一定意义上也是社会正义的要求，但是由于政府的补偿资金来源于公共财政，还存在补偿的法律依据不足、补偿标准不明、补偿范围不清等一系列问题，实践中也只是对于环境损害严重、社会反响强烈的个案的受害人的特定损害给予一定的补偿或者救助，整体上看操作不规范也不统一，还难以成为有效、合法的环境损害救济途径。

由此可见，尽管法律上或者事实上存在上述各种救济途径，可是对于环境损害的补偿整体上并不充分，污染受害者未获得补偿或者未获得充分补偿的案例时常见诸报端。正是由于上述各种救济方式都还存在各种各样的问题，特别是环境损害社会化救济理论不能落地，极大限制了环境损害社会救济的现实选择，也在客观上加大了政府处理环境损害事件的压力，事实上置政府于"不补无法解决社会矛盾、补偿又无法律依据"的两难困境。从环境损害救济的实践来看，各种救济途径都需要在制度层面继续完善。

（三）环境损害的补偿范围

从实践情况来看，各类具体的环境损害能否得到补偿很大程度上基于其严重程度，对于基本权利的重大损害最可能得到补偿，例如儿童血铅等污染造成的重大健康损害。一般来说对于损害补偿，损害的严重程度是补偿的正当性判断的重要因素。在法律制度并不完备的情况下，实践中对于环境损害的补偿也遵循了这一基本的价值判断。

当然，环境污染或者破坏行为的明确性、行为人的确定性、污染与损害结果之间的因果联系等都在不同程度上决定着环境损害能否在事实上获得补偿，进一步救济途径的可获得性和便捷性也决定着环境损害补偿的最终实现。概括起来，实践中环境损害的补偿范围可以从以下几个方面进行大致的总结：

第一，严重的人身损害获得补偿的可能性最高。环境污染可能造成严重的人身损害后果，[1]危害人体健康甚至危及人的生命。突发的严重环境污染或者污染的长期累积都可能造成严重的健康损害，环境史上著名的"痛痛病""水俣病"等事件，以及近年来国内引起广泛关注的儿童血铅、砷中毒等事件，都是污染造成健康损害的典型，严重的出现了致人死亡的后果。生命权和健康权是人的最基本权利，在遭受严重损害时容易引起社会的重视，并通过法律或者非法律的途径获得医疗救助或者经济补偿。虽然也经常有污染导致的健康损害没有获得救济的报道，例如媒体对于"癌症村"的关注，但是环境损害中的健康损害是最可能获得补偿的，这体现在：一是司法判决中对

---

〔1〕　2008年，联合国开发计划署（UNDP）和世界银行（WB）公布了"世界资源报告"。该报告指出，人类25%的疾病与环境污染是相关的。环境污染作为一个整体因素，是人类多种疾病的诱因。参见潘于旭、夏传海："环境污染与人类健康"，载《生态经济》2017年第2期。

严重的健康损害的赔偿请求支持度更高；二是非正式渠道的政府补贴、企业补助等也主要针对污染造成的健康损害。

第二，重大的经济损失获得补偿的可能性较高。严格来讲，环境污染和破坏或多或少都会带来某种形式的经济损失，是对财产权益的损害，由于一般认为财产权益的重要性要低于人身权益，所以对于环境污染造成的直接经济损失，所受到的重视程度要低于污染导致的健康损害。环境污染事件中对于受害人的倾斜保护，主要基于受害人相对的弱者地位，但是经济损失的受害者往往与污染者具有类似的社会经济地位，对其进行倾斜保护并不具有必然的正当性。因此在实践中，往往只有环境污染直接造成的重大经济损失才能获得补偿，间接损失、较轻微的损失获得补偿的难度较大。

第三，公共利益损害能否获得补偿具有随机性。环境公益损害是环境损害的重要方面，而且大多数环境损害事件都造成了一定的环境公共利益损失，表现为环境质量的下降和自然资源的破坏等。但是，由于公共利益本身界定困难、环境公共利益的衡量困难，以及公共利益的代表者难以确定等原因，环境公益损害并不总能获得救济，或者说大多数情况下并没有获得充分的救济。即使环境公益诉讼被大力推广，能够通过环境公益诉讼途径获得救济的环境公益损害也仅仅是象征性的个案，距离全覆盖还相当遥远。而且，当前环境公益诉讼的起诉主动权完全掌握在环境保护组织或者检察机关手中，对哪些环境公益损害提起诉讼还具有很大的随意性，甚至可能由于利益冲突而存在道德风险，[1]环境公益损害能否获得法律上的救济具有很大的随机性，这对于公共利益的维护是极为不利的。

---

〔1〕 参见王明远："论我国环境公益诉讼的发展方向：基于行政权与司法权关系理论的分析"，载《中国法学》2016 年第 1 期。

第四，轻微的环境利益损害几乎没有获得补偿。随着人们权利意识的高涨，对权利内容的探讨也一步步趋于深入，[1]越来越多的利益被认为需要纳入法律保护的范围；而随着"理性计算取代了传统习惯和规则"，[2]更精确的损失计量也成为可能。因此，相对比较轻微的利益损害也逐渐成为法律救济的对象。但是，在环境损害救济的实践中，由于传统法律规则对于轻微环境利益损害的忽视、环境损害能够获得补偿的比例本身不高，相对比较轻微的环境损害很难获得补偿。比如，对于采光利益的救济，往往以违反规划和建筑标准为前提，如果业主的采光被符合规划和建筑标准的建筑严重遮挡，也无法获得补偿。这就使得传统人身权益和财产权益之外的环境私益损害几乎无法获得补偿。

总之，多方面原因导致实践中能够获得救济的环境损害的范围非常有限，主要还是严重的人身损害、重大的直接经济损失，以及具有重要社会影响的公共利益损害，而且能否获得救济还具有很大的不确定性。

（四）环境损害补偿的实践问题

总结起来，我国环境损害补偿的现实状况具有以下特点：

第一，环境损害问题严重但获得补偿的比例相对较低。环境污染和破坏造成的环境损害已经成为严重的社会问题，越来越受到社会各界的关注。到目前为止，对于环境损害的严重程度多是感性认识和定性分析，定量分析还处于探索阶段，[3]但

---

〔1〕 参见刘保刚、郑永福："近代中国公民权利意识演变的历史考察"，载《史学月刊》2007 年第 8 期。

〔2〕 郑永年、黄彦杰："风险时代的中国社会"，载《文化纵横》2012 年第 5 期。

〔3〕 对环境损害进行定量研究已有探索，例如研究显示，2010 年至 2013 年贵州省环境污染损失价值由 107.439 亿元增加到 148.689 亿元，环境污染损失价值占GDP 的比值由 2010 年的 2.41% 下降到 2013 年的 1.86%。参见魏媛："贵州环境污染损失价值评估——绿色发展的视角"，载《社会科学家》2017 年第 1 期。

是环境损害的整体规模巨大被普遍承认，曾经在国内推行的绿色 GDP（国内生产总值）核算中，有些省份将环境成本纳入核算后经济增长率为负数。尽管如此，环境损害在整体和个案意义上都没有获得充分的补偿，巨大的成本被社会公众和具体的受害者承担，能够获得补偿的比例相对较低。这一方面由于环境损害的概念、界定和计量都还存在争议，降低了其获得损害的可能性；另一方面由于法律制度之中存在的缺陷。

第二，环境损害迫切需要救济但是救济途径不畅通。法律制度的调整未能跟上社会发展的实际需要，理论分析和域外实践表明有效的环境损害救济制度没有及时落实为国内立法和制度实践。虽然环境污染导致的健康损害等案例具有逐步漫延的趋势，但是相关立法仍然"供给不足"。[1]传统的民事救济途径遇到了种种困难，但是仍然是当前环境损害救济的主要渠道；理论上已经达成共识的社会化救济制度未能落实，立法上的制度进展不大、实践中展开的空间有限；反而是理论上缺乏基础的政府补偿在实践中发挥了一定作用，特别是在重大的环境污染事件中，政府对受害者进行某种形式的补偿已经成为环境损害救济的仅存方式。总体来看，环境损害的救济途径并不畅通，无法适应现实中环境损害救济的迫切需要。

第三，环境损害能否获得补偿以及补偿范围具有很大的不确定性。环境损害的救济途径不畅、整体上获得补偿的比例偏低，在个案层次表现为环境损害能否获得补偿以及哪些损害能够获得补偿存在很大的不确定性。首先是环境损害能否获得补偿不确定。不管是私益性的环境损害还是环境公益损害，在法律救济上都存在较大的不确定性，环境损害发生后，致害人能

---

〔1〕 参见武晓燕等："中国环境污染致健康损害赔偿情况研究"，载《环境科学与管理》2014 年第 9 期。

否确定、因果关系能否认定、公益诉讼主体是否主动提起诉讼等都有不确定性，致使实践中环境损害进入法律救济程序的不多，即使提起诉讼也未必能获得补偿，也打击了受害人寻求法律救济的积极性。其次是环境损害补偿的范围不确定。前面对环境损害补偿范围的分析表明，不同类型的环境损害获得补偿的可能性不一，具体案件中因主体、证据和救济途径的不同而不同，很难有比较准确的预期，这固然与环境损害的因果关系认定困难有关，同时也与环境损害救济制度的不完备有关。

二、政府承担环境损害补偿责任的状况

在环境损害补偿的制度和实践都存在大量问题的背景下，政府承担一定的环境损害补偿责任是不得已之举。但是，既然政府已经在事实上承担了某种形式的补偿责任，就有必要分析具体的个案及其特征，进而发现其存在的矛盾和问题，才能为理论分析以及制度的改进奠定基础。在此，先分析环境损害政府补偿的典型个案并总结其实践特征。

理论上，对于非因政府行为直接造成的损失，政府并不承担赔偿责任，国家赔偿制度将行政赔偿范围限于"行政机关及其工作人员在行使行政职权时"侵犯人身权和财产权的特定情形，[1]就是基于这一原则。因此，实践中政府承担环境损害补偿责任的情形并不普遍，只是在环境污染事故造成重大人身或者财产损害的个案中，政府承担一定金钱等补偿义务。从这些典型个案中，可以发现政府承担环境损害补偿责任的实践特征。

---

[1]《国家赔偿法》第7条第1款规定："行政机关及其工作人员行使行政职权侵犯公民、法人和其他组织的合法权益造成损害的，该行政机关为赔偿义务机关。"

（一）环境损害政府补偿的典型个案

陕西省凤翔县"血铅事件"是政府承担环境损害补偿责任的一个典型事例。2009 年 8 月，陕西省凤翔县抽检 731 名儿童发现 615 人血铅超标，其中 166 人中重度铅中毒，原因为东岭冶炼公司污染环境，且未能按期组织卫生防护范围内的村民搬迁。"血铅事件"发生后，凤翔县政府很快拿出 100 万元，用于铅超标儿童的检测和治疗。[1]宝鸡市市长随后也承诺凡是患儿驱铅治疗的费用，以及搬迁的费用，政府将尽最大努力予以承担。[2]在充分征求专家、搬迁居民意见后，凤翔县政府决定对"铅威胁区"内的村民实施一次性整体异地搬迁安置，村民搬迁费用约需 3 亿元，由陕西省、宝鸡市、凤翔县政府及东岭公司共同承担。[3]另外，政府还承担了每个儿童每月 150 元的营养费，以及每人每月 260 元的搬迁过渡费。对于污染范围内的土地，政府将每年付给村民每亩 500 到 800 元的流转租金。

天津市危化品爆炸事件是政府承担损害补偿责任的又一事例，虽然其损害后果主要是爆炸造成的，但是伴随的危化品污染对于房产价值和居民健康的不利影响也是事件善后处理的重要因素，与环境损害的补偿具有相同之处。2015 年 8 月 12 日 23 点 30 分左右，位于天津市滨海新区天津港的瑞海公司危险品仓库发生火灾爆炸事故，造成 165 人遇难、8 人失踪、798 人受伤，304 幢建筑物、12 428 辆商品汽车、7533 个集装箱受损。截至 2015 年 12 月 10 日，依据《企业职工伤亡事故经济损失统

---

[1] 陈钢、刘彤："评论：'血铅事件'真相远没有大白于天下"，载搜狐网：http://news. sohu. com/20090816/n265995988. shtml，2017 年 8 月 30 日访问。

[2] "'血铅'事件使宝鸡市长向凤翔村民鞠躬道歉"，载搜狐网：http://news. sohu. com/20090824/n266184081. shtml，2017 年 8 月 30 日访问。

[3] 梁娟："陕西凤翔儿童血铅含量下降村民搬迁工程顺利"，载搜狐网：htp://news. sohu. com/20091223/n269156427. shtml，2017 年 8 月 30 日访问。

计标准》等标准和规定统计，已核定的直接经济损失 68.66 亿元。[1] 爆炸事件发生后，在开展各种救援的同时，天津市滨海新区政府于 8 月 17 日向爆炸区受灾住户发放一个季度 6000 元资金补贴，[2] 政府以发放临时补贴、免费修复房屋等方式为受灾人员提供补偿。9 月 29 日，经周密勘查、科学评估、认真测算，受损住宅收购、修缮赔偿，以及室内财产损失全部完成赔付程序，首批赔付款项拨付到位。天津市滨海新区相关部门按照"方便百姓、一次签约、快速办理"的原则，与天津地产企业社会责任联盟积极配合，推进赔付工作顺利开展。[3] 房屋回购虽以"天津地产企业社会责任联盟"的名义操作，但最终成本不会完全是由企业承担，政府至少承担部分的回购成本，并且可能以政策优惠等方式给予参与回购的房地产企业补偿。

　　另外还出现了就环境损害起诉政府请求赔偿的案例。2014 年 2 月 20 日，河北省石家庄市居民李某欣向石家庄市裕华区人民法院提起诉讼，起诉石家庄市环保局并请求被告依法履行治理大气污染的职责、承担给原告造成的经济损失 10 000 元以及诉讼费用。[4] 起诉的基本理由是，2013 年石家庄的平均污染指数为 247，属于重度污染的数值范围，PM2.5 年均值超标 3.4 倍，石家庄市环保局未依法履行治理大气污染的责任，给原告造成了健康和经济损失。关于该案的进展未见公开报道，但是

---

〔1〕 "天津港爆炸事故调查报告公布"，载凤凰网：http://news.ifeng.com/a/20160205/47374334_0.shtml#_zbs_baidu_bk，2017 年 8 月 30 日访问。

〔2〕 郭永芳："天津爆炸区居民要求回购、退房"，载搜狐网：http://business.sohu.com/20150818/n419095339.shtml，2017 年 9 月 1 日访问。

〔3〕 "天津港爆炸受损住宅首批赔付款项今日拨付到位"，载新浪网：http://news.sina.com.cn/c/nd/2015-09-29/doc-ifxieyms4207788.shtml，2017 年 9 月 1 日访问。

〔4〕 "全国首例：普通居民就雾霾状告政府索赔 1 万元"，载法制网：http://www.legaldaily.com.cn/legal_case/content/2014-02/25/content_5307445.htm?node=33809，2017 年 9 月 1 日访问。

起诉本身已经反映了居民对于政府补偿环境损害的明确诉求。

在近年来众多的环境污染事件中，政府实际承担损害补偿责任或者被要求承担补偿责任的案例不限于上述几件，但是上述个案代表了环境损害政府补偿问题的几个典型：一是企业较长时期排污造成环境损害的补偿问题。凤翔县的血铅事件是特定企业较长时间内持续排污的结果，无论从理论上还是现行法律制度框架下考量，都应当由污染企业承担损害赔偿责任，但是实践中却是政府积极承担了医疗救助、居民生活补贴和搬迁安置等补偿性责任，其中的原因当然与社会矛盾的紧急处置需求有关，但也反映了即使污染者明确且有能力承担赔偿责任，政府在环境损害问题上也并非全无责任。二是突发污染和安全事故造成损害的补偿问题。天津市危化品爆炸事件是突发性的安全和污染事件，损害在瞬时造成并有持续的影响，政府对此类事件有应急处置的当然责任，并且直接导致损害的责任主体难以确定或者无力承担相应责任。在这种情况下，政府承担一定的损害补偿责任似乎顺理成章。三是来源不明的普遍性污染造成损害的补偿问题。2012年以来，雾霾天气已经成为困扰华北地区的重要环境问题，一般认为PM2.5是造成雾霾灾害天气的主要原因，但是其具体来源并不明确，城市能源结构不合理、城市高耗能行业比重偏高、机动车尾气污染突出、燃油清洁化程度低、环境空气治理措施落后都是雾霾的形成原因，[1]是典型的污染源不明的环境问题。对于此类污染造成的损害，以政府未依法履行污染治理责任为由请求政府承担损害补偿责任已经不仅仅是理论上的探讨，石家庄市的起诉案例反映了该论点也具有现实社会基础。

---

[1] 参见袁东、台斌："城市雾霾污染的成因及治理措施分析"，载《齐鲁师范学院学报》2014年第4期。

（二）环境损害政府补偿的实践特征

到目前为止，环境损害政府补偿在现实中还是分散的事例，并未形成相对统一的做法，而且由于相关信息难以获得，无法对其进行全面的总结和分析。但是，从上述典型的案例可以看出，实践中环境损害的政府补偿具有以下特征：

第一，政府承担环境损害补偿责任多是处理社会事件的应急措施。我国环境群体性事件呈现上升趋势，其中参与人数多的较大类、重大类环境群体性事件占比较大，[1]政府的应急处置是化解此类矛盾的必要手段，承担一定的环境损害补偿责任通常是环境群体性事件的应急措施之一，上述凤翔县的血铅事件中的政府补偿即为典型。在这个过程中，政府承担环境损害补偿责任呈现明显的应急性、被动性和群体性特征。应急性即给予环境损害的受害人以补偿是处置环境事件的应急措施，通常仅在群体性事件发生、矛盾可能进一步激化时采取，在平常时期政府一般不会承担损害补偿责任。被动性即政府承担环境损害补偿责任是迫于无奈，并非积极地履行职责的行为，虽然在具体事件中可能表现出积极补偿的姿态，但事实上是为了防止矛盾激化的被动措施，而非仅仅因为环境损害的发生而给予的主动补偿。群体性即政府一般只对群发的环境损害进行补偿，而不针对分散的个别受害人。在政府补偿的法律依据不充分的情况下，政府只能以群体性事件处置的理由给予部分损害补偿，分散的环境污染的受害人基本没有获得补偿的可能，上述石家庄市起诉要求政府补偿的居民即属此类。

第二，政府承担环境损害补偿责任明显缺乏统一性和规范性。政府在应对环境群体性事件中给予受害人的补偿并没有统

---

〔1〕　参见张萍、杨祖婵："近十年来我国环境群体性事件的特征简析"，载《中国地质大学学报（社会科学版）》2015年第2期。

一的规范依据和补偿标准，虽然也有损害严重程度、污染与后果联系度的衡量，但是也同时考虑了事件处置的紧迫性、社会舆论导向和社会影响效果等复杂因素，总体上呈现出不规范的特征：首先，是否补偿主要考虑社会影响。目前所见的环境损害政府补偿个案，都是在重大环境事件发生后社会舆论高度关注之下进行的。补偿的理由与其说是救济环境损害，不如说是平息社会舆论，虽然政府补偿的直接效果是对损害的填补。其次，政府补偿的范围具有相当大的随意性。对于因污染而应当补偿的范围划定缺乏科学的评估和统一的标准，显现出较大的随意性；对于各类损害的补偿标准更多考虑居民的要求和政府的财力，缺乏对损害结果的客观评估；[1]最终对长期健康损害的补偿也没有确定的补偿期限，往往随着环境事件应急处置的结束而结束。最后，政府补偿环境损害的方式千差万别。从上述典型个案中可以看到，政府承担环境损害补偿的方式既有以资金补贴、营养费、搬迁过渡费形式直接发放的补偿金，也有以免费治疗的方式承担受害人的医疗费用，还有对于遭受影响和损害的房屋的维修、回购、搬迁等间接的补偿，补偿方式呈现多样化并且没有明显的规律可循。

第三，政府只对严重的环境损害承担部分的补偿责任。虽然社会上对于政府补偿环境损害的诉求越来越多，并且在寻求诉讼等法律途径解决，但是实践中实际发生的政府补偿还是针对重大的环境损害，严重程度成为能否获得政府补偿的隐性但依然可以分辨的标准，这体现在：首先，政府补偿主要发生在

---

〔1〕 例如，在凤翔县的血铅事件中，以距离污染源 1000 米为界对土地实行不同的补偿性措施，但未见该标准的确定依据。给予受影响范围内儿童的营养费补偿、居民的搬迁过渡费补偿也未见核算的依据。天津爆炸事件中给予受灾户每季度 6000 元的资金补贴也未见确定依据。

重大环境事件的处置过程中。通常是重大且紧迫的环境事件中的受害人才可能获得一定的政府补偿，与重大环境事件的联系成为获得政府补偿的事实前提。其次，政府补偿往往只针对受害人的重大权益损失。例如，凤翔县的血铅事件中儿童所受的比较严重的健康损害，以及天津市危化品爆炸事件中居民房产的严重损害得到了政府提供的补偿，但是石家庄市雾霾中受到一般性健康损害的居民却没有获得政府补偿。最后，政府对环境损害的补偿限于迫切需要补偿的部分。环境损害补偿的迫切性考虑损害本身的性质、社会舆论风向和补偿的短期效果等因素，政府往往只对迫切需要补偿的损害给予一定形式的补偿，而对长期的健康损害、潜在的污染损害基本不予考虑。

　　第四，环境损害的政府补偿责任并未与企业赔偿责任严格区分。从实践情况来看，政府承担环境损害补偿责任虽然与其政治合法性、宪法义务有关，[1]但并不是确定的法律责任，更多是对于污染企业不能及时承担损害赔偿责任的补救措施，因此在实践中也与相关污染企业的赔偿责任纠缠在一起，甚至有意不作明确的划分。例如，凤翔县的血铅事件中，政府公开表态村民搬迁费用由陕西省、宝鸡市、凤翔县政府及作为污染者的东岭公司共同承担。这一方面与环境损害补偿的政治效果有关，另一方面也说明环境损害政府补偿责任的法律规定不明，企业污染损害赔偿责任的追究途径不畅造成了另一个层次的混乱，短期来看有助于受害人的权益救济，但长远来看不利于环境法律责任的体系化和明晰化，最终不利于受害人的权益救济。

　　总之，环境损害政府补偿的实践集中体现了在环境损害事件发生后政府补偿所处的两难境地：一方面，不予补偿是对受

---

〔1〕　参见刘刚、李德刚："环境群体性事件治理过程中政府环境责任分析"，载《学术交流》2016 年第 9 期。

害人基本权益的严重忽视，与受害人权益保护的社会正义目标不符，并且可能承担社会舆论批评的压力；另一方面，给予补偿也面临法律依据不足、补偿标准不明等一系列问题，利用公共财政资金的补偿如果操作不当可能带来另一层次的社会不公。解决政府对环境损害进行补偿时面临的困境，需要从具体分析政府承担环境损害补偿责任的实际问题入手，寻找解决这些问题的可资利用的理论资源，并且结合实践进行合理的制度设计。

三、政府承担环境损害补偿责任的实践问题

由政府承担环境损害补偿责任是环境事件发生后的非常态措施，其应急措施属性决定了其规范性缺失。如果仅仅是应急处置就可以解决环境损害导致的社会问题，目前不规范的环境损害政府补偿还可以从应急管理制度中寻找合法性基础。但是，环境损害的救济是远非应急处置可以解决的，常态化的补偿是普遍污染背景下环境损害救济所必须的。对照建立环境损害常态化补救制度的目标，对上述政府承担环境损害补偿责任的事例进行实践分析，可以发现政府在面临环境损害补偿的要求时普遍存在以下问题：

（一）补偿依据不足

以主权理论为基础的国家豁免原则否认政府的法律责任，政府并不对私人承担财产性责任。直至欧洲文艺复兴时期，"国家无责任"仍然是一项不可动摇的法律原则。[1]但随着绝对豁免原则向相对豁免原则的发展，政府法律责任的限制也有所松动，主要体现为国家在国际法上采取有限制的主权豁免观

---

[1] 刘新熙："国家赔偿责任刍议"，载《法学研究》1984年第5期。

点，[1]以及国内法上承担国家赔偿等责任。即便如此，国家或者代表国家的政府承担补偿性责任仍需要明确的法律规定，否则仍应当推定为不承担责任。现行法律制度中，政府一般在两种情形下承担补偿性责任，即在国家赔偿制度和行政补偿制度中，但从制度规范看都不足以成为环境损害政府补偿的依据。

国家赔偿制度是从民事侵权赔偿制度分化而来的，国家赔偿责任因公权力的行使而产生，属于民事责任、行政责任还是单独的责任类型还有争议，[2]但客观效果上属于对损害的填补。行政赔偿是国家赔偿的类型之一，表现为行政机关承担一定的损害赔偿责任，即在行政机关或其工作人员在行使职权时有法律规定的侵犯人身权或者财产权情形的，应当承担损害赔偿责任。[3]也就是说，行政赔偿以行政机关或其工作人员在行使职权过程中作出特定的侵犯人身权或者财产权的行为为前提。在环境损害事件中，造成损害的原因通常不是行政机关或其工作人员的行为，而是企业的排放污染或者破坏环境的行为，因此政府即使承担环境损害补偿责任也不是依据《国家赔偿法》的规定。如果从政府不作为、放任企业污染导致环境损害的角度考察，尽管理论上提出了行政机关不作为、怠于履行公共职能造成相对人权益损害的应当承担行政赔偿责任，[4]似乎存在依据《国家赔偿法》追究环境损害的政府赔偿责任的空间，这也

---

〔1〕　参见［奥地利］克里斯托夫·施鲁厄尔："国家豁免法的新发展：美、英、西德立法、判例与国际法的比较"，潘汉典译，载《法学译丛》1981 年第 2 期。

〔2〕　参见江必新："国家赔偿与民事侵权赔偿关系之再认识——兼论国家赔偿中侵权责任法的适用"，载《法制与社会发展》2013 年第 1 期。

〔3〕　《国家赔偿法》第二章是关于行政赔偿的规定，其中第 3 条和第 4 条明确了行政机关及其工作人员在行使行政职权时有所列侵犯人身权和财产权之情形的，受害人有取得赔偿的权利。

〔4〕　参见林卉："怠于履行公共职能的国家赔偿责任"，载《法学研究》2010年第 3 期。

是确认环境损害政府补偿责任的路径之一。但是在实践中，并未将《国家赔偿法》规定的行政赔偿的情形解释为包括行政不作为导致的人身权和财产权损害，事实上未将国家赔偿法作为环境损害政府补偿的依据。如果以国家赔偿法规定的行政赔偿制度为依据，不仅存在理论上的争议，而且远未形成实践操作的共识。

行政补偿是在公用征收补偿基础上发展起来的，最初仅指国家基于公共使用的目的征收相对人不动产时而为的给付，后来公用征收补偿逐步发展为对合法行政行为造成相对人财产损失进行弥补的法律制度。[1]其关键点在于政府为了公共利益征收了相对人的财产，或者合法行政行为造成了相对人的财产损失，而环境损害既不涉及对于受害人财产的征收，也不是合法行政行为直接造成的相对人的财产损失，因此理论上很难适用行政补偿制度对环境损害的政府补偿进行解释。同时在行政补偿的立法实践中，也未将环境损害纳入行政补偿的范围。如果从企业污染行为可能获得了政府的行政许可，即行政许可行为与污染损害后果有一定关联的角度来看，也可以认为存在据以要求政府对环境损害进行补偿的空间。但与行政赔偿的理论和实践状况相似，行政补偿的理论和立法实践都还不足以为环境损害的政府补偿提供充分依据。

事实上，当前政府补偿环境损害的主要依据是应急法律制度和维稳政策。根据突发事件应对法的规定，对于因突发事件遭受损失的当事人，地方人民政府有义务给予救助和补偿等以妥善化解社会矛盾。[2]另外，对于影响社会稳定的重大事件，

---

〔1〕 参见王太高：《行政补偿制度研究》，北京大学出版社2004年版，第12页。
〔2〕 《突发事件应对法》第61条第2款规定："受突发事件影响地区的人民政府应当根据本地区遭受损失的情况，制定救助、补偿、抚慰、抚恤、安置等善后工作计划并组织实施，妥善解决因处置突发事件引发的矛盾和纠纷。"

地方政府也须从社会效果考虑给予受害人安抚和补偿。这是环境损害的政府补偿只发生在重大环境事件中的法律和政策根源。但是，社会政策作为政府补偿的依据本身争议较大，而应急性补偿势必由于紧急事态的考虑而难免顾此失彼，不能作为规范制度常态化，都不是政府承担环境损害补偿责任的合适依据。

　　总之，即使理论上还有探讨的余地，但事实上目前的环境损害政府补偿实践都还缺乏明确的法律依据。我国《宪法》明确规定了政府的环境污染防治职责，《环境保护法》以及污染防治单行法等法律法规也进一步明确了政府的污染防治责任，但都还是从政府管理角度进行的规范，并未涉及对污染管理失败、环境损害已经形成等情形下的补救性责任。而行政赔偿制度、行政补偿制度在适用于环境损害的政府补偿时都还有明显的不足，实践中也未被援引为环境损害政府补偿的依据。对于环境损害的政府补偿问题，具有实践意义的仅有突发事件应对法中政府可以对突发事件造成的损失进行补偿的抽象规定，远不足以满足环境损害补偿和受害人权益救济的现实需要。这样至少从形式上看，环境损害的政府补偿多无明确的法律依据，而是迫于社会压力之下的灾害救济或者社会救济性补贴，在法律上很难定性为赔偿或者补偿，只是客观来看具有对损失进行补偿的性质。法律依据的缺乏势必减损环境损害政府补偿的正当性，使政府补偿在救济部分受害人的同时引起更多的矛盾和纠纷。凤翔县的血铅事件后续处理的争议及类似环境事件处理的争议都说明了这一点。

　　（二）补偿范围有限

　　在很大程度上是由于环境损害政府补偿的依据不足，从而限制了政府补偿范围的扩大，即使在重大的环境事件中，政府的补偿也受限于化解即时而尖锐的社会矛盾的需要，很少扩大补偿的范围或者延长补偿的期限，往往仅针对重大污染事件或者事故的受害者，而且只对需要紧急救济的损害，例如严重的健康损害和迫切需要的安置成本进行补偿，表现为补偿范围的有限性。

严重程度不同的污染在现实生活中普遍存在，因为污染者不明或者无力承担赔偿责任等原因而得不到赔偿的污染受害者也绝非个别现象，但是只有在重大的污染事件或者事故中才能看到政府承担一定的金钱补偿义务。由于社会关注度低、受害者人数少，普通污染的受害者多没有被纳入政府补偿的考虑范围，甚至在处理中根本不涉及政府补偿议题，即使其他救济途径失败、个体的基本权益受到严重损害的情形也是如此。从这个角度来看，环境损害政府补偿范围未免过于狭窄，这至少带来两个方面的问题：

第一，政府补偿的意义有限。环境损害的政府补偿客观上可以实现对受害人的救济，在污染者不明或者由于事实或法律原因无法承担责任时，政府补偿更是实现权益救济和一定意义的社会公平的必要手段。但是，如果将政府补偿仅限于对重大环境事件受害人的紧急损害，那么其社会意义就十分有限。实践中虽然出现了政府承担环境损害补偿责任的个案，让众多环境受害者似乎看到了获得救济的希望，但是事实上政府补偿至今没有实现对环境受害者的广泛救济。

第二，导致新的社会不公。社会公平有不同的评价角度，相对公平无疑是一个重要的角度，法律上所谓的平等即包含了相对公平的要求，即同样情况同样对待。目前政府补偿仅覆盖重大环境事件的受害人，而不考虑可能受到同样甚至更严重的环境损害的分散的受害人，已经导致出现救济部分人权益而忽视其他人权益的相对不公平问题。

即使考虑到政府财政能力的限制，以及使用公共财政资金的审慎原则，环境损害政府补偿范围的过于狭窄也不符合法律的基本原则和社会的合理预期，政府对环境损害的补偿范围也是需要认真对待的实践问题。

（三）补偿标准不明

环境损害的补偿最终要体现为一定数额的金钱或者其他经济利益，补偿数额的确定须有一定的标准或者依据，否则难免陷于主观任意而降低环境损害政府补偿的合法性和公信力。从环境损害政府补偿的实践来看，公开资料可见的几个补偿案例中，都没有说明补偿所依据的标准，而且补偿的具体数额因时、因地甚至因人而变，补偿数额具有随意性。

标准作为衡量客观事物的准则，其意义在于提供评价或者确定事物的参照物。环境损害补偿标准的意义在于为确定补偿的具体数额提供参照，减少补偿数额确定中的主观随意性，为环境损害补偿提供统一而公平的尺度，提高政府补偿决定的说服力和公信力。但是，一方面由于政府对于环境污染受害人给予经济补偿的法律依据不足，补偿并非常态化措施，因此并没有建立统一标准的动力；另一方面因为环境损害的价值认定十分复杂，目前我国环境成本核算制度几乎空白，[1]环境损害补偿标准本身难以达成统一。这就导致目前在环境损害补偿中普遍缺乏明确的补偿标准，政府环境损害补偿中更是如此。

环境损害政府补偿标准不明容易导致补偿争议，除了健康损害的医疗费有相对比较客观的数值之外，其他诸如营养费、搬迁过渡费乃至污染导致的财产减值损失等都有很强的主观性，如果没有相对统一和固定的补偿标准，不管补偿多还是少都难以让人信服。虽然在当事方博弈基础上达成的最终补偿标准能

---

[1] 参见袁广达、吴杰："环境成本视角下生态污染补偿标准确定的博弈机理研究"，载《审计与经济研究》2016年第1期。

提升资源配置的公平和效率,[1]一定的主观性还可以保证补偿的灵活性,但是政府对环境损害进行补偿时,不宜进行太多的讨价还价,统一的补偿标准更有利于补偿工作的推进。

同时,环境损害政府补偿标准的不明确必然导致补偿结果出现更大的变动性,甚至在同一环境事件中受害人获得的补偿都有较大差距,这与补偿范围有限一样,可能导致另外意义上的社会不公。而公平除了是环境损害补偿本身应当追求的目标之外,还对环境污染和破坏引起的社会矛盾的顺利化解具有重要影响。从这个角度看,也应当明确环境损害的政府补偿标准。

(四)补偿效果不佳

政府补偿环境损害作为政府行为本身需要注重社会效果,而运用公共财政资金更有绩效要求,[2]应当追求良好的社会效果。但是由于补偿依据不足、补偿范围有限以及补偿标准不明,导致环境损害的政府补偿总体效果不佳,这主要体现在:

第一,补偿对象对于政府补偿结果不满意。当前基于应急处置的环境损害政府补偿主要根据损害救济的紧迫性决定是否补偿,并且在补偿数额上倾向严格限制,这就导致即使获得补偿也无法达到受害人的预期,因此获得补偿的受害人对于政府补偿也不是很满意。再加之部分的补偿承诺无法落实,补偿标准不明容易引起受害人对补偿结果的质疑,相互比较更容易引起受到不公对待的感受,综合起来就造成了补偿对象对于政府补偿结果的不满。这种不满在公开可见的政府补偿个案中几乎都存在。

---

〔1〕 参见袁广达、吴杰:"环境成本视角下生态污染补偿标准确定的博弈机理研究",载《审计与经济研究》2016年第1期。

〔2〕 参见郑方辉、廖逸儿、卢扬帆:"财政绩效评价:理念、体系与实践",载《中国社会科学》2017年第4期。

第二，政府补偿个案引起其他受害人的不满。由于环境损害的救济途径不畅，当前一些比较严重的环境损害事实上无法获得任何补偿，已经引发了很多的社会矛盾和争议。政府介入环境损害补偿可能给受害人带来某种希望，但是政府补偿的范围又十分有限，这更容易激起未获得补偿的受害人本已存在的不满情绪。在政府补偿重大环境事件中受害人的同时，其他情况类似的受害人也会提出补偿的诉求，如若未获满足便会转化为对政府的不满，甚至产生对社会公平的质疑。

第三，政府补偿缺乏继续性损害补偿的效果。政府主要在重大环境事件中对环境损害进行紧急补偿，没有后续的跟进措施，这对于需要长期治疗的健康损害等环境损害的救济意义有限。但政府能够提供即时的补偿本身又说明了受害人获得救济的正当性，前后处置的差别会损害受害人的获得感，未能获得持续的损害补偿在某种程度上会引起当事人更大的不满，从而损害甚至抵消已经提供补偿的正面效果，导致新的矛盾和争议出现。

第四，政府补偿的缺陷引致社会批评。综合来看，政府对环境损害提供补偿的个案虽然因为平息了一些环境事件，救济了部分受害人而具有正面价值，但是，在环境问题备受指责、环境污染和破坏的受害人难以获得救济已成为比较普遍的社会矛盾的背景下，环境损害的政府补偿因为补偿依据、补偿范围和补偿标准的缺陷而招致了较多的批评。从这个角度来看，环境损害政府补偿的社会效果整体上并不理想。对于政府来讲，承担资金成本补偿受害人的环境损失却获得否定性的评价，也说明政府补偿行为并未取得应有的社会效果。

总之，政府对环境损害提供补偿的实践虽然回应了社会需求，为环境损害提供了必要的救济途径，在个案中具有积极意义。但是，综合分析已有的政府补偿事例可以发现，环境损害的政府补偿并未真正解决环境损害救济途径不畅的问题，反而由于政府补偿的法律依据不足、补偿范围过窄和补偿标准不够明确而引起了进一步的社会矛盾和问题，整体社会效果欠佳。

因此，在考察环境损害政府补偿之实践的基础上，需要重新衡量环境损害政府补偿的必要性，从而确定环境损害政府补偿的发展方向。如果政府补偿本身不具有现实必要性，那么环境损害的救济应当转而通过其他途径实现。如果政府补偿具有其他救济途径所不具有的优势而为环境损害救济所必须，则应当致力于发现环境损害政府补偿的理论基础、推进完善相关制度的立法、解决补偿实践中发现的具体问题，从而推动环境损害政府补偿的制度建设和实践展开。

第二节　环境损害政府补偿的必要性

虽然存在上述诸多问题，但是实践中政府补偿环境损害的做法还不能简单界定为偶然和非法律性质的行为，至少表明了政府对环境损害进行补偿具有现实的必要性。特别是在严重的环境损害已经发生并且没有获得及时救济的情况下，政府给予一定的补偿是社会所期盼的，无所作为反而会承受更大的社会压力，这在一定程度上表明政府对环境损害的补偿符合普遍的社会公平观念，具有社会现实基础。进而将环境损害与政府的关系进行理性分析，可以发现由政府对环境损害承担某种形式的补偿责任是必要的，不仅是弥补环境损害救济途径不足的需要，也是政府补救自身环境监督管理不到位带来的社会问题的需要，从最根本的意义上还是政府履行基本权利保障义务的需要。在此侧重从现实出发分析政府承担环境损害补偿责任的必要性，下一章主要从理论角度分析政府环境损害补偿责任的理论基础、法理依据和性质定位，两个角度具有一定的关联性。

一、环境损害救济的现实需求

政府补偿是救济环境损害受害人的现实需要，不仅由于在民事救济和社会化救济失败情形下受害人权益救济的迫切需求，也由于环境污染的社会价值性要求对受害人提供社会补偿。

（一）民事救济和社会化救济的不足

环境损害的政府补偿之所以必要，最直接的原因是民事救济等其他救济途径未能实现对受害人权益的保护，从而使环境污染和破坏演化成比较严重的社会矛盾和冲突，须由政府介入加以解决，其中针对环境损害的补偿是解决矛盾的手段之一。也就是说，环境损害的政府补偿是补救民事救济和社会化救济失败的措施。

第一，民事救济在环境损害救济中具有天然的不足。民事救济本是权益遭受损害后首选的救济渠道，但是民事侵权制度的个人主义建构思路决定了民事救济的实现需要特定的条件，包括：主体的确定性，致害人和行为人不能确定的，无法经由民事途径实现权益的保护；事实的明确性，损害结果不能准确界定、因果关系难以认定的，也无法通过民事途径获得损害补偿。另外，民事救济还无法解决责任人无力承担责任、社会价值与个人权益的冲突等问题。而环境损害相对于通常的民事权益损害，具有潜伏性、长期性、公共性、复杂性等特征，[1]经常出现致害人不能确定或者无力承担责任、因果关系复杂难以

---

〔1〕　环境损害多被置于环境侵权的概念之下加以讨论，是环境侵权的构成要件之一，在此对环境损害特征的总结也主要参考关于环境侵权的讨论。参见陈慈阳：《环境法总论》，中国政法大学出版社 2003 年版，第 337 页；王明远：《环境侵权救济法律制度》，中国法制出版社 2001 年版，第 13～17 页。

认定等通常民事救济无法解决的问题，虽然环境侵权制度在若干方面区别于一般侵权，但仍然属于传统侵权救济的一个组成部分和逻辑延伸，[1]并不能很好地应对环境损害救济中遇到的污染者不明、主体解散或者无力承担责任等问题，加之执法和司法环境不理想等其他社会因素的影响，结果是大量环境损害在事实上无法通过民事救济途径得到解决。因此，在环境损害的救济上，民事途径虽不可少，但还远不足以解决问题。甚至有观点认为，我们无法为环境损害找到符合民事救济制度中责任人条件的行为人，因为造成环境损害的"总行为"的主体是不应按民法原理对行为负责，也没有能力对环境损害负责的"众人"。因此，能够对环境损害负责的适格主体是政府，这已经在环境法制建设和环境保护实践中得到证实。[2]虽然这种整体的视角忽视了民事救济个案实现的可能性，但是仍说明了民事救济的不足所在。

第二，环境损害的社会化救济也无法实现全面而充分的救济。环境责任保险等社会化救济途径是民事救济的重要补充，理论上可以在民事救济失败情况下为环境损害提供一定的补偿，特别是环境污染强制责任保险被寄予厚望，被认为是通过责任风险社会化解决环境污染损害赔偿问题的有效方式。[3]但事实上环境责任保险等社会化救济方式的实践推进非常缓慢，至今未在环境损害的救济中发挥太大作用；而且理论上也只是环境损害救济体系的组成部分，须建立在民事责任主体和

---

〔1〕 参见刘超：《问题与逻辑：环境侵权救济机制的实证研究》，法律出版社2012年版，第12页。

〔2〕 参见徐祥民、辛帅："民事救济的环保功能有限性——再论环境侵权与环境侵害的关系"，载《法律科学（西北政法大学学报）》2016年第4期。

〔3〕 参见王干、鄢斌："论环境责任保险"，载《华中科技大学学报（社会科学版）》2001年第3期。

内容明确的基础之上，并且需要公共补偿制度来补充。〔1〕也就是说，即使运用环境责任保险等社会化救济机制也未必能够对环境损害提供充分的救济，况且我国环境责任保险制度的推进也是举步维艰，其他环境损害社会化救济措施目前还只是停留在纸面。

　　总之，民事救济和社会化救济在理论上和实践中都难以实现环境损害的全面和充分补偿。如果仅仅是环境损害民事救济和社会化救济制度设计或者执行的问题，还可以通过立法的完善、执法或者司法措施的跟进加以解决。但问题并不是仅仅出在民事和社会化救济的制度实践层面，还需要更深入的考察和结合理论的分析，在扩展的意义上完善相关的制度体系。因为严重雾霾导致的损害，最近几年已经发生了针对企业和地方政府的环境损害侵权诉讼。但是，基于点源污染损害的救济规则能否适用于区域大气污染损害救济，目前存在法理上的争议。《侵权责任法》对于区域性大气污染损害的救济没有作出规范上的回应，有学者建议设立对区域大气污染受害者的行政补偿机制。由于起诉特定的违法企业要求其承担区域侵权赔偿责任有难度，建议修改立法，扩大环境侵权责任适用范围，让区域大气治理变成各方面的义务，并把环境成本内化于各行各领域。区域大气污染损害应属于特殊的共同侵权，但是《侵权责任法》对此并未认可，建议用政府补偿的方式予以解决。〔2〕

　　（二）环境损害救济的现实需要

　　环境损害无法通过民事或者社会化救济途径得到补偿的社

　　〔1〕　参见薛丹："基于环境责任保险的动态环境侵权救济体系研究"，载《中国人口·资源与环境》2012年第7期。

　　〔2〕　常纪文："区域大气污染侵权救济的法理难题及其解决建议"，载《法学杂志》2017年第4期。

会现实，与权益应当得到保护的社会观念之间存在巨大的落差。虽然理论上损害后果并不必然与应当受保护的权益相对应，但是环境损害特别是比较严重的环境损害无法获得救济已经足以形成严重的社会问题，至少从社会政治稳定的角度也需要政府的介入加以解决。在权利观念日益彰显的背景下，应当强化群众利益诉求的法律保障；[1]社会现实的发展逻辑是，政府不能放任严重的环境损害无法获得救济，如果其他救济途径无法发挥作用至少政府应当承担一定责任，不管是道义责任、政治责任还是法律责任。

而且，从环境损害形成过程来考察，社会对于政府介入环境损害救济的期待也有一定的根据。从整体上看，环境污染和破坏是社会经济发展的副产品，特别是在现行管制制度下合法的排污和开发利用资源行为本身往往是社会生产体系的一部分而具有合法性和社会妥当性，[2]其产品是全社会共同享有或者消费的，由环境损害的受害人特别是受损害严重的受害人承受不利后果也不符合社会公平原则。政府作为公共利益的代表者和公共事务的管理者，可以通过税收等途径获得公共财政等经济和其他资源，运用这些资源对环境损害的受害人提供一定的经济补偿或者其他方式的救济具有必要性和正当性。

因此，在环境损害已经形成、传统的民事救济以及社会化救济又不能完成补偿的情况下，政府补偿就成为环境损害救济的现实选择。实践中的环境损害政府补偿案例也是在这一逻辑下出现的。学者对此问题的解决也提出了政府补偿的建议方案，

---

〔1〕 参见梁平、陈焘："政治诉求与权利救济"，载《河北师范大学学报（哲学社会科学版）》2013年第4期。

〔2〕 参见王明远：《环境侵权救济法律制度》，中国法制出版社2001年版，第16页。

例如，有学者主张区域大气污染损害应属于特殊的共同侵权，但是《侵权责任法》对此并未认可，建议用政府补偿的方式予以解决。[1]

二、补救政府环境监管失职的需要

预防为主是环境法的基本原则，[2]其实现主要通过落实环境规划制度、环境标准制度、排污总量控制制度、环境影响评价制度以及排污许可制度等环境监督管理制度。[3]至少在理想状态下，政府的环境监督管理是可以避免环境损害的，因此可以说环境损害的发生在某种程度上都是由于政府环境监督管理的疏漏甚至失职所致。那么从权责统一的角度，补偿环境损害是政府补救环境监督管理失职的必然要求。

（一）环境监管失职是环境损害的重要成因

环境损害虽然也表现为个体之间的权益冲突，但还有一个重要的侧面就是其公共属性，因此政府管理是应对环境问题的基本方式，国家的环境保护义务是构建环境法律体系的核心概念之一。在立法实践中，通过宪法中的环境基本国策条款来明确国家的环境保护义务已经成为世界各国比较普遍的立法选择。据统计，已经有 105 个国家的宪法中规定了环境基本国策条款，以明确国家在环境保护上的责任。[4]例如，《德国基本法》第 20a 条以及我国《宪法》第 26 条都是对国家环境保护义

〔1〕 常纪文："区域大气污染侵权救济的法理难题及其解决建议"，载《法学杂志》2017 年第 4 期。

〔2〕 参见吕忠梅主编：《环境法学概要》，法律出版社 2016 年版，第 78~82 页。

〔3〕 参见吕忠梅主编：《中华人民共和国环境保护法释义》，中国计划出版社 2014 年版，第 40 页。

〔4〕 参见蔡守秋："从环境权到国家环境保护义务和环境公益诉讼"，载《现代法学》2013 年第 6 期。

务的明确表达。[1]宪法规定的国家义务需要立法和司法的实现途径,但是更重要的还是要通过政府的行政管理加以落实,"国家保护和改善生活环境和生态环境,防治污染和其他公害"的义务需要明确为政府的环境监督管理职责。事实上,我国《环境保护法》以及污染防治和资源保护的单行环境立法除了少数条文是对环境民事责任的规定之外,主要内容都是对环境监督管理制度的规定。特别是预防性的环境监督管理制度,例如环境影响评价制度、环境规划制度、排污许可制度、总量控制制度等,如果落实到位,将在很大程度上避免环境损害的发生。

事实上出现的大量而严重的环境损害都或多或少是由于环境监管失职的结果。如果对照法律和法规规定的环境保护监督管理职责进行分析,重大的污染事故或者事件几乎都与政府监督管理失职紧密相关。对违法排污的不作为、滥发排污许可、环境影响评价违法等行政违法行为是造成环境损害的重要原因。具体来说,政府在环境监督管理方面的失职主要表现为:

第一,行政不作为。行政不作为是行政违法的表现形式之一,即以消极的不作为违反了法律规定的积极作为职责。从行政诉讼的事件来看,行政不作为的案件大致分为两大类:一是依申请型行政不作为或许可满足型行政不作为,二是依职权型行政不作为或危险防止型行政不作为。[2]环境污染监督管理中的违法不作为主要体现为第二个类型,即在依据环境监督管理职权应当对环境污染或者破坏行为进行管制时,不履行监督管

---

[1] 《德国基本法》第 20a 条规定:"国家为将来之世世代代,负有责任以立法,及根据法律与法之规定经由行政与司法,于合宪秩序范围内保障自然之生活环境。"我国《宪法》第 26 条规定:"国家保护和改善生活环境和生态环境,防治污染和其他公害。国家组织和鼓励植树造林,保护林木。"

[2] 参见章志远:"司法判决中的行政不作为",载《法学研究》2010 年第 5 期。

理职责放任环境污染和破坏行为而导致环境损害。全国性的环境保护督查开展以来，不少地方发现了大量的违法排污未办理相关申报或者许可手续。游离于政府环境监督管理之外，是造成环境损害的重要原因。

第二，违法作出行政行为。在环境监督管理过程中，政府环境保护行政主管部门或者其他相关部门违法作出环境影响评价审批、排污许可等行政行为，也是导致环境污染和破坏超出正常可接受范围甚至完全失控的原因。近年来出现的重大环境污染事件中，环境影响评价审批不严、环境检测数据造假等状况屡屡出现，成为违法排污的重要推手。甚至在已经造成严重的儿童血铅损害的事件中，政府仍然坚持认为企业的排污行为符合相关环境标准是合法的。政府违法作出的审批、许可等行为为企业实质上不合法的排污行为披上了合法的外衣，更容易助长企业的排污行为并长期掩盖污染造成的问题，最终造成严重的环境损害，凤翔县的血铅事件就存在这方面的问题。

第三，风险预防的失误。事前的环境监督管理都具有预防环境损害的作用，而且理想情况下也确实应当防止环境损害的出现。但是即使最严格的监督管理也难以做到对风险的完全排除，况且合理的环境监督管理还需要在风险预防目标与社会经济发展目标之间进行权衡，事实上很难避免环境损害的出现，往往只是降低环境损害出现的概率。环境史上多种化学品都曾导致了开始使用时没有预见到的严重环境损害。在环境监督管理之下的污染排放等行为也可能造成比较严重的环境损害，如果监督管理过程本身是严格依法进行的，那么环境损害后果只能说是风险预防的失误。此类环境损害的受害人可以向污染者请求赔偿，按照环境侵权的无过错责任也应当可以获得损害赔偿，但是当污染者不明或者无力承担赔偿责任时，政府已经依法实施了监督管理还能否定性为监管失职并承担一定的补偿责任仍值得探讨，国外的判例中对于经许可的企业行为造成的损害，政府也需要承担一定程度的补偿责任。毕竟企业行为在经过政府审批之后已经具有不同的法律意义，政府的批准或者许可行为也算是造成最终损害的间接原因。

（二）补救政府失职需要承担一定责任

由此可见，虽然多数情况并不是政府行为直接造成了环境损害，但并不能否认政府监管失职对于环境损害的决定性影响。在行政违法不作为，未能对因环境污染和破坏导致的环境损害进行有效管制的情形下，虽然存在直接导致环境损害的行为人，但是行政不作为也是发生环境损害结果的重要原因，或者说如果政府依法实施环境监督管理将可以避免环境损害结果的发生。因此，即使存在直接的责任人，政府也应在其能够防止或者制止损害的范围内承担相应的补充赔偿责任。[1]日本法上承认政府有一定的国家赔偿责任，即对环境污染致生命、身体、健康等重大利益遭受损害的，政府在一定的范围和条件下负国家赔偿责任。[2]在违法作出行政行为，放任甚至帮助行为人违法排放污染，最终造成环境损害的，政府违法行为与行政不作为相比对于环境损害的影响更大，因此更应当承担一定的环境损害补偿责任以补救先前的失职。在政府依照法律进行环境监督管理但是仍无法完全预防环境风险，间接引起环境损害发生的情形中，政府的相关许可等行为与直接造成环境损害的排污等行为共同作用造成环境损害，政府行为与环境损害结果的联系最

---

〔1〕 参见张素华："论行政不作为侵权的责任承担——以三鹿奶粉事件为中心的研究"，载《法学评论》2010年第2期。

〔2〕 参见〔日〕黑川哲志：《环境行政的法理与方法》，肖军译，中国法制出版社2008年版，第228~230页。

弱，但仍存在与环境损害的关联以及对受害人的信赖利益进行保护的问题，政府对此承担一定的补偿责任也并非全无根据。

总之，从政府职权与职责相统一的一般原则出发，由政府对环境损害承担某种形式的责任也是弥补其监督管理过失，维护政府公信力的必要手段。在国家的主权豁免已经不再绝对化，责任政府逐渐成为评判现代政治合法性的重要准则[1]的背景下，从法律上确认政府的环境损害补偿责任是完善政府环境管理责任机制的需要，至少具有两个方面的现实意义：一方面，确认政府的环境损害补偿责任代表了对政府监管失职的责难，是从法律上确认政府责任的必要形式；另一方面，政府承担环境损害补偿责任有利于促使其加强环境监管、预防未来可能由于监管失职造成的环境损害。因此，以补偿的形式在一定程度上补救政府环境监管的失职具有重要的现实意义。

三、履行基本权利保护义务的需要

受环境保护思潮的影响，当前对于环境损害的界定倾向于较为广泛的范围，特别是良好环境权概念下的损害已经超出了对损害的一般理解，并且在界定上存在争议，因此是否属于公民基本权利也存在争议。[2]肯定的观点认为环境权应当属于公民基本权利，[3]否定的观点认为环境权还不具有传统基本权利的特征，甚至不构成法律上的权利。环境权的基本权利属性对于界定国家环境保护义务有一定影响，但是环境损害肯定包括

〔1〕　陈国权、徐露辉："责任政府：思想渊源与政制发展"，载《政法论坛》2008年第2期。
〔2〕　参见陈海嵩："国家环境保护义务的溯源与展开"，载《法学研究》2014年第3期。
〔3〕　参见刘应安、廖德功："环境权应当成为公民的一项基本权利——兼论环境权的实质"，载《法学季刊》1986年第2期。

了"经由环境"对人身权和财产权这些基本权利的损害，即使环境权特别是良好环境权的性质和范围存在争议，也不能否定国家在应对环境损害上的义务。事实上，目前出现的严重环境冲突也是由于环境污染对人身权和财产权的严重损害，涉及了基本权利保护问题。而保护公民的基本人身和财产权利是国家的基本义务，[1] 其保护方式在特定情形下包括一定的经济补偿，从这个角度来看，环境损害的政府补偿是政府履行保护基本权利的国家义务的逻辑结果和现实需要。

（一）保护公民基本权利是政府的基本义务

国家义务是现代政治理论的重要概念，与国家的概念密切相关，但并非内含于国家的概念之中。在国家起源的暴力说和神授说中，国家存在的逻辑基础是权力，即使国家在事实上承担一定的保护公民的义务，也不能确定国家必然或者应当承担特定义务。在社会契约论传统中，以自然权利和社会契约论证社会结构和国家地位，社会契约是社会成员与国家"相互间权利义务的承诺"，[2] 国家内在地需要承担保护公民权利的义务才具有正当性，国家必然承担对公民基本权利的保护义务。基本权利的国家义务有其宪法哲学基础，是权利需要决定了国家义务。[3] 同时国家作为抽象主体，其义务事实上由其代表者政府来承担。

---

〔1〕 人身权利和财产权利主要是民法概念，基本权利是宪法概念，二者的观察角度不同，但从其指向来看存在高度的重合。而且从发展趋势来看，民事权利的基本化和基本权利的民事化是同时双向发生的进程。参见石佳友："人权与人格权的关系——从人格权法的独立成编出发"，载《法学评论》2017 年第 6 期。基于这一认识，本书在讨论过程中未对基本权利与民事权利进行严格区分。

〔2〕 胡玉鸿："社会契约与人的联合"，载《比较法研究》2007 年第 3 期。

〔3〕 参见杜承铭："论基本权利之国家义务：理论基础、结构形式与中国实践"，载《法学评论》2011 年第 2 期。

因此，现代国家的政府都承担了对公民基本权利的保护义务，这构成国家义务的基本内容。对于国家义务的内容从不同的侧面可以有不同的划分，与不同的基本权利类型结构对应的国家义务结构类型包括基本权利的国家尊重义务、保护义务和实现义务，[1]以国家义务产生为依据，体现的国家性质以及行为状态为基础，宜将国家义务划分为尊重、保护和给付三个在内容上相互关联的组成部分。[2]其中尊重义务属于消极义务，保护和实现或者给付义务属于积极义务。国家对每项基本权利的义务都具有复合性，负有消极尊重与积极保护的双重义务。[3]国家应当通过立法、行政和司法等国家机关对基本权利承担不去侵犯的义务，同时也要采取有效措施予以积极的保护、协助其实现乃至直接给予一定的给付，国家对于基本权利应当在消极尊重与积极保护之间取得恰到好处的平衡。

其中国家对基本权利的积极义务特别是给付义务还存在一定的争议。一般认为，灾害救济、普遍的社会福利是国家承担给付义务的主要形式，但是在基本权利遭受非特定主体的侵害时，国家是否应对其承担补偿型的给付义务并未达成基本的共识，例如对于环境损害进行政府补偿的情形。

（二）环境损害需要政府承担给付义务

环境权为国家承担环境保护职责、实施环境管理提供了合法性基础，也是建立环境法基本制度的基本依据。[4]环境损害

---

〔1〕 参见杜承铭：“论基本权利之国家义务：理论基础、结构形式与中国实践”，载《法学评论》2011 年第 2 期。

〔2〕 参见龚向和、刘耀辉：“基本权利的国家义务体系”，载《云南师范大学学报（哲学社会科学版）》2010 年第 1 期。

〔3〕 参见上官丕亮：“论国家对基本权利的双重义务——以生命权为例”，载《江海学刊》2008 年第 2 期。

〔4〕 参见吕忠梅主编：《环境法学概要》，法律出版社 2016 年版，第 161 页。

包括了对于良好环境权的损害，但是也包括对于传统人身权和财产权的损害，因环境污染导致的健康损害的严重程度甚至超出了其他因素。因此，虽然关于环境权是否属于基本权利还存在诸多争议，[1]但仅仅考虑对基本的人身权和财产权的保护，也需要确认对于环境损害的国家义务。而国家义务是通过立法、行政和司法途径来承担的，立法解决基本的制度供给问题，为相关当事人特别是政府的行为提供合法性依据，具有明显的规范性；司法主要是纠纷的事后解决途径，具有明显的被动性；行政通常是对具体的权益损害提供保护的直接而主动的途径，行政机关即狭义上的政府承担主要的基本权利保护和给付等积极义务。因此，在环境损害问题上，国家义务的承担主要体现为政府承担补偿性的事后给付义务，积极的保护义务属于环境损害预防的范畴。

在国家义务理论中，基本权利的受益权功能[2]要求国家承担积极的给付义务，具体也是通过政府的行为实现的。虽然其传统理解限于政府积极提供实现权利的基本条件，而不包括受损害情形下的补偿责任，但从权利保护的目标出发，从前者推及后者也是符合逻辑的。同时，从环境损害的现实状况和现行法律制度来看，环境损害无法得到救济的情况还大量存在，如果不承认政府的环境损害补偿责任，就很难说落实了保护基本权利的国家义务。相反，如果在环境损害特别是严重的人身权和财产权受到损害而又没有获得合理救济的情形下，由政府代表国家给予一定的补偿，至少形式上直接体现了对基本权利的给付义务，在一定意义上也可以看作是对基本权利国家保护义

---

[1]　参见陈海嵩："国家环境保护义务的溯源与展开"，《法学研究》2014 年第 3 期。

[2]　张翔："基本权利的双重性质"，载《法学研究》2005 年第 3 期。

务未履行的一种补救。

　　总之，从环境损害救济的现实需要以及国家义务、政府职责承担的角度，政府承担对环境损害的补偿责任是必要的，至少不是可以当然否认的选择。但这显然超出了政府责任制度的现有框架，还有若干基本理论问题需要厘清，并进而确定政府补偿责任的合理范围以及承担补偿责任的具体形式。在环境损害事件日益多发且严重的背景下，迫切需要理性分析政府承担环境损害补偿责任的理论问题并且提出现实可行的行动方案，而不是否定政府补偿责任。

第三章

环境损害政府补偿责任的理论基础

从现实需要出发的分析指向应当承认和规范环境损害政府补偿责任的结论。虽然实践分析已经不可避免地受到了国家理论、政府责任理论的潜在影响，带有明显的理论色彩和价值导向，但是从比较纯粹的理论出发分析环境损害政府补偿责任成立的基础，结合法律基本理论厘清环境损害政府补偿责任的基本依据，并在理论上明确环境损害政府补偿责任的性质和定位，仍然是完成相关制度分析的前提和基础。

第一节　政府法律责任理论与补偿责任

在法律框架内讨论环境损害的政府补偿责任，已经包含了将其界定为法律责任的预设，但是环境损害的政府补偿责任是否应当以及如何能够成为一项法律上的责任，还需要理论的论证。在此仅从政府责任的一般理论出发，探讨政府法律责任的理论基础，重点探讨相关的行政赔偿和行政补偿责任，进而分析环境损害的政府补偿责任的法律责任属性。

一、政府责任理论

现代社会中政府应当承担责任的观念已经深入人心，责任是民主政治和公共行政的核心问题，[1]但是政府责任的性质和范围并没有非常明晰的界定。事实上，责任本身是一个多层次的概念，具有复杂、综合的性质。广义的责任是指在政治、道德或在法律等方面所应为的行为的程度和范围；狭义的责任则指违反某种义务（政治的、道德的或者法律的）所应承担的后果，这种后果往往与谴责、惩罚联系在一起，因而是不利的后果。[2]政府责任在一般意义上也是一个综合而复杂的概念，在不同场景下可以有不同的含义。

（一）从国家义务到政府责任

不管是对外的国家交往还是对内的社会统治，政府都是作为国家的代表出现的，对政府责任的界定离不开国家的概念，或者可以说，政府责任是建立在国家义务基础之上的。正是现代国家本身包含的义务属性，需要作为国家之代表的政府承担一定的责任。落实国家义务可以通过立法、行政和司法途径，其中行政机关责任的承担是国家义务落实的基本方式，特别是在具体的管理领域。

1. 国家义务观念的发展

从国家的起源到现代国家的建立经历了漫长的历史过程，国家义务的观念也是在这个过程中逐渐产生的。可以说，国家义务与国家的概念和起源说密切相关，"国家义务与国家起源相伴而生"。[3]关于国家的起源和合法性来源有不同的理论学说，从不同角度对国家的概念和性质进行解释，其中包含了不同的国家义务观念。

---

〔1〕　参见李军鹏：《责任政府与政府问责制》，人民出版社2009年版，第1页。

〔2〕　参见王成栋：《政府责任论》，中国政法大学出版社1999年版，第5页。

〔3〕　蒋银华："论国家义务概念之萌芽与发端"，载《广州大学学报（社会科学版）》2011年第7期。

第一，关于国家的起源主要有暴力说和经济说两种理论。人们提出了许多理论来解释史前国家社会的出现，有的试图解释原始国家形成的一般过程，有的则把重点放在特定的国家形成上。但是没有一个理论上升到足以对早期国家的全过程作出说明，[1]代表性的学说有战争导致国家产生的暴力说，以及贸易或者灌溉等需求导致国家产生的经济说。

国家起源的暴力说认为国家是在环境限制和频繁战争中演进的，战争是国家产生的关键因素。用来说明国家起源的战争理论直接来源于 19 世纪赫伯特·斯宾塞的学说，他认为战争既是政府内部发展的工具，又是以一个集团控制另一个集团使政府实行外部欺压的工具。[2]现代的理论已经发展了这一学说，但是仍遵循这种基本观点：人口的增长和环境的限制导致战争的加剧并使社会单位通过合并而进入国家社会，认为战争导致地区内部权力的巩固和国家的产生的观点与目前可利用的考古材料一致。[3]总之，暴力说把战争看作社会统治者对基本生活资料实行独占的工具，并由此奠定了经济分层的基础。因此，战争是社会融合和国家形成的关键因素。

国家起源的经济说试图通过经济因素解释国家的起源，一种观点强调贸易在国家形成过程中的决定性作用，认为国家在物质条件要求进行大量的基本生活资料输出或相互交换的过程中得以演进；另一种观点强调灌溉在国家形成中的决定性作用，认为国家在社会开始实行大规模水利灌溉过程中得以演

---

〔1〕 参见 [美] 乔纳森·哈斯：《史前国家的演进》，罗林平等译，求实出版社 1988 年版，第 114 页。

〔2〕 参见 [美] 乔纳森·哈斯：《史前国家的演进》，罗林平等译，求实出版社 1988 年版，第 117 页。

〔3〕 参见 [美] 乔纳森·哈斯：《史前国家的演进》，罗林平等译，求实出版社 1988 年版，第 123 页。

进。[1]关于国家产生的贸易理论认为，具有国家水平的权力是通过管理包括基本生活资料在内的大范围贸易系统而得到加强的，但更具体的问题也存在分歧：一种理论认为地区之间的贸易是以社会分层为基础的国家社会最初产生的媒介；另一种理论认为区域内的贸易是以融合为基础的国家社会最初产生的媒介。[2]以灌溉来解释国家的形成并没有得到普遍的承认，但是相关的经验分析清楚地说明了史前社会里灌溉如何为社会分层和国家形成提供条件的问题。一般来讲，可以发现一些原始国家在没有灌溉的情况下得以产生，但是水利系统和最先建立的最复杂的史前国家之间的紧密联系表明，在它们之间存在因果关系。[3]总之，把贸易或者灌溉作为国家形成过程中的关键因素，代表了从经济角度解释国家起源的思路，即认为经济需求决定了国家的产生。

国家起源的暴力说和经济说解释了国家形成的事实过程，都包含了国家权力的来源或者必要性的论证，但是并不必然包括国家义务的内容。虽然在事实上，暴力支配下的国家也仍然担负着保卫社会成员安全的责任，基于经济因素而形成的国家更有满足社会成员基本生活需求的倾向，但是在这个阶段，国家义务并不必然包括于国家的概念之中，不管是暴力说还是经济说解释的国家都不包含国家应当承担义务的内在要求，提供了国家起源的解释、论证了国家权力的必要性但没有提供关于国家义务的解释。也就是说，基于暴力或者神权的国家起源说只解释了国家权力的

---

　　[1]　参见［美］乔纳森·哈斯：《史前国家的演进》，罗林平等译，求实出版社1988年版，第133页。

　　[2]　参见［美］乔纳森·哈斯：《史前国家的演进》，罗林平等译，求实出版社1988年版，第124页。

　　[3]　参见［美］乔纳森·哈斯：《史前国家的演进》，罗林平等译，求实出版社1988年版，第133页。

来源问题，而国家完全可能只行使权力而不承担义务，虽然事实上国家总是承担了某种义务。因此，这些学说没能解释国家义务存在的逻辑必然性，即使存在一定的国家义务也在很大程度上是基于统治者的自觉，或者是在较弱意义上维持社会凝聚力的需要。

第二，对于国家的合法性来源主要有君权神授说和社会契约论两种理论。前述关于国家起源的学说侧重于对国家形成过程的解释，也包含了国家存在的事实合理性因素，但是并未从理论上解释国家的合法性来源，关于国家合法性的论证是由君权神授说和社会契约论来完成的。

君权神授理论即神权国家论超越了暴力国家论的原始属性，也超越了国家起源经济说的纯粹现实考量，将国家的合法性建立在神权的基础上，成为欧洲中世纪占支配地位的国家起源观和国家合法性的主要论证路径。在宗教背景下，将国王的权力归结为上帝的授予，将国家的合法性建立在宗教基础之上，可以获得广泛的社会认可，但是对于国家权力是否同时伴随着国家义务存在不同的解释。从人需要服从上帝的角度，国王从上帝那里获得权力也意味着要服从上帝，即承担了一定了义务，但是从国家与社会成员之间的关系看，国家对社会成员的义务并不必然可以从国王对上帝的义务之中推导出来。因此，君权神授说仍然侧重于从国家权力来源的角度论证国家的合法性，对于国家义务的论证至少是不充分的。

现代国家义务的真正基础建立在社会契约论之上。欧洲启蒙运动的反神学倾向瓦解了国家的神学基础，伴随着政治、经济、文化、社会及人的精神等各个方面的近代性世俗化转向，国家起源观念也由神权论转向了社会契约论。[1]一般认为，社

---

〔1〕 参见胡德平："论西方近代国家起源观的社会契约论转向"，载《东方论坛（青岛大学学报）》2006年第2期。

会契约的观念起源于古希腊哲学,[1]但社会契约论用于论证国家统治的正当性始于 17 世纪,并构成现代社会国家统治正当性的基础。[2]具体来说,社会契约论认为国家权力来源于社会成员根据契约对其自身权利的让渡,而且在让渡权利的同时也要求国家承担一定的义务,比如维护公共秩序和保护社会成员的安全等。因此,社会契约论关于国家及其统治正当性的论证内在地包含了国家义务的论证,社会契约是社会成员与国家"相互间权利义务的承诺",[3]即社会成员让渡一定的权利给国家,国家负有保护社会成员权利的义务,从而形成社会共同体。从社会成员的初衷来看,国家是为保护个人权利而存在的,国家义务是国家存在的必然要素和基本前提,社会成员个人权利的保护是论证现代国家构建的逻辑起点,为保护个人权利的需要才赋予国家一定的权力。社会契约理论中,国家义务不再是国家权力可有可无的附属,而是其核心要素和正当性依据,"国家权力服务于国家义务"。[4]尽管社会契约论自产生至今都有来自各方面的批判,[5]但仍不失为理解现代社会特别是国家义务理论的基本路径。

因此,虽然一般认为国家义务可以追溯到国家起源,但是直到自然权利观念兴起,社会契约论盛行才具有相对确定的内涵,"形成于英国《大宪章》时期,确立于 17 世纪英国资产阶

---

〔1〕　参见黄克剑:"'社会契约论'辨正",载《哲学研究》1997 年第 3 期。

〔2〕　参见金观涛:"论社会契约论的起源与演变",载《中国法律评论》2014 年第 1 期。

〔3〕　胡玉鸿:"社会契约与人的联合",载《比较法研究》2007 年第 3 期。

〔4〕　陈醇:"论国家的义务",载《法学》2002 年第 8 期。

〔5〕　参见周枫:"近代社会契约论中的个人主义及其前提批判",载《哲学研究》2015 年第 4 期。

级革命时期"。[1]正是基于这一思路，国家义务被认为建立在公民基本权利之上，"是权利需要决定了国家义务，作为客观规范或客观价值秩序的基本权利理论为宪法权利国家义务的存在提供了宪法哲学基础"。[2]而国家义务的边界也需要根据公民基本权利加以明确，"公民基本权利的保护范围和公民基本权利的功能是对国家义务边界进一步的具体化"。[3]虽然随着自然权利理论受到越来越多的质疑，理论上提出了通过国家目标条款论证国家义务的思路，认为国家义务不能简单根据保障基本权利之国家义务体系进行演绎推理，而应从国家任务的现实需要出发进行归纳推理，[4]但整体上还不足以否定基于基本权利的国家义务论证路径。

正是从基本权利保护的角度来看，有学者将国家义务界定为国家根据宪法法律的规定必须作为或不作为，使国家作出行为时不妨碍或者有助于公民基本权利的实现。[5]国家义务就是国家对于公民基本权利的一种担当和该当，主要是指与公民基本权利相对应的国家义务。也有学者认为，国家义务至少部分国家义务不能简单根据保障基本权利之国家义务体系来进行演绎推理，而应从国家任务的现实需要出发进行归纳推理。[6]但

〔1〕 蒋银华："论国家义务概念之确立与发展"，载《河北法学》2012年第6期。
〔2〕 杜承铭："论基本权利之国家义务：理论基础、结构形式与中国实践"，载《法学评论》2011年第2期。
〔3〕 袁立："公民基本权利野视下国家义务的边界"，载《现代法学》2011年第1期。
〔4〕 参见陈海嵩："国家环境保护义务的溯源与展开"，载《法学研究》2014年第3期。
〔5〕 参见陈真亮：《环境保护的国家义务研究》，法律出版社2015年版，第108页。
〔6〕 参见陈海嵩："国家环境保护义务的溯源与展开"，载《法学研究》2014年第3期。

是，国家任务或者国家目标仍是相对抽象的概念，即使国家义务的概念能够经由国家任务或者国家目标条款证成，国家义务的具体界限也须依赖基本权利的内涵和外延来确定。因此，国家义务仍须从基本权利保护的视角去认识和把握，如"环境保护的国家义务"与"公民环境权益"存在基本的对称关系。[1]

从国家义务观念的发展过程来看，其内涵和性质呈现逐步清晰化的趋势。在个人权利的民法保护日益显露出不足的背景下，重新从国家概念出发发掘国家义务的内涵并界定其具体形态，对于基本权利保护机制的完善无疑具有重要意义。

2. 国家义务是政府责任的基础

国家理论是政治学的核心，但是国家并不是一个容易达成一致的概念。对国家的认识大致包括几类：一是把国家看作是社会团体，二是把国家看作是一个管理或统治的组织，三是把国家看作是权力的中心，[2]国家与政府密切相关，甚至不加严格区分，人们在谈论国家的时候有时就是指一个国家的政府。然而从历史的角度分析，近代术语中"国家被看作是它的疆域之内的法律和合法力量的唯一源泉，而且是它的公民效忠的唯一恰当目标"。[3]在这个意义上，政府是与国家相分离的概念，政府是国家的代表者，"国家的权力，而不是统治者的权力，开始被设想为政府的基础"。[4]

---

〔1〕　参见陈真亮：《环境保护的国家义务研究》，法律出版社 2015 年版，第129 页。

〔2〕　参见张芳山、涂宪华："'国家'概念的历史演绎——兼论昆廷·斯金纳的国家理论"，载《理论月刊》2011 年第 8 期。

〔3〕　[英] 昆廷·斯金纳：《近代政治思想的基础》（下卷：宗教改革），奚瑞森、亚方译，商务印书馆 2002 年版，前言。

〔4〕　[英] 昆廷·斯金纳：《近代政治思想的基础》（下卷：宗教改革），奚瑞森、亚方译，商务印书馆 2002 年版，前言。

作为国家的代表者，政府要承担国家的义务，是为政府责任。[1]政府责任理论的提出是基于现代国家观念，而现代国家观念是建立在社会契约论基础之上的，因此政府责任理论也须遵循这一基本思路以保护公民基本权利为目标，即明确政府对于维护公民基本权利的义务。国家的一切权力属于人民、主权在民等观念决定了现代国家的概念内在地包含了国家义务的要素，国家存在的目的在于保护公民的基本权利，因此国家须承担对于基本权利的尊重、保护和实现的义务，这些国家义务构成政府责任的基础。

从这个角度来看，政府责任应当根据国家义务来确定。一般认为，国家针对公民基本权利的义务具有复合性，包括消极尊重的义务和积极保护的义务，[2]也有学者将国家义务的内容归结为尊重、保护和给付三个方面。[3]从历史发展过程看，随着公民权利观念的兴起，国家的尊重义务最先产生。尊重义务要求国家消极不作为，只要国家坚持自由权的价值理念，严格遵守法律的规定，不干预、不妨碍公民正当行使其权利便能实现，相对来说是对国家的最低要求。保护义务比尊重义务更进一步，需要国家在现有社会经济资源条件下采取适当的作为方式，积极预防、制止和救济第三人对公民权利的侵犯。保护义务由于受到一定条件的限制，比尊重义务的实现难度更大。给付义务是在尊重义务和保护义务层次之上的更高层次的国家义务，它对国家的要求更加严苛，即在国家有不当行为造成公民

---

〔1〕 义务和责任在法律上是不同的概念，但在一般的表达中往往对于义务和责任不加严格区分。因此，政府责任也可以称为政府义务，在此按照习惯称之为政府责任。

〔2〕 参见上官丕亮："论国家对基本权利的双重义务——以生命权为例"，载《江海学刊》2008年第2期。

〔3〕 参阅龚向和："论民生保障的国家义务"，载《法学论坛》2013年第3期。

损害或者公民因为其他原因陷入经济困境时，由国家给予一定的经济给付，也是当前国家义务履行的难点和重点。因为给付义务不仅受到一国经济发展水平的限制，还受政治体制、文化传统等政治、文化条件的影响，比尊重义务和保护义务的实现受到更多主客观因素的制约。

据此，作为国家代表的政府也有责任尊重、保护公民的基本权利，并在特定情形下承担对于公民的给付责任。具体来说，一般意义上的政府责任包括消极和积极两个层次，并分为尊重、保护和给付三个方面。首先，政府应当控制自身行为的界限、设置职权，特别是政府的行政职权须有充分的根据和理由，非必要不得限制公民基本权利的范围、干涉公民的行为自由，是为对公民基本权利的尊重义务。其次，政府应当采取积极措施预防公民权利受到损害，及时制止和救济公民权利所受到的损害，包括社会治安的维持、环境和自然资源的保护以及提供公力救济等。保护义务的提出暗含了公民无法完全依靠自身力量实现基本权利保障这一前提，对政府提出了更高的要求。最后，政府对于公民的基本生活需要负有积极满足的义务，即以经济给付保障民众的基本生活利益，实现社会的安全与公平正义。现代社会保障制度是政府承担给付义务的主要形式，因为其直接的利益转移属性需要政府财政能力的支撑。

3. 国家义务的实现方式

政府责任是国家义务的实现方式。在完成国家义务的意义上，上述政府责任是广义的政府责任，其具体落实需要通过立法、行政和司法途径。如果说抽象的国家义务主要还是一种政治义务，那么作为其落实形式的政府责任更强调其具体和确定的内容。

第一，立法是实现国家义务的基本前提。将对公民基本权利的尊重、保护和给付义务具体化的基本途径是立法。对于成文法国家来说，在宪法确定的基本原则和制度框架之下，通过立法确定政府行为的边界是实现尊重义务的前提；明确政府的治安等公共事务管理职权是实现保护义务的基本条件；设定政府对于公民的救助和社会保障等义务是落实给付义务的基本方式。也就是说，理论上国家对于公民基本权利的尊重、保护和给付都需要落实为立法才能具有现实的可操作性。判例法国家传统上可以通过司法判例来确定政府行为的边界以及政府职权的范围，但是现在也越来越多的依赖于制定法。

第二，司法是实现国家义务的基本保障。在判例法国家司法对于国家义务的实现具有根本作用，在成文法国家司法对于实现国家义务也具有重要作用，其直接提现是国家义务的可诉性。理论和实践都承认国家义务的可诉性，但其可诉性也因义务性质、内容以及履行难易程度不同而不同。[1]国家义务可诉性取决于两个要素：首先，是不是法律义务，是不是具体的法律义务；其次，义务的履行主要取决于相关公权力主体的态度还是能力。在国家义务的三层次中，尊重义务是典型的可诉义务，保护义务的排除和救济部分具有可诉性，给付义务中具体层面的给付义务具有有限的可诉性。[2]通过司法途径对国家义务是否履行进行审查，是确保国家义务实现的最终保障。

第三，行政是实现国家义务的主要途径。在立法确定的框架和规范之内，政府行政机关对于国家义务的实现具有更直接的作用，不仅对公民基本权利的尊重需要限制政府行政机关的行为边界，而且对公民基本权利的保护和给付更需要行政机关的积极作为。正是在这个意义上，基于国家义务的政府责任可

---

〔1〕 参见龚向和："论民生保障的国家义务"，载《法学论坛》2013 年第 3 期。

〔2〕 参见刘耀辉："国家义务的可诉性"，载《法学论坛》2010 年第 5 期。

以被认为主要是政府行政机关的责任，即狭义的政府责任。

4. 政府责任的承担

就实现国家义务而言，立法和司法的作用都不容忽视，但是狭义的政府责任仍是最直观和最主要的途径。首先，行政管理和执法本身就是实现立法目标的过程，法律的执行是实现国家保障公民基本权利的直接手段。立法上确定的尊重、保护和给付义务多需要通过行政机关的积极作为或者消极不作为来实现，而执法过程及其结果反过来又是检验立法是否符合国家义务要求的指标，因此行政机关的行为对于国家义务的实现至关重要。其次，行政手段的灵活性决定了其在实现国家义务过程中的优势。立法对于国家义务实现方式的规定属于事前确定规则，司法对于国家义务实现的保障属于事后审查，而行政管理和执法决定着国家义务的实现过程，基于行政自由裁量权的行政决定对于国家义务的实现和公民基本权利的实现都具有决定性作用，特别是在个案意义上。

因此，政府责任主要还是由政府行政机关来承担，至少在社会运行过程中和法律制度构建的意义上，落实国家义务的核心是落实政府的行政责任。

（二）责任政府理论

基于政府应当对公民负责、回应民意的观念，责任政府理论应运而生。责任政府的具体含义因使用的语境而不同，可以指回应民意的政府或者承担公共职责的政府，更核心的含义是指对公民直接负责的政府机构，"是一种价值理念又是一种政府制度"。[1]作为"一种需要通过其赖以存在的立法机关而向选民解释其所作的决策并证明这些决策是正确合理的行政机

〔1〕 陈国权、徐露辉："责任政府：思想渊源与政制发展"，载《政法论坛》2008 年第 2 期。

构",〔1〕责任政府具有以下特征：首先，高度重视政府责任体制建设，紧紧围绕确保政府的民主责任这一主题，完善政府责任体制建设。其次，重视立法机关对政府权力的制约，确保政府的政治责任。政府责任的目标就是要保证政府机关向代表机关和民选官员负责，并最终向人民负责。最后，形成一套立法机关对政府问责的机制，政府承担政治责任的方式主要包括被质询、道歉、辞职、接受不信任案、解散等，并形成了完善的行政首长责任制与公务员责任制度。〔2〕

　　责任政府是西方近代政治发展的产物，可以说就是承担政府责任的组织形式。因此，责任政府是实现国家对于公民基本权力的尊重、保护和给付义务的直接主体。在确立责任政府理念的前提下，要进一步推进责任政府建设，最重要的是要在制度上确立种种责任，主要包括：政治责任，行政责任，专业部门的责任，行政执法的责任，人大代表、检察官和法官的责任，政府官员的责任，以及领导人要承担的道义上的责任等。〔3〕这些责任可以分为两个层次：一是政府层次，即责任政府作为一个组织体需要承担的整体性责任；二是政府领导人和工作人员的责任，即作为政府一员的个体需要承担的具体责任。二者之间具有密切相关性，例如政府领导人的辞职既是个人承担责任的方式，也是政府承担责任的表现；政府作为整体对外承担责任之后，往往又需要进一步对内追究相关人员的责任。

　　〔1〕〔英〕戴维·米勒、韦农·波格丹诺主编：《布莱克维尔政治学百科全书》，邓正来等译，中国政法大学出版社2002年版，第702页。
　　〔2〕参见〔英〕戴维·米勒、韦农·波格丹诺主编：《布莱克维尔政治学百科全书》，邓正来等译，中国政法大学出版社2002年版，第112~113页。
　　〔3〕参见毛寿龙："责任政府的理论及其政策意义"，载《行政论坛》2007年第2期。

（三）政府责任体系

政府责任本身并不是一个明确的概念，一般认为包括政治责任、道德责任和法律责任等。[1]责任既可以指分内应该做的事，也可以指承担因没有做好分内应该做的事所造成的后果，因此，责任通常被理解为个人或者社会群体在其分内所应该做的事或者应该履行的义务。[2]整体上看，道德责任、政治责任和法律责任等具体的责任形式构成了政府责任的体系。

道德责任是责任的重要表现形式，甚至可以说其他责任形式都在一定程度上以道德责任为基础。在当代政治哲学和道德哲学中，道德责任是一个关键的概念；法哲学虽然更关注责任的法律属性，但是也无法完全摆脱道德责任的影响。作为社会主体的人，都负有这样或那样的道德责任；[3]更进一步，现代社会作为组织体的企业和政府也被认为负有道德责任，具体而言是指政府及其公务员依法行使公共权力、从事公共事务时必须承担道义上的责任。[4]所谓道义上的责任则是指政府及其公务员在守法之外还应当遵守社会公德和尊重公序良俗。道德责任是对政府的道义约束，也是对政府公务人员的道义约束，在一定意义上后者具有更重要的地位。作为约束个体行为的有效手段，国家对于行政人员承担道德责任的要求尤为迫切；[5]行政人员承担道德责任也是实现政府目标和社会公共利益的必然

---

〔1〕　参见高秦伟："论责任政府与政府责任"，载《行政论坛》2001年第4期。

〔2〕　参见彭定光："论责任、道德责任与政府道德责任"，载《湖南师范大学社会科学学报》2016年第6期。

〔3〕　参见魏安雄："论主体道德责任"，载《现代哲学》1999年第1期。

〔4〕　参见蔡放波："论政府责任体系的构建"，载《中国行政管理》2004年第4期。

〔5〕　参见孙华俊、段鑫星："对公共行政人员道德责任履行的诉求"，载《行政科学论坛》2016年第12期。

要求。虽然受实证主义思想的影响，社会规则越来越追求现实确定而远离道德判断，表现为道德责任的法治化倾向。但是，道德责任法治化存在立法难题，无法将道德责任转化为法律责任，难以穷尽义务道德责任。[1]因此，即使法律责任越来越受到重视并在社会现实中发挥越来越重要的作用，道德责任作为政府责任体系的一个组成部分仍然不容忽视。

政治责任在日常生活中应用十分广泛，但其含义却很不确定，学术界出现了诸如"政治上的责任就是行政机关的所作所为必须合理"，"政务官决定政府政策及领导监督所属机关执行国家政策之责"以及"选举的政府首脑及其所属政务官员对选民或对方针所负的责任"等不同界定。综合来看，可以将政治责任界定为政治官员制定符合民意的公共政策并推动其实施的职责及没有履行好职责时应当承担的谴责和制裁。[2]在公共行政理论与实践中，使行政官员按照负责任的方式来行使行政权力，是公共行政的核心问题，[3]其基本方式就是政治责任和法律责任。政治责任的基本承担方式是政治上受信任度的降低，具体的方式随失去信任程度的不同而不同，包括道歉、接受质询等，最严厉的方式是失去行使政治权力的资格，需要辞职或者被弹劾、罢免。政治责任的重要特征是相对性，表现在责任范围、责任主体的能力和责任的程度等方面。[4]相对于法律责任，政治责任具有灵活性的特点，不必拘泥于特定的法律规则，以社会的政治评价为基础可以采取多种方式承担，甚至一定的

〔1〕 参见徐国利："论官员道德责任法治化及其限度——以'道德问责'为分析视角"，载《伦理学研究》2016年第5期。
〔2〕 参见张贤明："政治责任与法律责任的比较分析"，载《政治学研究》2000年第1期。
〔3〕 参见李军鹏：《责任政府与政府问责制》，人民出版社2009年版，第2页。
〔4〕 参见张贤明："论政治责任的相对性"，载《政治学研究》2001年第4期。

政治表态和姿态也可以算作承担政治责任。当然，随着政治运作程序的日益规范化，比较严重的政治责任很多已经纳入了法律制度，在表现形式上具有法律责任的性质，有学者提出了政治法律责任的概念，指法律规定的政治责任，也是政治领域的法律责任。[1]但是从性质上讲，法律化的政治责任也与传统的行政法律责任、刑事法律责任有明显的区别。

　　法律责任是法学的基本范畴之一，关于法律责任的概念也有不同的学说，综合起来可以将法律责任界定为有责主体引发了义务违反之事实而应当承受的由专门国家机关依法确认并强制或承受的合理的负担。[2]作为政府责任形式的法律责任是政府违反法律而应当承担的不利法律后果，具体可能包括民事责任、行政责任和刑事责任。以主权理论为基础的国家豁免原则曾经否认政府的法律责任，但随着绝对豁免原则向相对豁免原则的发展，对于政府法律责任的限制也有所松动，现代法律体系下的政府都要依法承担法律责任。从法律的角度，国家责任首先分为公法责任和私法责任，[3]即国家应当就其行使公权力或非公权力行为（私法行为）致人民生命、身体与财产等法益遭受损害的结果，承担相应的损害赔偿或补偿的责任。

　　在法治化过程中，法律责任在整个责任体系中的地位越来越重要，至少从形式上正逐步取代道德责任和政治责任，表现为政府的道德责任和政治责任的承担都在逐步纳入法治化轨

---

　　〔1〕　参见俞德鹏："政治法律责任：政治责任与法律责任的交叉域"，载《宁夏社会科学》2017年第1期。

　　〔2〕　参见刘作翔、龚向和："法律责任的概念分析"，载《法学》1997年第10期。不同的法律流派倾向于对法律责任的不同界定，本书仅在一般意义上对法律责任做一个基本的界定。

　　〔3〕　参见董保城、湛中乐：《国家责任法——兼论大陆地区行政补偿与行政赔偿》，元照出版公司2005年版，第1页。

道。但是，道德感经常是我们法律的基础，[1]同时法律在很大程度上是政治过程的结果，因此不能因为法律责任在形式上的扩张而忽视政府的道德责任和政治责任。道德责任、政治责任和法律责任相互影响、相互协调才能构成有效的政府责任体系。

二、政府的法律责任

政府对环境损害的责任承担这里我们主要考察法律责任，因为政治责任和道德责任更多是软性约束，法律责任的界限才是解决环境损害救济问题的关键。在政府的道德责任、政治责任和法律责任中，法律责任应当作为核心责任而被重视和强调，在建设法治国家、法治政府和法治社会的背景下尤其如此。事实上，政府的道德责任和政治责任也正在被纳入法治化轨道而在相当程度上具有了法律责任的形式。从这个角度来看，政府的法律责任是政府责任法制化的结果。政府责任的法治化要求明确政府法律责任的内容范围、承担方式以及追究其责任的方法，[2]最终表现为政府法律责任制度。

就内容而言，政府法律责任包括公民权利保护的法律责任、公共利益保护的法律责任、公共环境保护的法律责任和公共安全保护的法律责任。[3]对公民权利保护是政府的基本责任，主要强调对于公民个体权利的政府责任，实质内容上包括尊重、保护和给付三个层次。公共利益保护、公共环境保护和公共安

〔1〕 ［美］圭多·卡拉布雷西：《理想、信念、态度与法律：从私法视角看待一个公法问题》，胡小倩译，北京大学出版社 2012 年版，第 85 页。

〔2〕 参见田思源："论政府责任法制化"，载《清华大学学报（哲学社会科学版）》2006 年第 2 期。

〔3〕 参见田思源："论政府责任法制化"，载《清华大学学报（哲学社会科学版）》2006 年第 2 期。

全保护是政府责任的重要方面，是从整体层次对公民基本权利的保护，即体现为直接的公共利益等方面的保护责任、间接的公民基本权利保障。

从形式来看，政府承担法律责任的方式主要是行政责任。政府在履行职责中是以行政管理者的身份出现，须遵守行政法律规范。政府违反行政法律规范应当承担相应的法律责任，主要责任方式包括通报批评、赔礼道歉、承认错误、恢复名誉、消除影响、返还权益、恢复原状、停止违法行为、履行职务、撤销违法的行政行为以及行政赔偿。[1]公务员违反法律也须接受批评教育或者行政处分等行政责任。现实中，政府参与民事活动也须承担相应的民事责任，而刑事责任由工作人员个人承担。从对公民权利救济的角度，我国现行法律制度主要规定了国家补偿责任和国家赔偿责任，前者主要是因征收而给予的行政补偿，后者是根据《国家赔偿法》给予的行政赔偿和刑事赔偿。

从环境损害救济的实际需要看，赔礼道歉、停止违法行为等都可能成为政府承担法律责任的方式，但是填补损害才是环境损害救济的核心问题。行政补偿和行政赔偿在形式上与环境损害的填补相关，在此先从比较的意义上考察行政补偿制度和行政赔偿制度。

三、政府的行政补偿和赔偿责任

（一）行政补偿责任

行政补偿是国家补偿的主要形式。国家补偿是国家机关因合法行为（未实施违法侵权行为或违约行为）给公民、法人或其

---

〔1〕　参见罗豪才、湛中乐主编：《行政法学》（第 4 版），北京大学出版社 2016 年版，第 354~355 页。

他组织权益造成的损害所给予的补偿，[1]还包括立法补偿和司法补偿等，但比较少见，我国也未建立立法补偿和司法补偿制度。我国不少单行法律、法规规定了行政补偿，并且已经实际开展了大量对于集体土地和国有土地上房屋的征收补偿，行政补偿的范围在实践中不断扩大，[2]但是没有对行政补偿进行统一的适用范围、条件和程序的规定，[3]还没有形成比较完整的行政补偿制度，这也是当前土地和房屋征收补偿争议较多的原因之一。

对于行政补偿的性质和政府承担行政补偿的理由有不同的理论学说。有学者将行政补偿理解为一种法定义务，认为行政主体为实现公共利益而实施的一切行为只要给相对人的合法权益造成了特别的损失，都必然伴随着补偿的义务。[4]也有学者认为行政补偿本质上是对损害应当承担的责任，"国家的公权力行为不论合法与否，给公民合法权益造成损害的就应承担责任，予以弥补"。[5]相对于国家赔偿的实质是国家对不法的公权力行为承担损害赔偿责任，行政补偿则是基于公平正义等理念对合法行为造成的损害承担补偿责任，"其实质是对受害人损失进行弥补的一种法律责任"。[6]根据发生的原因不同，行政补偿可以分为因行政机关核发行为造成损失的补偿和因相对人为

---

〔1〕 参见罗豪才、湛中乐主编：《行政法学》（第4版），北京大学出版社2016年版，第468页。

〔2〕 参见王太高：《行政补偿制度研究》，北京大学出版社2004年版，第14页。

〔3〕 2011年国务院颁布的《国有土地上房屋征收与补偿条例》关于补偿的规定是比较典型的行政补偿制度，并且对于补偿的范围、标准和程序进行了规定。

〔4〕 参见杨建顺：《日本行政法通论》，中国法制出版社1998年版，第593页。

〔5〕 罗豪才、湛中乐主编：《行政法学》（第4版），北京大学出版社2016年版，第470页。

〔6〕 参见罗豪才、湛中乐主编：《行政法学》（第4版），北京大学出版社2016年版，第470~471页。

公益遭受损失的补偿两大类。行政行为致损的补偿包括：①对行政征收的补偿；②对紧急行政行为致损的补偿；③对其他行政行为致损的补偿。相对人因公益而受损的补偿包括：①协助公务受损的补偿；②为社会公益而受损的补偿；③从事高度危险活动致损的补偿。[1]

由此可见，行政补偿具有以下基本特征：首先，行政补偿责任基于合法行为而发生。作为行政补偿义务人的行政机关并未做出违法行为，而是履行职责、维护公共利益的行为导致行政补偿责任，这与通常的责任由违法行为引起存在根本的区别。行政补偿责任基于合法行为而发生，因此也不问行为人的主观故意或者过失等传统的归责事由。其次，行政补偿针对合法权益所受到的损害。行政补偿是对特定公民等相对人合法权益损害的补偿，只要行政行为侵犯了公民合法的既得权利，就应当给予补偿以实现保护公民基本权利的国家义务。最后，行政补偿针对合法权益所受到的特别牺牲。政府为了公共利益做出的行政行为可能会对公民的合法权益进行限制或者造成直接的损害，如果社会公众所受到的限制或者遭受的损害是大致相同的，再由政府进行补偿就没有意义，因为政府的补偿资金本身来源于公共财政。任何财产权的行使都要受到一定内在的社会限制，只有当对财产的征用或限制超出这些限制时，才产生补偿问题。[2]因此，所有社会成员的权益都受到限制或者遭受基本相同的损害时，不需要进行补偿；但是如果为了公共利益所采取的政府行为牺牲了特定个人的合法权益，那么损失的成因具有公益性质，就不应当由个人来负担而应当由公众来负担。在

---

〔1〕　参见方世荣主编：《行政法与行政诉讼法》，中国政法大学出版社1999年版，第190~191页。

〔2〕　参见［德］奥托·迈耶：《德国行政法》，刘飞译，商务印书馆2002年版。

德国被普遍接受的一个原则是，如果个别人所作出某种牺牲，即受到损害是为了公共利益的话，就可以向政府求偿；这种牺牲必须是超过一般人所能容忍得了的损害，这就是公共负担平等理论，[1]本质上也是认为个人为公共利益所受的特别牺牲应当得到公共的补偿。

理论上，行政补偿的范围也有逐步扩大的趋势，上述基本的特征也正逐步突破。例如，公权力违法无责之损害补偿、公营造物的设置、管理无瑕疵产生损害补偿以及一般性危险状态时的补偿也被认为属于行政补偿的范畴。而且，这些补偿责任与传统的行政补偿都有基于结果责任之补偿的性质。[2]行政补偿范围的扩张趋势为环境损害的政府补偿责任提供了可以借鉴的理论资源。

（二）行政赔偿责任

行政赔偿是国家赔偿的一种类型。国家赔偿是指国家对国家机关及其工作人员违法行使职权或者出现特定刑事诉讼程序中的后果而造成损害给予赔偿的活动。我国以《国家赔偿法》为核心构建了比较完整的国家赔偿制度，包括行政赔偿和司法赔偿两个部分，二者在赔偿义务机关、赔偿范围、赔偿程序等方面有明显区别。环境损害的补偿责任主要考虑政府行政机关的责任，在此主要从制度比较的角度考察行政赔偿制度。

行政赔偿是指行政机关及其工作人员在行使职权过程中违法侵犯公民、法人或其他组织的合法权益并造成损害，国家对此承担的赔偿责任。[3]也有观点认为行政赔偿属于广义行政补

---

〔1〕 参见罗豪才、湛中乐主编：《行政法学》（第 4 版），北京大学出版社 2016 年版，第 472 页。

〔2〕 参见王太高：《行政补偿制度研究》，北京大学出版社 2004 年版，第 25 页。

〔3〕 参见罗豪才、湛中乐主编：《行政法学》（第 4 版），北京大学出版社 2016 年版，第 472 页。

偿的范畴,[1]但一般认为二者在原因、范围、性质、依据等方面存在明显区别，是相互独立的法律制度。行政赔偿是在国家责任扩张背景下将民事赔偿责任理论引入行政领域的结果，是国家对于行政机关实施的侵权行为承担的赔偿责任。因此，行政赔偿的构成要件类似于民事侵权的构成要件，但是在主体上具有特殊性。

第一，行政赔偿的责任主体是国家，是国家承担的赔偿责任，而不是行政机关及其工作人员的赔偿责任。[2]国家作为赔偿主体的主要表现是赔偿费用由国家承担。行政侵权行为是行政机关及其工作人员实施的，赔偿义务机关为直接实施或者其工作人员实施侵权行为的行政机关，但是行政机关及其工作人员与国家之间存在委托代理关系，因此应当承担侵权行为的法律后果，是行政赔偿的实质主体。形式上，行政机关作为赔偿机关是承担赔偿责任的主体。

第二，行政赔偿以行政违法行为为前提。行政赔偿是对行政机关违法执行职务行为造成的后果承担责任，这意味着：一方面只有行政机关实施的执行职务才可能导致行政赔偿责任，即致害行为必须是与执行职务有关的行为；另一方面只有违法执行职务的行为才导致行政赔偿责任，即遵循违法归责的原则。因此，违法性是国家承担行政赔偿责任的前提，违法归责原则是确定行政赔偿责任的基本原则。值得注意的是，随着政府责任范围的扩张，除了积极的作为性违法导致损害需要承担行政赔偿责任之外，消极的不作为违法导致的损害也逐渐被纳入行政赔偿的范围，行政不作为应当承担某种形式的赔偿责任已经

---

〔1〕　参见王太高：《行政补偿制度研究》，北京大学出版社 2004 年版，第 25 页。

〔2〕　参见罗豪才、湛中乐主编：《行政法学》（第 4 版），北京大学出版社 2016 年版，第 408 页。

得到广泛认可。[1]例如，有学者认为从个案公正和依法行政的角度来看，应当在货车超载监管不作为致害中引入国家赔偿责任。[2]一般认为，认定不作为违法应当以法定的或者职责确定的义务存在为前提，也就是说，如果行政机关或者其工作人员没有履行法定的或者本身职责确定的义务，其不作为行为造成了当事人损害，那么行政机关应当承担行政赔偿责任。

第三，行政赔偿针对特定人的权益损害。行政赔偿是对行政违法行为所造成的特定人的损害赔偿，没有损害结果或者普遍遭受损害，就没有行政赔偿的必要：无损害结果则无所谓赔偿；普遍损害如果由国家赔偿将失去赔偿的意义。所谓损害包括人身损害和财产损害，是行政机关违背对自然人、法人和非法人组织所承担的义务而使其受到不利益的结果。《国家赔偿法》中明确了行政机关及其工作人员的违法行为侵犯人身权造成公民身体伤害或者死亡的、侵犯财产权造成财产损害的，国家承担赔偿责任，由相应的赔偿义务机关进行赔偿。

民事侵权赔偿以致害行为与损害后果之间的因果关系为要件，行政赔偿原则上也要求行政违法行为与损害后果之间存在因果关系。但是，国家侵权行为与一般民事侵权行为是有一定区别的，具有非法性、滥用或者超越裁量权性、强制性等特点，凡违背对特定人所承担的法律义务即视为侵权行为。因此，国家赔偿中的因果关系，实质上是国家机关与受害人之间的权利义务关系。只要国家机关违背了对权利人所承担的特定义务并因此导致其损害，且权利人无法通过其他途径受偿的，就存在

---

〔1〕 参见高辰年："论行政不作为的赔偿责任"，载《行政法学研究》2000年第4期。

〔2〕 参见崔立群、刘红："行政不作为的赔偿责任及其限度——以货车超载监管为中心的观察"，载《湖北警官学院学报》2015年第2期。

国家赔偿责任中的因果关系。[1]因此，国家赔偿责任中的因果关系，是以国家机关及其工作人员的公职义务为基础，以受到法律保护的受害人权益为依托，以违反公职义务与权益受到损害之间的关系为内容，用客观、恰当、符合正常社会经验的方式衡量和确定的逻辑关系。[2]与民事侵权赔偿制度一样，对于受害人过错、不可抗力和第三人原因导致的损害，国家也不承担行政赔偿责任。

第四，行政赔偿须有明确的法律依据。尽管政府责任扩张的趋势在所难免，但过于宽泛的行政补偿范围仍在可行性和必要性上存在疑问。为了限制政府承担行政赔偿责任的范围，构成国家赔偿责任还必须满足"有法律规定"这一要件，如果法律没有规定国家赔偿责任，即使公民受到国家机关违法侵害，国家也可能不承担赔偿责任。因为就国家赔偿的可行性而言，如果免除所有的限制，允许受害人对国家所有行为提起赔偿诉讼也是不现实、不恰当的。国家对何种行为负责赔偿、适用什么赔偿方式及程序，均须由法律明确规定。[3]《美国联邦侵权求偿法》中也规定了对政府责任的具体限制，这些规定都经过精心设计，以尽量减小承担侵权责任的风险可能导致行政机关及其雇员做出损害政府效能的行为。[4]因此，行政赔偿以法律的明确规定为前提，没有法律规定应当给予行政赔偿的，即使有

---

〔1〕　参见罗豪才、湛中乐主编：《行政法学》（第4版），北京大学出版社2016年版，第405页。

〔2〕　参见罗豪才、湛中乐主编：《行政法学》（第4版），北京大学出版社2016年版，第406页。

〔3〕　参见罗豪才、湛中乐主编：《行政法学》（第4版），北京大学出版社2016年版，第407页。

〔4〕　参见［美］理查德·J. 皮尔斯：《行政法》（第5版）（第3卷），苏苗罕译，中国人民大学出版社2016年版，第1352页。

损害也不予赔偿。

由此可见，行政赔偿就是法律明确规定的行政侵权损害赔偿。从法理上看，国家应当就其行使公权力行为致人民生命、身体与财产等法益遭受损害的结果，承担相应的损害赔偿或补偿的责任。[1]合法行为承担公法上的补偿责任，违法行为承担类似于民事赔偿的公法上的赔偿责任。当然，其前提是受害人所受的并非普遍损害，而是超过了一般人所受损害的特别损害。从这个角度考察，环境损害也具备纳入行政赔偿范围，由政府提供直接的经济补偿甚至赔偿的可能性和必要性。

四、政府的环境损害补偿责任

正是在政府责任扩张的背景下，通过比较分析已有的行政补偿、行政赔偿理论和现行的相关立法，可以发现环境损害的政府补偿责任并非仅仅因为出于环境损害救济的迫切性而显得十分必要，更与行政补偿和行政赔偿的理论和实践有某些契合之处。也就是说，从法理上看，政府承担对环境损害的补偿责任具有一定的基础；从实践来看，政府承担一定的环境损害补偿责任也有可以参考借鉴的经验。

（一）环境损害政府补偿责任的特殊性

就前述严重环境损害的政府补偿现实需求来看，其制度预期与行政补偿和行政赔偿都存在明显的区别。在出现严重的环境损害而受害人无法获得其他途径的补偿时，由政府或者代表政府的政府部门给予适当的经济补偿，这是当前已有的政府补偿实践，也是对其规范化的制度设计中必须坚持的要点。具体来看，环境损害的政府补偿中政府行为的性质、涉及的致害人

---

〔1〕 参见董保城、湛中乐：《国家责任法——兼论大陆地区行政补偿与行政赔偿》，元照出版公司 2005 年版，第 1 页。

以及补偿的方式和标准等都无法简单套用或者比照行政补偿或者行政赔偿制度，但又与行政补偿或者行政赔偿有某些方面的相似性，在此分别加以比较。

第一，环境损害的政府补偿与行政补偿制度的区别和联系。二者在补偿性上具有一致性，都强调并非政府的违法行为造成了损害结果，因此政府承担的是非责难性的补偿责任而非包含了违法判断的赔偿责任。传统意义上的行政补偿是对政府合法行政行为造成的特定当事人损害的补救，环境损害的政府补偿针对的是其他致害人造成严重环境损害而受害人没有得到适当救济的情形，也非政府违法造成的直接后果的责任。但是，行政补偿是对行政机关合法行为造成的直接损害后果的补偿，而环境损害的政府补偿要求在政府没有做出相关行为或者做出一定行为但并非损害的直接原因的情况下由政府给予补偿，在政府行为与损害后果之间的联系上更加松散。或者说，环境损害是由环境污染者或者破坏者直接造成的，污染或者破坏行为仅在获得政府许可的意义上与政府行为相关联，或者在政府监督管理不力、没有及时制止污染或者破坏行为的意义上，环境损害是政府不作为的间接后果。因此，即使是对于损害的补偿责任，环境损害的政府补偿也不符合通常政府承担行政补偿责任的条件。

第二，环境损害的政府补偿与行政赔偿制度的区别和联系。二者在损害填补的基本依据上具有相似性，环境损害和行政赔偿指向的其他损害都是在某种意义上违法的行为对特定人造成的损害，从法理对合法权益保护的一般原则出发都应当获得适当的救济。但是，行政赔偿是对政府行政机关违法行使职权造成的损害后果的填补，而环境损害并非政府违法行为，至少不是政府违法行为的直接后果，而是有环境污染者或者破坏者作为直接的责任人。因此，虽然政府的法律责任包括政府的侵权赔偿责任[1]的观点日益普及，现行法律体系中行政赔偿责任也日渐扩大，但是环境损害的政府补偿并未被包括于行政赔偿的范围之内，与环境损害的原因行为并非政府的违法行为不无关系。尽管存在这一明显区别，但是如果深入分析，对于比较严重的环境损害后果政府并非全无关系：一方面，在环境污染和破坏行为本身违法的情形下，政府可以被认定为履行监督管理职责不力的不作为违法，而违法不作为给受害人造成了损害的，理论上应当由国家承担行政赔偿责任。而且《宪法》规定政府负有保护环境的宪法义务，[2]2014年修订的《环境保护法》也明确了政府的环境保护职责，[3]因此不管环境污染和破坏行为是否明确纳入环境监督管理的范围，原则上只要造成严重的损害后果都可以认为政府监督管理职责履行不当。另一方面，在环境污染和破坏行为经过政府行政许可的情形下，如果环境污染和破坏行为仍造成了严重的环境损害，那么环境污染和破坏行为就属于民事上的违法行为，并不能因其获得了行政许可而免责；那么，基于政府的行政许可行为与被许可的环境污染和破坏行为之间的关联性，认定政府的行政许可具有一定的违法性而要求其承担一定的赔偿性责任在理论上是可行的。

经过比较可以发现，虽然环境损害的政府补偿与行政补偿、行政赔偿存在诸多的差异，但是在政府责任的框架下仍有相互

---

[1] 张成福："责任政府论"，载《中国人民大学学报》2000年第2期。

[2]《宪法》第26条第1款规定："国家保护和改善生活环境和生态环境，防治污染和其他公害。"这被认为是政府环境保护职责的宪法根据。

[3]《环境保护法》第6条第2款规定："地方各级人民政府应当对本行政区域的环境质量负责。"第10条规定："国务院环境保护主管部门，对全国环境保护工作实施统一监督管理；县级以上地方人民政府环境保护主管部门，对本行政区域环境保护工作实施统一监督管理。县级以上人民政府有关部门和军队环境保护部门，依照有关法律的规定对资源保护和污染防治等环境保护工作实施监督管理。"

借鉴、共同完善政府责任体系的理论空间。一方面，环境损害特别是特定主体遭受的严重环境损害属于环境问题恶化背景下特定主体遭受的超过一般人的特别损失，这符合政府提供补偿或者赔偿的一般条件。另一方面，从主体上看，环境损害的政府补偿、行政补偿和行政赔偿都指向政府行政机关的责任，与政府行政机关履行职责的行为密切相关，在主体和法律关系上的一致性可以构成相互借鉴的必要基础。

因此可以说，尽管环境损害的政府补偿责任制度还存在一些理论障碍，但从本质上看都不是无法逾越的，在实践中难以推行的真正困难在于法律对相关问题没有明确的规定。不管是行政补偿还是行政赔偿，除了理论上的论证和支持之外，在实践中运行的基本前提是法律的明确规定。因此，对于环境损害政府补偿责任来说，也需要在充分理论论证的基础上通过立法加以明确规定。前者是本书要完成的任务，后者需要各方面的推动，助力生态文明建设中的法律制度发展和完善。

（二）环境损害政府补偿责任的定性

至此，在研究政府责任扩张的基本理论的前提下，在分析环境损害的政府补偿现实案例，比较相关的行政补偿和行政赔偿制度的基础上，在设计环境损害的政府补偿制度的过程中应当坚持以下几点：

第一，环境损害的政府补偿责任由政府行政机关承担。从性质上说，行政补偿、行政赔偿本质上都是国家责任，环境损害的政府补偿责任也不例外，是由政府代表国家承担的一种责任。之所以强调由政府行政机关承担，是基于政府的环境管理行为与环境损害后果之间具有一定的相关性，可以认为环境损害是政府行政管理职责履行不当的后果，与其他机关和职责没有必然联系。而且从实际操作来看，由政府行政机关即各级人民政府或者政府部门承担补偿责任也具有管理上和专业上的优势。在此仍然使用政府补偿的概念，一方面是与既有的环境损害补偿案例相一致，另一方面也是避免与传统的行政补偿、行政赔偿概念相混淆。

第二，环境损害的政府补偿责任是补偿性责任。强调其补偿性意在淡化其责难性，也就是说，即使环境损害后果与政府的职责履行不当甚至违法有一定的关联，但是确定政府补偿责任的目的主要也不在于对政府行为的责难，而在于对受害人所受损害的补偿。这一方面是考虑到政府职责履行不当与环境损害后果之间往往只具有间接的关系；另一方面是因为制度的目标是解决严重环境损害救济不足的问题。

第三，环境损害的政府补偿责任是法律责任。当前实践中政府对于环境损害的补偿采取模糊化处理，甚至有意回避其法律责任属性，这不仅不利于环境损害的救济更不利于环境保护工作的推进，也在补偿资金来源等方面给政府制造了难题。从合法权益保护的需要和社会运行规范化的角度来看，都应当将环境损害的政府补偿责任确定为一种法律责任，明确其边界、标准、条件和程序等内容，在保护受害人权益的同时规范政府的行为，减少社会争议、避免激化社会矛盾。

总之，应当将环境损害的政府补偿责任定性为由政府行政机关承担的补偿性法律责任，并以此为目标完善其理论基础和制度设计。

第二节　环境损害政府补偿责任的法理依据

一、政府责任承担的原则

政府承担环境损害的补偿责任既有现实需要又有理论可能，

但是在法律上确认和界定环境损害的政府补偿责任还是需要分析其理论基础，首要的是考察政府承担责任的一般原则，并将其作为确定环境损害的政府补偿责任的基本指导。

一般来说，责任是指在一定条件下主体所应尽的义务或者因违反义务而应承担的一定的否定性后果。关于法律责任的概念有各种不同的学说。义务说把法律责任定义为某种义务，即由于侵犯法定权利或违反法定义务而引起的，由专门国家机关认定并归结于法律关系的有责主体的，带有直接强制性的义务，亦即由于违反第一性法定义务而招致的第二性义务。[1]处罚说把法律责任定义为处罚或者制裁，"法律责任的概念是与法律义务相关联的，一个人在法律上对一定行为负责，或者他在此承担法律责任，意思就是，如果作相反的行为，他应受制裁"。[2]后果说认为法律责任是某种不利后果，即违法者因其违法行为而必须承担的不利后果。总之，法律责任作为一种以强制力保障的权利救济机制，其正当性基础可以从不法行为的性质中得以解释。[3]

政府承担的法律责任理论上包括公法责任和私法责任，前者是政府作为行政主体所可能承担的行政法律责任，又称行政责任。后者是政府作为民事主体参与民事活动所可能承担的民事法律责任。环境损害涉及的政府责任主要与政府的环境管理活动相关，性质上以行政责任为主。广义的行政责任是指行政法律关系主体按照行政法律规范的要求在具体的行政法律关系

---

〔1〕　参见张文显：《法学基本范畴研究》，中国政法大学出版社1993年版，第187页。

〔2〕　〔奥〕凯尔森：《法与国家的一般理论》，沈宗灵译，中国大百科全书出版社1996年版，第73页。

〔3〕　参见余军、朱新力："法律责任概念的形式构造"，载《法学研究》2010年第4期。

中所应承担的义务，它包括两方面的内容：一是指行政法律关系主体必须依法进行一定的作为或者不作为；二是指行政法律关系主体由于没有履行或者没有正确履行其应履行的义务而引起一定的否定性法律后果。狭义的行政责任是指行政法律关系主体因违反行政法律规范所规定义务而引起的，依法必须承担的法律责任，即行政违法以及部分行政不当所引起的否定性的法律后果。[1]通常所谓的行政责任是指狭义的行政责任。

从关于法律责任和行政法律责任的一般概念来看，政府承担法律责任需要遵从一些基本的原则，这些原则也是确定环境损害的政府补偿责任时应当遵从的。

第一，政府承担法律责任通常以不法行为为条件。关于法律责任的概念基本上都包括了以不法行为为条件的内涵，义务说认为法律责任是"侵犯法定权利或违反法定义务而引起的"，处罚说认为法律责任是不遵守法律规定，"作出相反的行为"所应当受到的处罚，后果说更是将法律责任直接界定为"违法者因其违法行为而必须承担的不利后果"，这都包含了法律责任以责任者不法行为为条件的含义。因此，政府承担法律责任也应当以政府为不法行为为前提。

从广义上理解的法律责任包括主体依照法律所应尽的义务，行政法律责任包括"行政法律关系主体必须依法进行一定的作为或者不作为"，行政补偿就是基于合法行为的政府对特定受害人的补偿责任。这样至少从形式上看，政府承担的行政补偿责任并不以不法行为为前提，而是政府合法行为导致的效果。另外还有社会保障领域的政府给付行为，也与行政补偿类似不以不法行为为前提，只要出现社会保障法律规定的情形政府都有提供社会保障包括一定的经济给付的义务。这一问题可以从两个方面来理解：一是将其看作法定义务，这也是关于行政补偿性质的理论学说之一。法定义务是法律直接规定的义务，与违反法律义务导致的法律责任相区别，本质上不是法律责任。二是将对个人权益的保护不当本身看作不法行为，即政府本身负有保护公共利益、保障个人权益的义务，即使为了维护公共利益或者其他目的损害了特定人的合法权益，其行为本质上并不符合法律的目的，从而具有一定意义上的不法性，因此政府的行政补偿责任也可以看作是一种法律责任。后者强调法律责任的违法性前提，而前者转而强调政府法律责任的法定属性。

　　第二，政府承担法律责任须以法律为依据。不管是广义的还是狭义的法律责任，都需要以法律为依据，在成文法国家就是以制定法为依据。在民事领域，法律责任的范围和形式等也具有任意属性而在很大程度上依赖于法官的自由裁量。但是在行政领域，法律责任需要以明确的法律规定为依据，行政法律规范所规定的责任和义务的方式及内容，是追究行政责任的根据；不仅行政责任的方式须为法律规定所确认，而且行政责任的内容也必须为法律规范所确认。没有法律规范对责任内容的规定，责任的承担也将成为一个难题。[1]特别是政府承担的行政法律责任必须严格依照法律规定，行政法律要对行政机关规定严格而明确的行政职责，并且在履行职责不当的情形下才承担相应的法律责任，行政行为明显不当也属于违法。[2]我国《行政诉讼法》等法律法规对行政主体承担法律责任的情形作出了比较明确的规定。

----

　　[1]　参见罗豪才、湛中乐主编：《行政法学》（第4版），北京大学出版社2016年版，第346～367页。
　　[2]　参见何海波："论行政行为'明显不当'"，载《法学研究》2016年第3期。

　　行政补偿和行政赔偿需要政府的财政资金支出，事关财政资金使用的正当性并对当事人的权益有直接的影响，因此更应当以法律的明确规定为依据。否则，即使出现从法理上应当补偿或者赔偿的情形，也不能随意以政府财政资金给当事人以赔偿或者补偿。现实中环境损害的政府补偿之所以出现巨大争议，与上述法理上的共识不无关系。[1]

　　总之，政府承担的法律责任是一种不利后果，意味着对政府行为某种程度的否定甚至责难。因此原则上，政府承担法律责任须以履行职责不合法或者不适当为前提，并且须给予法律的明确规定。环境损害的政府补偿责任也应当坚持确认政府法律责任的一般原则。

二、政府承担环境损害补偿责任的事实条件

　　从已有的环境损害政府补偿实践来看，政府针对群体性环境事件中遭受严重损害的受害人给予一定的经济或者其他方式的补偿，说明政府在其中负有明确的环境责任，是政治合法性、宪法义务以及公民环境权的内在要求。[2]分析其中的事实因素，可以发现政府承担环境损害补偿责任的事实条件。

　　表面上看，实践中获得政府补偿的都是重大环境事件中的受害人，从人数上看往往具有群体性特征。那么群体性环境事件是否是政府承担补偿责任的条件？或者说政府应当甚至只应当对群体性环境事件中遭受严重损害的受害人进行补偿？从法律责任的公平性要求来看，群体性不应当是政府是否承担损害

---

　　[1]　当然，现实中对环境损害进行补偿的案例中，资金来源多种多样，有通过政府的紧急事件处置经费、国有企业或者相关企业出资或者其他变相补偿等渠道。
　　[2]　参见刘刚、李德刚："环境群体性事件治理过程中政府环境责任分析"，载《学术交流》2016年第9期。

补偿责任的一个关键指标。实践中环境损害政府补偿多发生于重大环境事件中，其原因主要是重大环境事件本身就是或者容易引发群体性事件，而对于群体性事件的处置直接关系到政府的社会公信力和政治合法性，因此在处置中迫于社会压力在法律没有规定环境损害的政府补偿责任的情况下给予补偿，而对其他环境污染和破坏事件中个别受害人的补偿就没有这种社会紧迫性。因此，重大和群体性环境事件并不是政府承担环境损害补偿责任的条件，实践中的补偿案例毋宁说是法律制度不健全情况下政府出于社会压力的政治性选择，而非基于法律的处置措施，在这个意义上，已经发生的环境损害政府补偿案例在合法性上是存在问题的。

从政府承担法律责任的一般原则出发，结合环境损害政府补偿的现实需要和实践情况，可以将政府承担环境损害补偿责任的事实条件归结为以下两个方面：

（一）特别损害是政府承担环境损害补偿责任的事实前提

从理论根据上看，不管是行政补偿还是行政赔偿都强调受害人所受的特别损害是补偿或者赔偿的前提。特别牺牲说是行政补偿理论根据的通说，最早起源于德国。特别牺牲说认为国家对公民财产权的干预，无论其形态是否为财产权的剥夺，抑或财产权利用的限制，财产权人的牺牲程度如与他人所受限制相比，显失公平且无期待可能性者，即构成征收征用，国家应予补偿。[1]关于国家赔偿包括行政赔偿的理论依据也有类似的特别牺牲说，[2]即行政机关的行为可能对公民的权益造成某种损害，但是理论上说政府的所有活动都是为了公共利益而实施

---

〔1〕　参见翁岳生编：《行政法》（下），中国法制出版社2009年版，第1725页。

〔2〕　参见罗豪才、湛中乐主编：《行政法学》（第4版），北京大学出版社2016年版，第369页。

的，损害结果应当由社会全体公民分担，如果特定受害人的损害超过了普通公众所受的损害，即受害人承受了额外的负担，那么为了恢复公众与受害人之间的平等关系，国家应当用税收填补特别受害人的损失。[1]在此强调其损害性质将其称为特别损害。

环境损害的特别损害属性是政府承担补偿责任的直接原因。环境损害的受害者事实上为社会经济发展承担了特别成本，政府对其进行补偿也是保护公民权利的基本要求。社会运行过程中，成本应当公平地分担，仅仅是特定主体承担的特别损失应当给予补偿，这一观念集中体现在土地征收补偿等制度中，在行政赔偿制度中也有反映。总体上看，环境污染是社会生产过程的副产品，环境污染和破坏在一定程度上具有社会价值性，[2]是为了社会公共利益从事生产的结果，因此社会成员都在一定程度上承担了某种环境损害，具有普遍性的是环境质量的下降，例如大范围的雾霾天气等，但如果环境损害的受害者承担了超过普遍社会成本的特别牺牲，即使其损害不是政府的违法行为直接造成的，由政府代表全社会对这一特别损失进行补偿也具有正当性，符合政府承担法律责任的一般原则。

因此，不同于政府提供的福利保障等给付义务，环境损害的政府补偿责任一方面并非对某类群体的普遍性给付，另一方面以受害人遭到超过一般损害的严重环境损害为前提。特别是后者决定了政府的环境损害补偿责任应以损害赔偿制度为参照，作为行政赔偿的特殊形式来纳入法律体系，以完成受害人所受的特别牺牲的填补。从法理上讲，如果是公众普遍遭受的轻微损害，应当属于容忍义务的范畴，不应当进入法律程序进行处

---

〔1〕 参见王名扬：《法国行政法》，中国政法大学出版社1988年版，第711页。
〔2〕 参见王明远：《环境侵权救济法律制度》，中国法制出版社2001年版，第28页。

理，所谓"微不足道的案件不得提起诉讼"。[1]

（二）违法性是政府承担环境损害补偿责任的根本原因

一般来说，损害填补责任的条件包括损害的现实性和原因行为的可归责性，对于已经现实存在的环境损害，政府是否应当承担补偿责任的关键在于其行为的可归责性。相对于侵权损害赔偿、国家赔偿以及征收补偿等制度，环境损害的政府补偿责任也需要从违法性角度分析其可归责性。违法性通常被认为是承担法律责任的前提条件，环境损害往往与政府的职责履行不当相关，在此意义上相关政府行为具有违法性。

具体来说，在环境损害中政府行为的违法性以政府的环境管理职责为前提。环境问题成为一个比较严重的社会问题出现之后，多数国家的宪法和环境保护制定法都明确了国家的环境保护义务。据统计，已有 105 个国家在宪法中纳入环境基本国策条款，明确国家在环境保护上的责任。[2]进而，政府应当承担的环境保护管理职责也越来越明确和具体化，我国《环境保护法》不仅明确了地方政府对于地方环境质量负责的一般环境管理职责，更在具体的环境管理制度和其他环境单行法中规定了一系列的具体环境管理职责，例如排污许可、环境影响评价以及特定污染物的总量控制等。从表现形式来看，与环境损害有关的政府违法包括政府不作为违法和政府作为违法。

政府违法不作为是导致环境损害的重要原因。一般认为，行政不作为是指行政主体负有某种法定的作为义务，并且具有作为的可能性而在程序上逾期有所不作为的行为。行政不作为

---

〔1〕　参见［英］保罗·维诺格拉多夫：《中世纪欧洲的罗马法》，钟云龙译，中国政法大学出版社 2010 年版，第 56 页。

〔2〕　参见蔡守秋："从环境权到国家环境保护义务和环境公益诉讼"，载《现代法学》2013 年第 6 期。

的构成应当包括作为义务的存在、作为之可能性和程序上的逾期不为等三个特殊要件。就环境管理而言，一方面，政府的环境管理职责是在环境法律法规中明确的，如果在特定条件下未履行相应的环境管理职责，即属于违法不作为。另一方面，政府负有对地方环境质量负责的一般职责，如果最终出现了严重的环境污染和破坏，即使没有违反具体的环境管理法律法规的相关规定，但是维护环境质量的失职本身也是一种违法的不作为。另外，还存在形式上作为实质上不作为的行政行为，[1]具备以下构成要件：首先，行政主体负有法定义务，这是该行为的前提条件；其次，行政主体在形式上已经有作为表现，这是该行为的形式表现，也是区别一般行政不作为的特征所在；最后，行政主体在实质上并没有达成法定的目标，且这种未达成是行政主体具有达成的可能性而由于其主观上的原因所造成的，这是该行为的核心要件，也是该行为区别于行政作为的特征所在。现实中，也存在政府实施了环境管理行为，但是仍未真正控制企业的环境污染和破坏的情形，如果政府是可以制止但最终未制止，仍然在实质上属于不作为违法，这也是出现严重的环境损害后果是政府承担补偿责任的原因所在。类似的如"毒奶粉事件""矿难事件"等，即使有关行政机关查处了却没有执行到底而最终导致了悲剧的发生，则应当追究行政机关因形式作为而实质的不作为而产生的违法责任。这样可以有效解决政府是否应当为某些看似当由企业自身承担责任的行为"买单"的问题。[2]当然，行政主体不履行法定义务只有在其主观意志

---

〔1〕 参见黄学贤："形式作为而实质不作为行政行为探讨——行政不作为的新视角"，载《中国法学》2009年第5期。

〔2〕 参见黄学贤："形式作为而实质不作为行政行为探讨——行政不作为的新视角"，载《中国法学》2009年第5期。

能力范围内，才具有法律评判的意义。[1]理论上，如果客观原因导致的行政管理职责未履行则构成行政不能，即行政主体因不可归责于己的客观原因不能履行或不能完全履行法定作为义务的行为状态。行政不能除具备行政行为的一般特征外，还具有非意志性、原因客观性、违法阻却性、不可归责性等特征。行政不能与行政失职实为行政不作为的两种不同表现形式，二者相区别的关键就在于产生的原因不同，二者相区别的另一方面就是行政失职是违法行为，而行政不能依现行行政法不构成违法。[2]但是，如果从政府的环境质量责任制的角度，即使在某种程度上出于行政不能的不作为导致的严重环境损害，政府在概括的意义上仍负有一定的责任。总体上讲，行政不作为应当承担某种形式的赔偿责任已经得到广泛认可。[3]《日本公害法》上也确认了政府"无所作为赔偿制度"，由政府支付受害人的损失并纳入预算制度。[4]

政府违法的常见形式是违法作为，即违反行政法律法规的规定作出行政行为。当前对于环境违法的关注主要在于企业的违法，但是事实上企业环境违法往往与政府的违法行政相关联，除了政府不作为导致的企业未经审批违法排污等行为之外，政府的违法审批等行为必然导致环境污染和破坏行为在实质上也是违法的。例如，违反规划批准工业项目建设、违反许可条件

〔1〕　胡建淼主编：《行政行为基本范畴研究》，浙江大学出版社 2005 年版，第151 页。

〔2〕　参见王淑玲、王春云、徐庆来："论行政不能"，载《山东审判》2003 年第 4 期。

〔3〕　参见高辰年："论行政不作为的赔偿责任"，载《行政法学研究》2000 年第 4 期。

〔4〕　参见［日］桥本道夫：《日本环保行政亲历记》，冯叶译，中信出版社 2007 年版，第 138 页。

批准企业的排污许可申请等，都是现实中常见的政府违法情形，很多造成严重环境损害后果的环境污染和破坏都是违法批准的建设项目或者排污许可造成的。政府违法应当承担相应的法律责任，通常情况下是承担相应的行政责任，诸如撤销违法行为等。由于政府违法作为导致环境损害是间接的，即经违法批准的企业污染和破坏行为才是造成环境损害后果的直接原因，因此传统上政府并不直接对受害人承担补偿或者赔偿性责任。即在政府违法作为导致企业污染和破坏环境造成损害的情形，首先应当按照侵权法追究排污者的损害赔偿责任，其次应当按照行政法追究政府违法行政的责任，但在政府责任日渐扩张的背景下，基于政府违法作为与环境损害后果之间的联系，理论和实践中也逐渐承认政府为环境损害提供补充性救济的责任。[1]

还有一种特殊情况是，在政府严格的监督和管理之下的合法排污仍然造成了环境损害。基于人类对于环境损害形成机理并没有全面的、确定的知识，因此即使相对严格的环境监督和管理仍无法完全避免环境风险。从本质上看，一些活动的收益与风险是交织在一起的，因此存在风险的可接受性问题，[2]风险和损害是获得某有益的技术或者活动的合理代价，环境风险和损害在某种程度上就是如此。同时，对经济发展和物质财富的追求可能导致对于环境风险的管控标准不适当地降低，并将降低后的环境监督和管理标准通过立法体现出来。这样，即使政府在执行法律的时候已经尽职尽责，最终仍然可能出现环境损害甚至是严重的环境损害。在这种情况下，就很难在一般的

---

〔1〕 参见 ［日］黑川哲志：《环境行政的法理与方法》，肖军译，中国法制出版社 2008 年版，第 240 页。

〔2〕 参见 ［美］珍妮·X. 卡斯帕森、罗杰·E. 卡斯帕森编著：《风险的社会视野（下）风险分析、合作以及风险全球化》，李楠、何欢译，中国劳动社会保障出版社 2010 年版，第 4 页。

法律规则之下将政府的行为界定为违法。如果按照环境质量的地方政府责任制，倒可以从结果主义的意义上认为政府违法，或者只能从环境质量责任制的要求直接规定政府的相应义务。

总之，环境损害是社会所不期待出现的不利后果，由政府承担一定的补偿责任是基于政府违法作为或者不作为与环境损害后果之间的某种联系。因此，即使政府不存在明显的违反环境监督和管理义务的行为，仍需在环境质量的地方政府负责制的意义上探讨政府行为的违法性。当然从实践情况看，严重的环境损害几乎必然伴随着政府违法作为或者不作为。甚至有学者认为，环境监管失职致害应该承担国家赔偿责任，因为国家负有环境污染侵害危险防止责任，因环境监督管理部门不履行或不适当履行监督管理职责致使普通民众的生命、身体健康等重大权益遭受损害，国家应当承担相应的赔偿责任。[1]但是从环境损害与政府行为的关系来看，其补偿责任应当不同于行政赔偿；也不同于行政征收的基于政府合法行为的补偿，因为征收对特定人造成的损害是政府为了社会公共利益的目标所有意追求的。

三、政府承担环境损害补偿责任的法律条件

在存在需补偿的环境损害和政府违法事实的条件下，是否应由政府承担法律上的补偿责任还需要从法律方面创设条件。从根本上说，由于环境损害的政府补偿涉及事实的复杂性，以及政府责任承担需要公共财政支出的原因，政府的环境损害补偿责任应当以法律的明确规定为前提。同时，法律规定政府的环境损害补偿责任也不能仅凭环境损害事实和政府违法的事实，也需要二者之间存在一定的因果联系。

---

〔1〕 参见贺思源、刘士国："论环境监管失职致害的国家赔偿责任"，载《河北法学》2013 年第 12 期。

（一）因果关系的法律判断

因果关系是认定法律责任的基础要素，在侵权责任和刑事责任领域尤其如此。行政责任多可根据法律规定直接认定，但在行政赔偿领域仍需参考侵权责任的因果关系建立行政违法行为与特定损害后果之间的联系，行政赔偿才具有法理上的说服力，环境损害的政府补偿在因果关系问题上也应当遵循这一思路。

因果关系问题是法律领域中一个甚为复杂的问题，理论上虽然对这个问题进行了很多的讨论，但是至今仍未形成较为一致的意见。学术界对于法律领域中因果关系问题的研究，较为注重因果关系认定标准的分析，相对忽视因果关系本体的分析，甚至有很多学者反对在法律因果关系研究领域进行过多的哲学纠缠。[1]这就导致了法律因果关系理论的混乱，并在一定程度上构成了法律责任追求的障碍，这一点在环境侵权领域有比较集中的体现。

环境损害的政府补偿并不要求政府违法行为与环境损害后果之间存在直接的因果关系，但是两者之间的关联是其承担补偿责任的必要条件。虽然环境损害的后果通常不是直接由政府行为导致，但政府违法行为是导致环境损害的间接原因。从因果关系的角度讲，政府的不履行职责或者不当履行职责间接导致了环境损害后果；反过来讲，没有政府的违法行为，严重的污染损害多数是可以避免的。而政府的职责在于维护公共利益，因此在某种意义上，当需要严格的环境监督管理时政府的缺位比违法排污更应当受到责难，出现严重环境污染事件时社会公众对政府的不满情绪即是明证。因此，基于政府环境监督管理

---

〔1〕 参见孙晓东："因果关系的法哲学探讨"，载《山东师范大学学报（人文社会科学版）》2009年第5期。

职责的不履行或者不恰当履行，由政府对损害后果承担一定责任具有正当性。

法律上认定因果关系有条件说、原因说、相当因果关系说、法规目的说、客观归责理论等不同的理论学说。其中条件说和法规目的说对于确定政府的环境损害补偿责任具有重要的参考意义。因果关系的条件说认为凡是对于损害结果的发生起重要作用的条件，都是该损害结果法律上的原因，一切条件对结果事实的发生都是一样的，不必进行主要条件和次要条件的区分，只要是条件都是平等的、等价的。[1]政府违法作为或者不作为是环境损害结果发生的条件，企业的环境污染和破坏行为才是环境损害结果发生的直接原因。因此，政府违法作为或者不作为与环境损害后果之间的因果关系依据条件说方可建立，构成政府承担环境损害补偿责任的基础。因果关系的法规目的说是指侵权人对于其行为导致的损害是否承担责任，不仅要考虑因果关系，而且要考量应适用法规所要保护的权利范围。[2]环境损害的政府补偿责任的根本依据在于政府对于公民基本权利的保护义务，因此环境损害所侵害的权利的性质和范围是衡量政府是否承担补偿责任的重要因素。从保护目的的角度来界定政府违法作为或者不作为的当责性，是理论上和立法中确定政府环境损害补偿责任的基本立场。

（二）补偿责任的法律规定

政府承担环境损害补偿责任应当以法律的明确规定为前提，没有法律或者行政法规的明确规定，政府不承担环境损害的补

---

〔1〕　参见方明："论我国侵权法因果关系理论的构建"，载《山东社会科学》2011 年第 12 期。

〔2〕　参见方明："论我国侵权法因果关系理论的构建"，载《山东社会科学》2011 年第 12 期。

偿责任。当前实践中政府事实上承担的环境损害补偿责任，需要纳入法律明确规定而成为法定的补偿责任，否则除了能够根据紧急事件应对等法律给予的补偿之外，不应当再对环境损害的受害人予以政府补偿，以消除政府违法的嫌疑。

第一，法律规定是政府承担法律责任的前提，也应当是其承担环境损害补偿责任的前提。政府公权力的行使必须依法，"法无规定不可为"，法律规定政府应当履行的责任为政府职责。政府职责是各级人民政府依据宪法、法律和法规的规定，应当依法履行的法定义务。表现在政府的行为模式上，即为政府"应当做什么""不应当做什么"，法定性是其基本特征之一。[1]环境损害的政府补偿是公权力行使的一种方式，而且直接涉及公共财政资金的支出，应当严格加以限制，非依法不得进行。这里所谓的法律，原则上应当是全国人大制定的法律或者国务院制定的行政法规。地方立法在地方政府职权职责上可以在上位法规定的基础上作出具体规定，并且地方人大对于地方财政预算具有决定权，因此理论上地方立法可以规定环境损害的政府补偿责任，但是实践中地方立法更强调上位法依据，因此对于扩张政府责任的规定持谨慎态度。因此，确认环境损害政府补偿责任的方式应当是法律或者行政法规的明确规定。

当然从立法技术上看，法律和行政法规可以仅对环境损害的政府补偿规定基本规则，即政府承担环境损害补偿责任的基本条件和补偿程序等，具体的补偿条件、补偿标准、申请和给付程序等可以通过地方立法包括地方政府的规章来规定。通过法律、法规和规章体系，最终明确环境损害补偿为政府应当承担的法定职责，才可以形成可操作的环境损害政府补偿责任制度。

---

〔1〕 参见黄惟勤："政府职责的概念、特征及分类"，载《法学论坛》2010年第3期。

　　第二，法律规定是确定环境损害政府补偿之边界的技术途径。理论上确认政府的环境损害补偿责任还需要转化为实践中可操作的制度，但是不管是作为补偿事实前提的特别损害的认定还是政府违法的认定，都不是仅凭理论的推演就可以完成的。在民事侵权赔偿领域，最终的赔偿范围、标准和数额等可以在法律规定的框架下经过双方当事人的对抗、从权益平衡的角度经由司法上的自由裁量权加以确定，但是政府补偿责任的承担实质上是公共利益与私人利益之间的平衡，不存在平等对抗的基础也就很难经由司法途径获得有说服力的处理结果，因此在法律上明确政府环境损害补偿的范围、标准等就成为必要。事实上，民事侵权赔偿的范围和标准也逐渐纳入成文法律，比如有关死亡赔偿标准等规则都已经成文化。在行政补偿领域，法定化也是解决操作标准不明的基本途径。不予补偿的财产权限制和应予补偿的财产权限制的区别在于，该限制是否达到了特别牺牲的程度，但其界限并不清楚。为了避免界限的模糊，该问题宜交由立法者决定，换言之，关于因财产权限制的补偿，原则上应有法律上的依据，始得为之。[1]

　　由此来观察实践中政府实际承担的环境损害补偿责任，其合法性存在严重问题。如果环境损害政府补偿的社会需要存在，其解决途径就应当是纳入法律轨道，通过立法明确政府环境损害补偿责任制度。

第三节　环境损害政府补偿责任的性质

　　在明确环境损害的政府补偿责任为法律责任的前提下，对于其具体的法律性质仍有进一步探讨的必要。环境损害政府补

---

　　[1]　参见翁岳生编：《行政法》（下），中国法制出版社 2009 年版，第 1809 页。

偿责任理论研究的目标是确定其制度框架，包括政府补偿责任
的确认、范围、条件和程序等基本问题。除了政府补偿责任的
确认是前提性问题需要更深入的理论探讨和实践分析之外，其
他关于政府补偿责任的范围、条件和程序等都与其法律性质密
切相关，或者只有把握环境损害政府补偿责任的法律性质，才
能设计合理的政府补偿责任范围、条件和程序等规则。

一、环境损害政府补偿责任的定性

法律责任本身不是一个容易把握的概念，其性质更是存在
不同的认识和分析视角。

第一，法律责任通常被认为是对违法行为的惩罚性措施，
但随着严格责任的出现其惩罚性减弱而出于利益和功利考虑的
补偿性日益受到重视。惩罚性重在对违法者的责难，是对其行
为和过错的事后否定性评价，以减损其利益的方式来实现，包
括对其人身自由的限制、财产的剥夺等具体方式。而补偿性重
在对受害者利益的补偿，虽然从客观效果看也包括了对违法者
的惩罚例如财产利益的减损，但是其目标并不主要关注违法者
而是更多关注受害者的利益。在对惩罚性和补偿性等法律责任
现象进行反思的基础上，有学者指出了研究法律责任合理性的
重要意义。法律责任的合理性包括价值合理性与工具合理性两
个不可分割的方面，价值合理性在于其蕴涵并实现了正义与利
益、惩罚与补偿的价值目标；工具合理性在于其选择了理性的
归责原则作为达到价值合理性的工具，即体现正义与道义性惩
罚的过错责任原则和体现利益与功利性补偿的严格责任原
则。[1]

---

〔1〕 参见龚向和："论法律责任的合理性"，载《法律科学（西北政法大学学
报）》1998 年第 6 期。

第二，根据法律部门的不同可以把法律责任划分为民事责任、行政责任和刑事责任，其中刑事责任是最严厉的法律惩罚手段，在更大程度上可以与民事责任和行政责任相区隔，虽然在金钱罚和人身自由罚等形式上也存在某种程度的交叉和重合。民事责任和行政责任在公私法融合的大背景下逐渐交织在一起，行政赔偿制度在很大程度上沿袭了民事侵权赔偿制度的理论。但是，即使行政补偿和行政赔偿制度在形式上与侵权赔偿类似，也不应当忽视其行政权力运行的基本特征，行政补偿责任和赔偿责任一方面以一定的行政行为为基础，另一方面其本身也构成政府的一项职责，即在符合法定条件时对于特定的受害人予以一定经济给付的职责。

第三，根据因果联系的不同可以把法律责任区分为直接责任和间接责任。在侵权赔偿、行政赔偿等情形中，责任人由于自己行为导致受害人的损害，根据法律应当承担对受害人的补偿或者赔偿责任以责任人与受害人之间的直接联系为基础，涉及的法律关系相对比较简单，可以理解为直接责任。而在责任人由于其他人的行为导致受害人的损害，责任人因为与行为人的某种联系而承担一定责任的，其中涉及多个主体和双重甚至多重法律关系，责任人承担的法律责任可以理解为间接责任。法律责任以直接责任人的承担为原则，间接的责任人由于其行为与损害结果之间联系的弱化等原因存在责任追究的困难，但是第三人责任等也突破了直接责任的一般原则。

从法律责任的上述基本性质和特征出发，分析环境损害的政府补偿责任，可以发现其明显的补偿性、职责性和替代性特征。补偿性即针对环境损害的填补，虽然未必是完全填补但是具有一定的填补功能；职责性即环境损害补偿是政府的一项职责，需要按照政府公权力的运行逻辑进行设计；替代性即政府的环境损害补偿责任是对直接责任人责任的替代，是基于救济受害人考虑的权宜之计，决定了政府的环境损害补偿责任与直接责任人的赔偿责任之间的关系。

二、政府补偿责任的补偿性

环境损害的政府补偿责任虽以政府环境监督管理上的失职或者失当为前提，但毕竟政府行为不同于具有直接违法性的侵权行为，对于损害结果的造成以及对应的责任承担都具有间接性，因此强调其责任的"补偿"性而非赔偿责任，以淡化其惩罚色彩。虽然赔偿和补偿在词意上并无严格区别，但作为法律术语的用法有所区别，赔偿指向违法行为导致的损害，而补偿针对合法行为造成的损失，例如日本法上一般将由侵权行为和债务不履行等违法行为发生的损害的填补叫作"损害赔偿"，而将接受对依据土地收用法的土地收用和根据相邻关系的土地通行那样合法的行为的特别牺牲的填补叫作"损失的补偿"。[1]我国法律上也将合法行政行为导致特定人损害纳入行政补偿制度，例如国有土地上房屋征收补偿，而将政府违法行为导致的特定人损害纳入行政赔偿制度。

将环境损害的政府责任定位为补偿责任，沿用了上述思路，并且基于环境损害的政府补偿责任不是侵权赔偿责任的基本判断。虽然强调政府承担环境损害补偿责任的前提是其履行职责过程中存在违法行为，但是该违法行为并非造成环境损害的直接原因，因此政府并不承担侵权意义上的赔偿责任。环境损害可以通过侵权赔偿获得救济，我国现行环境侵权制度已经提供了基本的救济途径。政府承担的损害补偿责任不同于民法上的

---

〔1〕 参见于敏:《日本侵权行为法》(第2版)，法律出版社2006年版，第21页。

侵权赔偿责任，是对污染导致的特别牺牲的填补，以政府相关行为的违法性为前提，参照但并不严格按照侵权责任的行为违法性、直接因果关系和主观过错要件归责，因此属于不同于侵权赔偿责任的补偿责任。侵权赔偿责任原则上以填补损害为原则，[1]政府补偿责任应当以适当补偿为目标。

　　同时，环境损害的政府补偿责任的补偿性体现在对权利救济本身的关注。在政府已经依法履职但仍出现比较严重的环境污染事故的情形，纯粹从权利的救济需要出发也应当承认政府补偿责任但不具有直接的可责难性；即使存在政府未依法履行职务的情形，由于政府行为只是造成环境损害结果的间接原因，其补偿责任也只具有较低的责难性。事实上，从国家赔偿制度的发展趋势来看，强调国家赔偿的核心不仅仅在于对造成损害的行政主体予以约束和惩戒，更在于以行政法律责任的形式切实有效地保障公民、法人、组织的合法权益。因此，《国家赔偿法》也应当改变目前仅仅依据"违法归责原则"进行国家赔偿的现状，而实施"结果归责原则"，切实体现"有损害就有赔偿"的法律精神。[2]

　　正是顺应国家责任的这一发展趋势，环境损害的政府补偿责任并非重于对政府的责难而是重于对受害者权利的救济，主要目的在于填补环境损害，其次才是对政府违法行为的惩戒和责难。事实上，对于环境损害直接责任人的责任追究也不强调对其行为的苛责，例如德国的环境损害赔偿制度就不强调对污染企业的苛责，旨在通过合理的赔偿金额设置，让企业能够改

---

　　〔1〕　参见曾世雄：《损害赔偿法原理》，中国政法大学出版社 2001 年版，第 14～15 页。

　　〔2〕　参见孙政、齐心："行政法律责任与国家赔偿"，载《理论界》2006 年第7 期。

善生产模式，保证私权益得到及时救济，[1]作为环境损害间接责任人的政府，其承担的补偿责任更是强调其对损害进行补偿的目标和性质。

三、政府补偿责任的职责性

环境损害的政府补偿责任在两个意义上与政府的职责有关，一是政府承担补偿责任的基础是其行政行为具有违法性，并且与环境损害后果有关，也就是说环境损害是政府的环境监督管理职责不履行或者不当履行间接导致的结果；二是政府承担环境损害补偿责任本身在法定化之后，成为政府对环境损害的受害人进行补偿的职责，政府应当在符合条件的情况下依法履行环境损害补偿职责。

因此，环境损害的政府补偿虽然在形式上与环境侵权赔偿类似，但是其本质上仍然属于行政责任，是政府对于职责履行违法所承担的不利后果，在此将其界定为政府补偿责任的职责性。行政职责是指行政主体在行政活动中所必须遵守和履行的法定义务。行政职责的内容主要表现为两个方面：一是完成行政工作中法定任务的义务，二是遵守法律而不违法的义务。[2]行政职责不履行或者不当履行导致行政主体承担行政责任，即使形式上有民事侵权赔偿的一些特征，实质上也须遵循行政法的基本原则和行政法律责任的一般规则。在这个意义上，虽然补偿性的定位不强调环境损害政府补偿责任的责难性，即较少甚至不对承担补偿责任的政府进行道义上的谴责或者法律上的

---

〔1〕 参见周龙："德国环境损害赔偿法律制度研究及对中国立法的启示"，载《环境科学与管理》2017 年第 2 期。

〔2〕 参见王连昌、马怀德：《行政法学》，中国政法大学出版社 2002 年版，第 72~73 页。

非难。但是，政府补偿责任的成立仍然与政府职责的不履行或者不当履行存在一定关联，因此仍属于否定性评价的表现，这与一般的行政补偿责任存在区别。

更进一步讲，环境损害的政府补偿责任上升为法律的明确规定后，就又成为政府在相应的行政活动中所必须遵守和履行的法定义务，是为环境损害的政府补偿职责，也是政府补偿责任职责性的表现形式。按照行政职责的一般理论，政府承担环境损害补偿的职责一方面要完成环境损害补偿工作中政府的法定义务，包括对于环境损害的认定、补偿标准和金额的确定等，另一方面要确保在这个过程中遵守法律规定、合理行使自由裁量权，否则要承担相应的行政责任。

四、政府补偿责任的替代性

环境损害的政府补偿并非对政府行为造成的后果的直接责任，而是对企业环境污染或者破坏行为的替代性责任，因此说政府补偿责任具有替代性。即在出现环境损害后果时，按照侵权救济的思路，应由环境污染或者破坏者承担侵权赔偿责任，政府仅在直接责任者不能承担赔偿责任，受害人又确有救济的必要时方承担一定的补偿责任，属于间接责任和对直接责任人的替代。

虽然由于政府的违法作为或者不作为与环境损害之间存在的联系，环境损害无法获得侵权救济对于受害人权利保护的缺陷等原因使政府的补偿责任成为必要，但其定位仍应当后于侵权赔偿责任，是在侵权赔偿不能为环境损害提供基本救济的情形下的"补充性"[1]措施，或者说是侵权赔偿责任不能实现情

---

〔1〕　参见［日］黑川哲志：《环境行政的法理与方法》，肖军译，中国法制出版社 2008 年版，第 240 页。

形下的替代责任，即代替污染者承担的责任。

第一，环境损害政府补偿责任的承担以侵权赔偿不能实现权利救济为前提。环境损害是环境污染和破坏的结果，直接实施污染或者破坏的行为人是直接责任人，根据侵权责任的一般规则和环境侵权的特殊规则应当追究其损害赔偿责任。但是环境侵权责任的追究还存在因果关系认定等法律上的困难，也存在直接责任人无力承担赔偿责任、责任人难以认定的事实上的困难，因此现实中总可能出现环境损害无法得到适当救济的情形，这才是政府承担补偿责任的空间。也正是在这个意义上，政府承担的是直接责任人不能承担赔偿时的替代性补偿责任。如果环境损害的受害人已经由直接责任人或者其保险人等提供了基本的赔偿，则政府无承担环境损害补偿责任的必要。

第二，政府环境损害补偿责任的替代性还体现在责任承担之后的追偿权。在环境损害事故发生后，直接责任人难以认定或者无力承担赔偿责任的情形，政府出于对受害人权利救济的紧迫性可以按照既定条件给予受害人补偿。在补偿之后，仍可能出现直接责任人出现或者有能力承担赔偿责任的情形，那么政府可以基于应履行环境损害补偿责任的事实向直接责任人进行追偿，将对环境损害的填补责任转嫁给直接责任人承担。认为环境监管失职应当承担国家赔偿责任的学者也认为，环境监管失职国家赔偿责任较之加害者的民事赔偿责任而言应属补充责任。[1]并且在国家在履行赔偿责任之后，应承认其向直接的加害者追偿的权利。当然，通常直接责任人的赔偿责任范围要大于政府补偿责任的范围，那么直接责任人应当先赔偿受害人获得政府补偿之后仍未获得补救的损害，还是先支付给政府其已

---

〔1〕 参见贺思源、刘士国："论环境监管失职致害的国家赔偿责任"，载《河北法学》2013 年第 12 期。

经付出的补偿部分，还有进一步论证和细化的必要，待后详述。

　　总之，基于政府行为对于环境损害后果之间的间接关系，确认政府的环境损害政府补偿责任更主要是从受害人权利救济的角度考虑，因此其补偿责任以直接责任人事实上未承担赔偿责任为前提，仅在受害人的环境损害无法获得基本救济的情形下承担替代性责任。这是政府环境损害补偿责任的基本定位，影响和决定着政府补偿的范围、条件等规则。

第四章

环境损害政府补偿责任的限度

重大环境损害救济的实现需要使政府承担环境损害补偿责任成为必要，在特定情形下应当确认政府的补偿责任，行政赔偿制度已经提供了先例和基本思路，将环境损害纳入政府补偿的范围也有其法理基础。但是，政府法律责任的范围也不应当无限扩张，而应有明确的界限，特别是需要支付经济成本的补偿责任更应当严格限定，因为从本质上说政府资金是来源于税收的公共资金，其不当支付损害的是公共利益，国家赔偿的范围需要严格限定即基于此。如果仅仅以公民需要救济为理由确认政府的经济性补偿责任，势必损害公共利益。因此，政府的经济性补偿责任应当严格限定在一定范围内，在这个意义上，目前实践中政府对污染受害者的经济补偿本身的合法性就存在疑问。解决的基本思路是，一方面从理论上论证并从立法上确认政府的环境损害补偿责任，另一方面要将政府补偿责任的范围严格进行限定。在此讨论政府环境损害补偿责任限制的必要性、理论基础和具体方法等。

第一节　限制政府补偿责任的理论基础

一、政府责任的有限性

现代社会中，政府的职责主要在于维护公共利益而非维护统治秩序，因此其职责应当限于维护公共利益的范围。政府模式与社会经济基础密切相关，又受到占主流地位的价值观念的影响。[1]我国传统计划经济体制下的全能型政府已经无法适应市场经济建设的需要，有限政府理论逐渐为社会所接受。虽然存在有限政府与有为政府之争，[2]但总体上对政府权力和责任的限制已经达成某种程度的共识，促进发展的"有效政府"[3]"有限有为政府"[4]等概念进入理论视野，并在很大程度上影响着社会实践。

（一）有限有为政府理论

建设有限政府是我国政府改革的目标之一。有限政府理论其逻辑论证路径是从个人权利和自由至上的基本理念出发，经由以权利转让和权力制约的社会契约，谋求建立权力受到严格限制的政府。有限政府实际上是一种试图通过限制国家对社会生活的干预来协调个人权利与政府权力的关系，从而在公民个人自由和政府权力行使之间寻求平衡的政府理论。[5]有限政府论强调政府权力的有限性，受到公民权利的制约并且应当有明确的边界，这是从根本上对古代君主和政府任意权力的否定，与公民权利理论共同奠定了现代社会的基本结构。对政府提出的"法无明文规定不可为"的要求即反映了有限政府的理念，

---

〔1〕　参见石佑启："论有限有为政府的法治维度及其实现路径"，载《南京社会科学》2013 年第 11 期。

〔2〕　参见朱富强："如何保障政府的积极'有为'？——兼评林毅夫'有为政府论'的社会基础"，载《财经研究》2017 年第 3 期。

〔3〕　蒋永甫、谢舜："有限政府、有为政府与有效政府——近代以来西方国家政府理念的演变"，载《学习与探索》2008 年第 5 期。

〔4〕　石佑启："论有限有为政府的法治维度及其实现路径"，载《南京社会科学》2013 年第 11 期。

〔5〕　参见贠杰："有限政府论：思想渊源与现实诉求"，载《政治学研究》2005 年第 1 期。

也就是说，政府的权力应当以法律的明确授权为依据，并且具有不可逾越的边界。

当有限政府理论逐渐发展成"小政府"理念时，就难免因极端化而带来政府对公共事务处理不力的弊端，甚至对于危害社会秩序的行为都可能控制不力。因此，有为政府的概念被提出，其目标并非恢复政府权力的任意性而是扩大政府权力的范围以实现政府对社会公共事务的更强有力的控制，而强调政府"有限"的同时，也要强调政府有为，既要求政府坚决地减少、放弃某些职能，不管其不该管、管不了和管不好的事，又要求政府加强、健全和完善某些职能，管好其应该管、管得了和管得好的事。〔1〕现代意义上的有限政府与有为政府是不可分割的，甚至可以说有限政府本身也涵盖了有为政府意蕴，政府有限不是政府无为的理由，而是要求政府集中精力把该做的事情做好。〔2〕有限有为政府才应当是现代社会政府职能的恰当定位。

在有限政府特别是"小政府"理念的影响下，政府对于环境事务的管理权受到严格限定，相应的政府对环境损害的补偿责任也难以获得支持。但是环境问题的日益严重已经迫使政府采取越来越多的管制措施，承担更多的环境管理职责，践行有限有为政府的理念。因此，政府对环境损害的补偿责任应当被纳入政府责任的范围，同时也不能无限扩大其损害补偿责任，应当在总体上遵循有限有为政府的基本思路。

（二）政府责任的限定性

有限有为政府要求政府承担环境管理职责同时限定职责的

---

〔1〕 参见姜明安："建设'有限'与'有为'的政府"，载《法学家》2004 年第 1 期。

〔2〕 参见石佑启："论有限有为政府的法治维度及其实现路径"，载《南京社会科学》2013 年第 11 期。

范围，整体上考虑就是政府责任的限定性问题。政府责任的限定性本质上与有限有为政府理论一致，但是从责任角度出发的考虑又具有一定的特殊性。

从发展趋势看，受豁免权理论的影响，政府责任特别是赔偿和补偿性是不被法律承认的，至少是受到严格限制的，但是随着对政府定位的变化政府责任也在发生变化，[1]政府的补偿和赔偿责任制度已经确立。同时，政府的补偿和赔偿责任必须建立在有限政府的基础之上，与政府的职责相适应。如果不适当地扩大政府责任的范围，势必陷政府于新的困境之中，例如我国基层政府责任的扩张已经导致了一些问题。[2]法治政府建设就是按照法治化要求建设有限政府和责任政府，[3]有限政府的直接体现是政府权力有限，按照权责一致原则，政府责任也不能是无限的而应具有有限性，政府只有在有限的范围内负好责任，才是真正负责任政府的表现。[4]

通常的环境损害赔偿是指私法上侵权赔偿责任，但是德国法上的环境损害赔偿法律制度不仅包括私法责任也包括公法义务，[5]这代表了政府责任理论逐步向环境保护领域的扩张，政府的环境损害补偿责任应当成为法律上确认的责任；同时也不

---

〔1〕　例如，政府对于地震预报造成的损害承担的责任正在改变原来的最高豁免权。参见［美］赫夫曼："政府对地震预报与灾害减轻造成的损害所负担的责任：比较研究的初步报告（之二）"，张洪由译，载《国际地震动态》1985 年第 2 期。

〔2〕　参见戴威威："基层'无限责任政府'困境及对策——以江苏省如东县岔河镇为例"，复旦大学 2013 年硕士学位论文。

〔3〕　参见陈恩："法治政府：有限政府、责任政府"，载《经济与社会发展》2006 年第 3 期。

〔4〕　参见赵金玲、邓小莉："政府责任有限性诉求"，载《科技资讯》2006 年第 4 期。

〔5〕　参见周龙："德国环境损害赔偿法律制度研究及对中国立法的启示"，载《环境科学与管理》2017 年第 2 期。

能脱离现代社会对有限政府的基本定位无限扩展其损害补偿责任。

二、政府补偿责任的财政基础

上述关于政府责任的一般分析确定了政府承担环境损害责任的限定性思路，至于如何限定或者说限定到何种程度还必须考虑政府的财政能力，以及政府公共财政应当用于公共目的这一条件。政府承担环境损害补偿责任须支付金钱成本，这是以政府财政为基础的。现代社会政府的财政资金是社会的公共财产，其运用应当受到公共目标的制约；同时财政资金总是有限的，而且要运用于教育、社会保障、公共工程以及政府日常开支等多个领域，能够或者应当用于环境损害补偿的资金也应当受到限制。从这个角度来看，政府承担的环境损害补偿责任也应当受到限制。

（一）政府补偿责任以财政能力为基础

财政能力是指一级政府在财政资源方面的运筹能力，包括财政资源的汲取、配置和使用，以及其整个过程中的组织与协调。[1]其中，获取财政收入是财政能力的基础，决定着直观体现财政能力的财政支付能力。

经济的快速发展极大提高了我国各级政府的财政能力，首先体现为政府财政收入的快速增长。2016年，全国一般公共预算收入159 552亿元，比上年增长4.5%。其中，中央一般公共预算收入72 357亿元，同比增长4.7%，同口径增长1.2%；地方一般公共预算本级收入87 195亿元，同比增长4.2%，同口径增长7.4%。全国一般公共预算收入中的税收收入130 354

---

〔1〕 参见刘尚希："一个地方财政能力的分析评估框架"，载《国家治理》2015年第12期。

亿元，同比增长 4.3%；非税收入 29 198 亿元，同比增长5%。[1]财政收入的增长为政府的各项支出提供了坚实的基础，环境损害的政府补偿责任正是建立在政府支付能力提高的基础之上。另一方面，政府财政能力还与政府的资金组织效率、资金使用绩效相关。资金组织效率高意味着可以在更短时间内筹集更多资金，资金使用绩效高意味着花更少的钱办更多的事，这些因素都有助于在特定的条件下更有效地完成政府职责。

但同时也要看到，政府财政收入增长的同时政府承担的职责以及相应的各项支出也可能增加，因此具体到单个领域的财政支出仍受到各种因素的制约。在当前中国经济增长趋缓的态势下，一方面经济建设类支出和民生支出加大将导致财政支出继续增加，另一方面中国税收体系的顺周期性和消费大众为实际税负承担者的特点导致财政收入难以提升，[2]这意味着政府的财政收支矛盾将逐渐显现。通常来讲，维护政府运行的日常支出具有刚性而难以显著减少，教育、医疗和社会保障等支出也日益成为刚性支出，因此即使在政府财政收入大幅增加的背景下，突然大幅度提高某一领域的支出也存在困难。事实上，即使传统的政府支出项目也并未随着政府财政收入的增加而完全得到满足。实证研究结果显示，东部地区财政配置能力更偏向于经济性产出，导致医疗、教育等公共服务的跟不上，不能很好满足公众的需求；西部地区较低的财政均衡水平弱化了财政汲取能力，进而导致了公共服务呈现供给不足的状

---

〔1〕　参见"2016 年财政收支情况"，载中国政府网：http://www.gov.cn/xinwen/2017-01/23/content_ 5162658.htm#1，2017 年 10 月 20 日访问。

〔2〕　参见郝宇彪："中国公共债务：历史演变与当前风险——基于财政收支结构的视角"，载《区域经济评论》2017 年第 2 期。

态。[1]另外，我国还存在比较严重的地区间发展不平衡以及相应的地区间财政能力差异。研究显示，地区间财政收入差距在2007年之前逐年上升，而后逐年降低，但均显著高于人均GDP与财政支出的差异。[2]如果考虑地区差异，政府财政能力的提升至少不如财政收入的增加那么显著。

总之，虽然近年来我国政府的财政收入有显著增长，但是一方面政府的各项财政支出也在大幅增长，因此可以用于环境损害补偿的资金必然是有限的；另一方面，政府的财政能力是一个复杂的问题，地方政府财政能力应包括回应能力、公共品供给能力、财政汲取能力和制度创新能力，[3]某一方面支出也必然是受多方面因素限制的。基于此，政府对于环境损害的补偿应当以政府的财政能力为基础，不应不切实际地扩张。

（二）政府补偿应当符合公共财政的目的

"公共性"本是财政与生俱来的本质属性，[4]公共财政的提法更是意在彰显其"公共性"特征，我国公共财政理论的发展是对财政"公共性"的一种理性回归。在我国已经步入全面和全力建设公共财政时代[5]的背景下，更应当强调财政的公共属性，即财政收入的组织要以公共利益维护之必要为限度，财政支出的确定更要以实现公共利益为依据。

〔1〕 参见辛方坤："财政分权、财政能力与地方政府公共服务供给"，载《宏观经济研究》2014年第4期。

〔2〕 参见杨良松："地级政府间财政收入差距研究"，载《经济研究参考》2016年第32期。

〔3〕 参见贾智莲："地方政府财政能力解析：基于财政维度的逻辑顺序"，载《科学与管理》2010年第1期。

〔4〕 参见高培勇："公共财政：概念界说与演变脉络——兼论中国财政改革30年的基本轨迹"，载《经济研究》2008年第12期。

〔5〕 参见高培勇："公共财政：概念界说与演变脉络——兼论中国财政改革30年的基本轨迹"，载《经济研究》2008年第12期。

政府财政支出的直接目的是满足公共需要，其功能应当定位于服务纳税人，以实现财政收入取之于民、用之于民。财政支出配置必须遵循效率性、公共性和平等性三项基本原则。[1]其中，效率性主要基于经济考量，是整体上提高财政支出效果的保障；平等性意在强调政府财政支出的普惠要求，即原则上社会公众应当普遍享有财政支出带来的惠益，或者特定的弱势群体普遍享有特别的政府服务或者给付；而公共性是财政支出配置的政治基础，由于政府机构的行政低效和官僚的腐败猖獗，所以必须通过一种能够反映公民意志的政治程序才能约束政府的行为。[2]更进一步讲，财政支出的公共性应当通过法定化来保障，应当确立政府财政支出法定原则，完善财政支出的法律体系，[3]规范和约束政府的财政支出行为，强化财政公开机制和财政支付监督机制。

政府对环境损害的补偿直接来源于政府财政资金，其支付必须符合财政支出的公共性要求和政府财政的基本目的。即使在财政资金充裕的情况下，政府的补偿也应当避免成为对企业污染行为的补贴和补救，而应当限于受害人无法从其他途径获得救济而成为整个社会经济发展导致的环境风险的实际受害人时对其提供救济。

三、政府补偿责任的合理边界

基于政府承担有限责任的基本立场，并考虑政府财政能力

---

〔1〕　参见郑尚植："试论财政支出配置的基本原则"，载《当代经济管理》2012年第4期。

〔2〕　参见郑尚植："试论财政支出配置的基本原则"，载《当代经济管理》2012年第4期。

〔3〕　参见白小平、代枚训："财政支出法定原则及其法律体系之完善"，载《南京航空航天大学学报（社会科学版）》2017年第1期。

的限制，政府对环境损害承担补偿责任应当确定合理的边界。换一个角度来看，为实现公民基本权利保障、公共秩序维护以及主体间公平的目标，也需要对政府补偿责任进行合理的界定，从理论上讨论确定政府补偿责任边界的基本要素，并在实践中根据具体情势最终明确政府补偿责任的合理边界。

第一，政府补偿责任应当以公民基本权利保障的需要为限。保障公民基本权利是国家的义务和政府的责任，这一点在现代国家已经得到普遍地承认，但是义务和责任都应当有一定的限度，保障基本权利的国家义务和政府责任也不例外。从这个角度来看，政府对环境损害承担补偿责任应当以保障公民基本权利之需要为限，与权利保障之必要性、紧迫性相适应，而不应当无限制地扩大。通常来说，公民基本权利保障的需要应当根据权利的性质、受侵害的程度以及获得其他救济的可能性等因素加以衡量。在人身性权利受到严重侵犯而且无法及时通过其他途径获得救济时，政府的补偿对于基本权利保障是最为必要的。而财产性权利损害、一般损害需要根据情况判定政府补偿的必要性，可以通过侵权等途径获得救济的损害一般不需要政府补偿来实现其保障。

第二，政府补偿责任应当以公共秩序维护之需要为限。维护公共秩序是政府的基本职能，环境损害意味着社会公共秩序出现了问题，政府有义务采取措施恢复特定秩序。政府维护公共秩序的主要手段是制定和执行社会行为规范，引导、促使乃至强制各类社会主体遵守社会行为规范，并对严重违反规范的不法行为予以惩戒。在这个意义上，政府维护公共秩序特别是处理社会纠纷时是以中立者身份出现的。但当上述措施仍不足以维护公共秩序而出现明显的社会不公时，政府的直接介入就成为必要，也为社会所普遍认可。政府对于严重的环境损害的补偿就是通过政府的直接作为恢复公共秩序、维护社会公正的必要措施。换一个角度来看，政府对环境损害的补偿责任也应当以恢复和维护公共秩序的需要为限，而不应当过多介入一般性的社会纠纷。

第三，政府补偿责任的界定应当体现公平等价值目标。对环境损害的政府补偿作为应对环境问题的法治化途径，当然应当体现法律的公平等价值。而现代政府的一个重要责任，就是维护社会公正，维护社会公正也是公民承认政府权威的一个重要原因。[1]从公平的角度来看，政府补偿主要是要消除明显的社会不公平从而维持社会的相对公平，即在政府不给予环境损害一定补偿已经导致明显的社会不公问题时，政府才应当积极作为以维护社会公平、体现政府的基本价值和功能。相对的公平意味着，政府补偿应当考虑不同主体的相对状况，如果所遭受的环境损害是相对同质的，一般应当界定为属于社会公众应当容忍的问题，政府不应当过多介入；但如果是少数人遭受的比较严重的环境损害，则可以看作是特定受害人承担了社会经济发展的不利后果，而社会经济发展的成果则是社会公众共同享有的，不予补偿则有违公平，政府需要在必要的限度内积极给予补偿。

总之，政府补偿责任的边界还需要考虑受害人的具体情形、公共秩序维持的需要以及不同主体之间的相对公平，并据以进行适当的限制。

第二节　限制政府补偿责任的具体理由

从政府责任的限度、财政能力等方面考虑，限制政府对于

---

[1]　参见何建华："维护社会公正秩序：政府最基本的职能"，载《探索与争鸣》2011年第11期。

环境损害的补偿责任是十分必要的，这也是限制政府补偿责任的基本理论依据。必要性本身构成限制政府补偿责任的理由，同时由于政府行为不是造成环境损害的直接原因，而且政府补偿环境损害是履行公共职责的一种方式，这都决定了应当限制政府对于环境损害的补偿责任，是限制政府补偿责任的具体理由。

一、环境损害政府补偿责任的间接性

一般认为，政府承担环境损害补偿责任的一个重要理由是政府不履行或者不适当履行环境监督管理职责是造成环境损害的重要原因。不履行或者不适当履行环境监督管理责任表明政府行为具有违法性，这也是主张政府应当承担环境损害补偿责任的法理依据。而且从补偿责任的成立来看，政府违法行为与环境损害后果的联系越紧密，政府承担补偿责任的理由就越充分。比如，违法审批的污染项目造成的环境损害，相对于未经政府审批，仅由于监督管理不严未查处的污染项目造成的环境损害，前者更应当由政府承担补偿责任。在这个意义上，政府违法行为与环境损害后果的个案相关性是政府承担补偿责任的基本要求。但同时必须看到，政府行为并非导致环境损害的直接原因，因此政府不应当承担侵权法上应由行为人承担的同等责任，而必须对其责任进行限制。

第一，政府行为与环境损害的关联性是政府承担环境损害补偿责任的基本理由。所谓关联性，在此是指政府行为与导致环境损害的直接原因具有一定的联系。这种联系通常表现为三种情形：首先，政府违法作为导致环境损害的原因行为得以实行，例如政府违法审批产生污染的项目或者企业的排污申请，从而使污染行为合法化而造成环境污染和进一步的损害，经政府许可的排污行为造成损害的，排污行为是导致环境损害的直接原因，而政府许可行为是导致环境损害的间接原因，一般可以认为没有政府的许可行为就没有企业排污行为以及进一步的环境损害。当然，政府严格按照审批条件和程序授予许可的排污行为也可能导致环境损害，这是排污行为的风险性决定的，但这也不能否认政府许可行为是导致环境损害的间接原因。其次，政府违法不作为使导致环境损害的原因行为没有得到制止。例如，政府对于违法排污行为没有及时查处，甚至在接到举报之后仍然未依法查处，从而放任污染而造成损害。我国的环境立法已经形成了比较完整的体系，特别是对于污染的监督和管理已经形成了严密的制度体系，政府对于污染的监督管理职责是明确的。因为监督管理不到位而给违法排污留下空间，是典型的政府不作为违法。这种情形，政府不作为也是导致环境损害的原因之一，不能否认二者之间的关联性。最后，政府履行信息公开职责不当，发布错误的环境信息或者未及时提供准确的环境损害，导致当事人决策不当而造成环境损害。例如，因水质信息不准确而使用被污染的水源进行灌溉而导致农业损失，或者饮用不合格的水而导致健康损害。我国《环境保护法》专门规定环境信息公开制度，明确各级人民政府环境保护主管部门和其他负有环境保护监督管理职责的部门，应当依法公开环境信息，这是政府的一项法定职责。在政府提供的环境信息不全面或者不准确时，当事人可能采取错误的行为方式导致环境损害，损害的直接原因是当事人的行为，但是其行为与政府的信息公开具有密切联系。

正是基于政府行为与环境损害之间的关联性，政府承担一定的环境损害补偿责任被认为是正当的，这直观地体现在社会舆论和公众意见中，也是既有环境损害政府补偿案例中政府承担责任的理由。但是需要注意的是，此种关联性不构成法律意义上的因果关系，而且多数情况并非造成损害后果的直接和主要原因，因此关联性构成政府承担环境损害补偿责任的基础，也构成限制政府环境损害补偿责任的理由。

第二，政府行为并非造成环境损害的直接原因，因此政府承担的环境损害补偿责任也具有间接性。政府行为与环境损害存在某种意义上关联，但并不是造成环境损害的直接原因。环境损害主要是经营者直接排放污染或者破坏环境的行为导致的，按照侵权法追究行为人的侵权责任是救济环境损害的首要途径。政府应当对无法通过侵权救济等途径获得救济的环境损害提供补偿，基于政府行为与环境损害结果之间的关联性，但这种关联性并非直接的因果关系，因此应当对政府的补偿责任予以限制。事实上，行政赔偿责任的构成也需要有行政行为与损害后果之间的因果关系，直接因果关系的情形政府应当承担赔偿责任当无问题，但在间接因果关系的情形下政府是否承担赔偿责任则不无疑问。例如，在行政不作为的责任认定上就存在疑问。有学者认为，由于行政不作为的特殊性以及国家赔偿因果关系制度的滞后性，现实中要证明行政不作为与损害结果之间的因果关系显得异常困难。[1]但是，行政不作为是在法定职责范围内对行政义务的漠视乃至拒绝，也可能损害行政相对人的合法权益，在此情形下政府应当承担一定责任已经在很大程度上达成了共识，[2]因此需要合理确定针对行政不作为的赔偿诉讼中因果关系的认定规则，以及时、公正地处理行政赔偿纠纷。具

---

〔1〕 参见肖俊："论因果关系推定在行政赔偿诉讼中的应用——兼论行政不作为赔偿因果关系的认定"，载《贵州警官职业学院学报》2011年第4期。

〔2〕 参见李辉、张宇："行政不作为的国家赔偿程序"，载《人民司法》2015年第17期。

体来说就是要引入因果关系推定学说理论作为构建行政不作为赔偿因果关系的认定机理。[1]在政府授予排污许可而导致的合法排污造成环境损害的情形中，也存在类似的争议。

正是由于政府行为并非造成环境损害的直接原因，即使出于综合考虑确认政府的补偿责任，也应当同时予以适当的限制，而不能比照直接的污染者和破坏者承担比较宽泛的责任。政府行为对于环境损害后果形成的间接性体现在两个方面：首先，政府行为造成的环境损害后果是经由其他主体的行为实现的，例如排污者的排污行为或者受害者的错误决策行为。这一过程的第一步是政府行为导致其他主体的行为得以完成或者构成其行为的决定因素，第二步是其他主体的行为直接导致环境损害的发生。从这个传导过程来看，政府行为对于环境损害结果只具有间接的作用。其次，造成环境损害的政府行为的违法包括了直接违反法律规定的情形，例如违反法定条件颁发排污许可。但更多的是一般法理意义上的违法行为，即没有适当履行法定职责。从政府行为的违法性程度分析，它对于环境损害的最终形成也往往只具有间接作用，是环境损害形成的条件而非直接的决定性原因。也正因为这一点，对于政府行为的违法性不应作过于严格的理解，否则无法实现政府补偿的权利救济目标。如果从宪法确认的政府环境管理职责出发，大致上可以认为重大环境损害都是政府履职不当的后果，在这个意义上可以说环境损害都是政府违法的后果。这样相对宽泛的理解可以为受害者权利的救济提供法理上的依据，从现实需要来看是必要的。

总之，政府行为作为环境损害形成的间接原因，一方面构成政府应当承担环境损害补偿责任的依据，另一方面也构成对

---

〔1〕　参见肖俊："论因果关系推定在行政赔偿诉讼中的应用——兼论行政不作为赔偿因果关系的认定"，载《贵州警官职业学院学报》2011年第4期。

政府补偿责任进行限制的理由。这种限制体现在政府的补偿责任应当在程度上弱于、在顺序上后于直接责任人的赔偿责任。

二、环境损害政府补偿责任的公共性

政府对环境损害进行补偿是履行对于环境事务的公共职责，因此必须受到公共目标的限制，体现环境损害政府补偿责任的公共性。公共性作为公共行政的基本属性，既是公共行政理论发展的价值依归，也是公共行政实践活动获取正当性与合理性的基础。[1]环境损害政府补偿须受到公共行政目标的约束，体现公共性特征。虽然关于公共性的内涵还存在诸多争议，但是公共利益无遗是其主导性要素，实现公共利益是政府行为公共性的直接体现。从政府职责和公共行政的公共性出发，认识和把握环境损害的政府补偿责任应当把握以下几个方面：

第一，环境损害政府补偿责任的确认须基于政府行为的公共性。从直接的效果看，环境损害政府补偿的直接受益人是具体的个人或者单位，实现对个人权利的救济本身也是政府补偿的目标之一，但是必须看到政府补偿责任不仅基于公民基本权利维护的需要，也应当基于公共性考虑。整体性视角下，环境污染和破坏是社会经济发展的副产品，因此环境损害的产生原因具有一定的公共性，是这个社会经济发展的伴随结果。正是基于环境损害产生原因的公共性，对环境损害的补偿也应当以补救社会经济发展造成的问题为限，立足于恢复公共秩序的目标。更进一步讲，政府对环境损害的补偿还要考虑补偿效果的公共性，即补偿的效果要体现社会的公共价值，包括公平、平等和正义等。新公共行政等民主行政理论更多地主张公共行政不应该仅仅追求效率价值，而应该更佳关注社会公平。[1]对环境损害的政府补偿是政府履行公共职责的方式，因此必须考虑公共性对于政府补偿责任的限定性。

第二，环境损害政府补偿责任的承担须考虑公共负担的正当性。环境损害的政府补偿受到政府财政能力的限制，这在客观上要求政府不能扩展补偿范围以至于超出公共财政的负担能力。那么进一步的问题是，如果政府财政有足够的负担能力，是否应当给予环境损害充分的补偿即对所有相关损失进行补偿，即在考虑政府能不能承担补偿责任之外还应当考虑该不该补偿的问题。从政府职责的公共性来看，其承担补偿责任的资金来源于公共财政，政府对环境损害的补偿即为公共财政的负担，其支付的范围和标准应当受到公共财政目的的约束，不应当对公共财政造成过重的负担。如果环境损害的政府补偿范围过宽，势必通过公共财政的首付机制将负担转移给社会公众，社会公众承担过重的税负等财政负担以完成对环境损害的充分补偿既无效率也不公平。

第三，环境损害政府补偿的对象为受到公共性损害的受害人。在环境污染造成个别受害人损害时，从污染源的确定性、致害过程的因果关联以及污染后果的个体性衡量，经由侵权赔偿的途径进行救济相对更加可行。即使在污染者不能承担责任而使救济不能实现时，基于公共事务管理职责的政府介入的理由也并不充分。在环境污染和破坏造成一定范围内不特定多数人受到损害时，虽然损害后果表现为私人利益的损失，但是由于受害人的数量多并且具有不特定性而表现出公共性特征，政府提供补偿与其职责定位更加契合。因此，应当将环境损害政

---

[1] 参见马全中：“论公共行政中的公共性演变及辩思”，载《领导科学》2017年第8期。

府补偿的对象限定为受到公共性损害的受害人。

因此，政府履行职责的公共性也决定了对环境损害的补偿责任应当予以限制，以确保政府补偿行为不仅着眼于对公民基本权利的维护也要着重于对公共目标的追求，促进社会个体间公平和整体性公平的实现。

第三节　限制政府补偿责任的方法

在承认政府对环境损害的补偿责任的基础上，也不应当无限扩大补偿的范围，这是设计环境损害政府补偿责任的基本立场。为了将环境损害的政府补偿责任限制在合理的范围之内，需要遵循一些基本的原则来设计具体补偿制度，这包括坚持环境损害政府补偿的填补性、保障性、补充性和法定性。

一、坚持政府补偿的填补性

传统侵权法上的赔偿责任以填平损失为基本原则，但是随着20世纪60、70年代之后大规模侵权等现象的出现，惩罚性赔偿逐渐为理论和法律实践所接受。惩罚性赔偿主要是在英美法特别是美国法中采用的制度，但可以为我国法律所借鉴，[1]我国的立法和司法实践也已经确认了惩罚性赔偿制度。在此背景下，在涉及赔偿责任和补偿责任的场合，对责任定性就存在填补性和惩罚性的定位问题。环境损害的政府补偿也需首先确定其是否具有惩罚性，这是确定补偿范围和强度的一个重要因素。

（一）环境损害的政府补偿不具有惩罚性

通常来讲，赔偿或者补偿责任的填补性是指对损失的填补，

---

〔1〕　参见王利明："惩罚性赔偿研究"，载《中国社会科学》2000年第4期。

即以赔偿或者补偿来填补损害所造成的缺失；而惩罚性是指在损失之外还要求责任人承担一定的赔偿责任，其范围超出了损害的范围以显示对责任人的惩罚。惩罚性赔偿制度的出现和发展有其深厚的理论根基和时代背景，在侵权法中，它是各种基本功能相互间不断矛盾碰撞和协调发展的必然产物。[1]从本质上看，惩罚性赔偿是公法私法二分体制下以私法机制执行由公法担当的惩罚与威慑功能的特殊惩罚制度，[2]是法律的惩戒功能在侵权法领域的体现。近年来，法律责任的惩罚性功能日益受到重视，民法上的惩罚性赔偿运用到越来越多的领域，但是总体上来看，对惩罚性赔偿的适用还需要限定严格的条件。

　　惩罚功能是法律的基本功能，通过惩罚来维持秩序、实现公平是法律制度的基本目的，传统法律制度主要就是依赖惩戒手段来维护公共秩序，以惩戒来确立法律的权威进而维护社会公共秩序，[3]表现为对违法和犯罪行为的事后处罚和追诉。我国民事法、行政法上都已经规定惩戒性制度，刑事法更是以惩戒为主要目的。例如，2014 年《环境保护法》修订的一个重要创新是规定了按日计罚制度，以加大对环境违法行为的惩戒力度。按日计罚制度曾因违反一事不再罚原则而备受争议，但理论上认为基于利益权衡的需要一事不再罚原则也应有例外，[4]立法确认体现了突出法律惩戒功能的思路。在一般侵权赔偿等

---

〔1〕　参见朱凯："惩罚性赔偿制度在侵权法中的基础及其适用"，载《中国法学》2003 年第 3 期。

〔2〕　参见朱广新："惩罚性赔偿制度的演进与适用"，载《中国社会科学》2014 年第 3 期。

〔3〕　参见蒋传光："法律权威源自于惩戒性"，载《法制日报》2015 年 8 月 28 日。

〔4〕　参见洪家殷："论'一事不二罚'原则在行政秩序罚上之适用"，载《台大法学论丛》1997 年第 4 期。

法律责任"不能填补已经产生的损害"[1]时，民事赔偿的惩罚性也被倡导，[2]具体体现在《食品安全法》《消费者权益保护法》等法律中确认的惩罚性赔偿制度。惩罚性赔偿制度虽被认为属于民法制度，但同时具有明显的公法属性，其适用应以公法上惩罚制度秉执的理念与原则为指导，无法奉行传统损害赔偿法的基本原则。[3]

然而，政府承担的环境损害补偿责任不应当具有惩罚性。首先，对不法行为的惩罚是惩罚性赔偿制度的主要目的之一，[4]不法行为的当罚性是适用惩罚性赔偿的条件。但是，政府行为对于环境损害的形成即使有间接作用，也不是造成损害的主要原因，因此承担一定的补偿责任尚存在不同的意见，对政府行为的惩罚更无从谈起。而且，惩罚性赔偿针对的往往是责任性主观恶性比较显著的行为，而政府对环境损害的形成不具有主观上的故意或者重大过失，即使政府工作人员存在放任环境污染和破坏的故意，也不能归结为政府本身的主观恶意。其次，由于政府本身是公共利益的代表者，承担补偿责任的资金又来源于公共财政资金，对政府的惩罚不仅不具有现实意义而且会带来其他问题。或者说，政府本身的特殊主体身份使其不应当成为惩罚的对象而承担惩罚性赔偿责任。

总之，环境损害的政府补偿责任不应当定位于惩罚性制度，不以惩罚性来彰显对责任主体的惩戒和对相关不法行为的遏制。

---

〔1〕 李承亮："侵权责任法视野中的生态损害"，载《现代法学》2010 年第 1 期。

〔2〕 参见阳庚德："私法惩罚论：以侵权法的惩罚与遏制功能为中心"，载《中外法学》2009 年第 6 期。

〔3〕 参见朱广新："惩罚性赔偿制度的演进与适用"，载《中国社会科学》2014 年第 3 期。

〔4〕 参见金福海：《惩罚性赔偿制度研究》，法律出版社 2008 年版，第 63 页。

（二）环境损害的政府补偿应坚持填补性

损害赔偿法的基本功能在于填补已经造成的损失，填补性是其基本特征。环境损害的政府补偿也是着眼于对环境损害的填补，以填补性为基本特征。侵权法或者损害赔偿法的损害填补原则来源于矫正正义观念，矫正正义自亚里士多德，并逐渐成为制度化正义，即由法官通过适用法律使当事人得其所不应失、失其所不应得，[1]侵权法的主要功能就在与实现矫正正义，因此是矫正正义的直接体现。[2]侵权法上的归责，就是确定哪些损失是受害人所"不应失"，从而需要由责任人以赔偿责任的方式加以填补。事实上，损害填补原则不仅仅限于侵权法，合同法上的责任也以损害填补为原则，惩罚性违约金等对违约方的惩罚性责任是合同责任的例外，其适用还受到一定的限制。我国《合同法》第114条所规定的惩罚性违约金之外的补偿性违约金，以及《最高人民法院关于适用〈中华人民共和国合同法〉若干问题的解释（二）》中规定的损害赔偿与补偿性违约金不并行执行的规定，[3]都体现了合同责任以损害填补为原则的基本立场。

基于政府责任的有限性等原因，环境损害的政府补偿责任

---

〔1〕　参见傅鹤鸣："亚里士多德矫正正义观的现代诠释"，载《兰州学刊》2003年第6期。

〔2〕　参见叶金强："论侵权法的基本定位"，载《现代法学》2015年第5期。

〔3〕　《合同法》第114条规定："当事人可以约定一方违约时应当根据违约情况向对方支付一定数额的违约金，也可以约定因违约产生的损失赔偿额的计算方法。约定的违约金低于造成的损失的，当事人可以请求人民法院或者仲裁机构予以增加；约定的违约金过分高于造成的损失的，当事人可以请求人民法院或者仲裁机构予以适当减少。当事人就迟延履行约定违约金的，违约方支付违约金后，还应当履行债务。"《最高人民法院关于适用〈中华人民共和国合同法〉若干问题的解释（二）》第28条规定："当事人依照合同法第一百一十四条第二款的规定，请求人民法院增加违约金的，增加后的违约金数额以不超过实际损失额为限。增加违约金以后，当事人又请求对方赔偿损失的，人民法院不予支持。"

在强度上应当弱于侵权法的赔偿责任，更应当坚持填补性原则，即补偿责任以不超过受害人的实际损失为限。一方面，只有对于受害人所遭受的实际损失，政府才可能通过经济补偿等方式予以填补。由于环境污染和破坏所涉及的因素众多，加之受激进环保主义[1]思想等影响，现实中存在将不具有客观实在性、不可计算测量的损害归入环境损害的倾向，例如环境污染对于生态系统的稳定和生态价值的损害就存在主观性强、可测量性不足的部分但也有人主张属于环境损害的范畴，污染导致的健康风险能不能归结为损害也存在争议。政府对环境损害的补偿应当立足于对客观存在、可测量的损害的补偿，而不应当将补偿范围扩大到主观价值损害的补偿。精神损害在我国侵权法上已经被确认为一种可赔偿的损害，但其形式特殊而且被认为具有惩罚性功能，[2]不应当被纳入环境损害的政府补偿范围。另一方面，即使受害人所受到的实际损失，也不一定要纳入环境损害的政府补偿范围而进行填补。实际损失应当是政府补偿的必要条件而非充分条件。侵权法上的损害赔偿责任一般以"填平"损失为原则，即恢复权利受损前的状态或者填补至相当于权利未受损的状态，原则上对于受害人遭受的实际损失要全部予以赔偿，即使是轻微的损害只要可以辨别和计量，都应当赔偿以恢复"应有状况"。[3]但是，由于环境损害政府补偿责任的间接性等特征，政府行为通常为损害后果发生的间接原因，

---

[1] 环保主义的环境保护立场容易被过分强调而转变为激进环保主义。环保主义要克服消费主义，更需要超越深绿环保主义，"要求人类培养更高水平的理性"。参见卢风："论环保理性的建立——对消费主义与环保主义两种心愿的分析"，载《社会科学研究》2003年第4期。

[2] 参见孙宏涛："精神损害赔偿的惩罚性功能"，载《政法论丛》2002年第6期。

[3] 参见曾世雄：《损害赔偿法原理》，中国政法大学出版社2001年版，第17页。

因此政府对权利进行救济的标准应当比侵权赔偿责任更宽松，其补偿范围应当小于侵权损害赔偿，属于对环境损害的填补但是未必要达到"填平"的标准。况且，如果所有的环境损害都应当由政府补偿，那么现实中大量存在的轻度环境损害将使政府不堪重负。

总之，坚持环境损害政府补偿责任的填补性是限制政府补偿责任的首要方法，这意味着否定其惩罚性从而将补偿责任限制在实际发生的环境损害的范围内，是对政府补偿责任范围的刚性限制；进而对实际损失进行衡量以确定是否属于应当填补的范围，保留了进一步限制政府补偿责任的可能性。

二、坚持政府补偿的保障性

环境损害的政府补偿主要针对的是公民基本权利的损害，具有保障基本权利的目的和功能。从限制责任的角度，将基本权利损害作为补偿责任的范围限定，坚持政府补偿的基本权利保障属性具有限制政府补偿责任的效果。从本质上看，政府的环境损害补偿责任是对环境污染受害者的基本权利的保障。

（一）基本权利损害是政府承担补偿责任的前提

保障基本权利的国家义务在一个方面需要具体化为政府的保障责任，环境损害的政府补偿正是在保障公民基本权利的意义上证成的。那么从限制政府补偿责任的角度来讲，公民基本权利遭受损害是政府承担补偿责任的前提，或者可以说对基本权利保障的需要决定着政府承担环境损害补偿责任的边界。

基本权利主要是一个宪法上概念，从其内容看包括了生存权、社会保障权等具体内容，乃至于民事上的人身权利和财产权利也被认为是基本权利。但是宪法上的基本权利与民事权利在义务人、权利广度、权利保护强度和对义务人的道德要求等方面有本质区别，[1]因此在保护的途径和方法上也存在区别。然而就保护的对象和范围来看，公民基本权利与民事权利仍然存在较多的重复，对重要民事权利的损害往往意味着对宪法上基本权利的损害。

环境损害在广义上包括因为环境污染导致的人身损害、财产损害和生态损害，这些损害应当都可以纳入侵权赔偿的范围，但并非都应当纳入政府补偿责任的范围，要从损害范围和程度来考察是否构成了对基本权利损害，只有构成对基本权利损害的方应当纳入政府补偿的范围。首先，生态损害往往突破了私益损害的范畴而属于对公共利益的损害，[2]虽然包括对个人权利的损害但并非对特定主体的特别损害，因此不应当纳入政府补偿的范围。事实上，政府承担的环境治理责任是针对生态损害的，如果纳入补偿责任范围则存在对象不明等问题。其次，财产损害也不应全部纳入补偿范围，基本生活资料等财产与个人生活密切相关，从权利救济的紧迫性来看应当纳入补偿范围，但生产资料以及预期收益等应当承担更多的社会风险，不宜纳入政府补偿的范围。最后，人身损害危害的是人的基本权利，原则上应当纳入政府补偿的范围，特别是人身伤害导致的医疗费用等，这也是实践中政府提供补偿的主要方面，但精神损害等不宜纳入补偿范围，否则可能导致政府补偿责任过重而损害公共利益，其救济的必要性也低于身体伤害。

（二）环境损害的严重程度是确认政府补偿责任的重要因素

从政府承担环境损害补偿责任的已有案例来看，政府补偿的对象还仅限于较大的环境事件中受到严重损害的受害人，而

---

〔1〕 参见于飞："基本权利与民事权利的区分及宪法对民法的影响"，载《法学研究》2008 年第 5 期。

〔2〕 参见陈红梅："生态损害的私法救济"，载《中州学刊》2013 年第 1 期。

且补偿的范围主要是因为污染导致的严重健康损害，在矿产开采导致的严重地陷的情形下也对私人房产遭受的损害进行补偿。在这些环境污染或者破坏事件中，政府承受社会和舆论压力而不得不予以补偿的都是比较严重环境损害，一般的环境损害也未见政府承担补偿责任的个案。[1]理论上，在行政不作为侵权案件中，在存在第三人侵权的情况下，行政机关应在其能够防止或者制止损害的范围内承担相应的补充赔偿责任，[2]但是实践操作的困难重重，至少在目前可能造成政府无法负担的难题。由此可见，实践中确认政府的补偿责任时环境损害的严重程度是一个关键的衡量因素。从现实因素分析，环境损害的严重程度与相关的社会反响、舆论态度密切相关；从理论角度分析，这反映了对基本权利提供保障的必要性，指向环境损害政府补偿责任的保障性特征。

　　所谓保障本来是指保护生命、财产等不受侵犯和破坏。政府对基本权利的保障一方面要采取各种措施保护基本权利不受侵犯和破坏，另一方面要求在基本权利受到侵犯和破坏时给予适当的救济。环境损害的政府补偿责任的保障性是后一种意义上的保障，即在损害补偿、事后补救意义上的保障，表现为政府给予一定数额金钱或者其他补偿，在形式上与政府提供的社会保障类似。如果说对基本权利的事前保障需要尽量全面和充分，那么事后保障更多是一种基本保障，即通过补救使受损害的基本权利达到一定限度的恢复。那么，在基本权利只是遭受

---

　　〔1〕　政府不作为导致环境损害加重的情形，受害人是否可以请求政府承担连带赔偿责任的问题已有讨论，但并未达成基本共识。虽然支持补偿的观点将政府补偿的范围扩大到了一般意义上的环境损害，但是其面临的理论和实践的困难都不容忽视。

　　〔2〕　参见张素华："论行政不作为侵权的责任承担——以三鹿奶粉事件为中心的研究"，载《法学评论》2010年第2期。

一般性损害时，以政府的公共资源对其提供救济的必要性就难免存在疑问；而当基本权利遭受严重的损害时，政府补偿才有更充分的理由。在这个意义上，环境损害的政府补偿责任是对严重损害的救济，从而为基本权利的损害提供基本的保障。

总之，从保障基本权利的需要出发将政府补偿责任限定在对严重环境损害的救济，是限制政府补偿责任的必要和可行的方法。因此，政府原则上只对重大的环境损害承担补偿责任，所谓重大不仅指由于严重的环境污染事件引起，而且指损害程度具有严重性，比如造成严重的身体伤害或者重大的财产损失。这不仅是政府补偿制度实际运行时的操作性需要，更是由于政府责任的非直接责难性、适当补偿性决定的。

三、坚持政府补偿的补充性

环境损害应当由政府承担一定的补偿责任是由于政府行为对于环境损害的形成具有间接作用。也正因为这一点，对环境损害的补救责任首先应当由直接的责任人即环境污染者或者破坏者承担，其次才应当由政府出于基本权利保护的需要和公共目标的需要来承担，二者有明确的先后顺序。具体来说，在环境损害事件发生后，应当首先由环境污染者或者破坏者承担侵权责任实现对受害人的救济，在因为污染者或者破坏者不明、无力承担侵权责任等导致受害人的基本权利不能获得救济时，再由政府承担补充性的补偿责任。从责任证成的角度来讲，政府补偿责任是对直接责任人侵权责任的替代；从责任限制的角度来讲，应当强调政府补偿责任是对直接责任人侵权责任的补充，即政府补偿责任以直接责任人责任的缺位为前提，是补充性责任从而限制责任的范围。

（一）侵权赔偿缺位是政府承担补偿责任的前提

政府的公共事务管理职责是其承担环境损害补偿责任的基

础，但是由于政府对于环境损害后果的间接责任，政府行为并不是造成环境损害的直接或者主要原因，污染或者破坏环境的行为才是造成环境损害的直接原因。因此，政府的环境补偿责任在次序上应当后于直接的行为人，在依照环境侵权无法获得救济的范围内，由政府承担替代性和补充性责任。即政府环境损害补偿责任应当以侵权赔偿不足以填补环境损害为前提。

具体来说，就是在环境损害的侵权救济特别是损害赔偿无法实现时，才由政府承担对环境损害的替代性补偿责任。一是直接致害者不明。环境污染和破坏最终造成环境损害往往有累积性因素，就是少量、分散的排污或者破坏并无直接的损害后果，但经过累积之后可能造成严重的环境损害。这一过程的累积性决定了在发现环境损害时已经无法查明原始的污染者和破坏者。另外，环境污染的潜伏性特征也可能导致因为时间过久而无法查明最初的污染者。二是直接致害者不能承担责任或者逃避责任。即使环境损害的直接致害者可以查明，由于污染后果具有一定的不可控性，致害者可能存在经济能力、主观态度等问题无法及时提供对受害者的救济，从而无法实现对受害人基本权利的保障。在这些情况下，如果政府再不介入而是放任受害人遭受的损害得不到救济，不仅有悖于权利保障的原则，而且可能引发失序等其他公共问题。因此，政府给予一定补偿非常必要。

（二）政府补偿责任只填补特定赔偿责任的缺位

在环境损害无法获得侵权等救济的情形下，政府补偿责任的范围也不能比照侵权赔偿等责任的范围，而是只对特定权利的损害承担补充性的责任。在符合归责原则的前提下，民事侵权赔偿的范围要覆盖受害人的全部损失，包括直接损失和间接损失。在我国《侵权责任法》确定的环境侵权责任制度下，因环境污染导致的人身损害和财产损失都属于赔偿责任的范围。生态损害的可赔偿性问题存在一定的争议，但是在环境公益诉讼中也日益明确为可赔偿的损失。环境侵权中的纯粹经济损失较之其他领域更具不确定性，但越来越多的国家在一定的范围内认可其可赔性。通过利益衡量，对环境侵权中的纯粹经济损失进行有限度的赔偿，既符合社会公平正义也符合效率的原则。因此应当结合我国现状，通过制定单行法，对环境侵权中的纯粹经济损失实行有限度的赔偿。[1]综合来看，环境侵权的赔偿范围也是比较宽泛的，包括精神损害和生态损害也被认为属于当赔的范围，[2]这与侵权法的矫正正义传统和损害观念发展相适应，也反映了社会公众的诉求。

但是环境损害的政府补偿与侵权赔偿具有不同的理论基础和功能定位，即使在侵权赔偿等救济途径失效的前提下承担的补充性责任也不应及于一般性的环境损害，而是要限于直接责任人未予赔偿的严重环境损害，主要是人身损害和与基本生活有关的财产损害。对于环境污染和破坏造成的一般损害，特别是轻度污染破坏了良好环境而导致的精神性损失，在很大程度上社会所有公众共同承担的，再由来源于社会公众的公共财政出资予以补偿既无必要也无效率。因此，环境损害政府补偿责任的补充性不仅体现在顺序上后于侵权等赔偿责任，而且体现在补偿的范围限于部分严重的环境损害。

四、坚持政府补偿的法定性

环境损害政府补偿的现实已经表明，在社会环境保护意识

---

〔1〕 参见陈红梅："论环境侵权中纯粹经济损失的赔偿与控制"，载《华东政法大学学报》2012年第2期。

〔2〕 参见尹珊珊："论我国环境损害赔偿法定范围的拓展"，载《生态经济》2015年第6期。

高涨、环境事件日益敏感的背景下，政府责任呈现明显的法外扩大化趋势，地方政府迫于社会压力不得不在法律依据不充分的情况下给予重大环境事件的受害者经济或者其他形式的补偿。[1]这表明环境损害政府补偿的社会现实需要与法律规定之间存在巨大的张力，这需要从两个方面进行应对：一方面要通过立法反映社会现实需求，将环境损害的政府补偿责任法定化，为政府开展补偿工作提供明确的法律依据；另一方面要通过立法规范政府补偿的范围、条件、方式和程序，规范政府的损害补偿行为并防止补偿范围的扩大化。从这个角度讲，限制政府的环境损害补偿责任也必须坚持政府补偿的法定性。

（一）政府补偿责任应当通过立法确认

职权法定是政府行为的基本原则，政府履行环境损害补偿责任也必须以法律的明确规定为依据。从理论上看，环境损害包括了受害人的基本权利损害而无法获得及时救济时，基于政府行为与环境后果之间的关联性、政府保障公民基本权利的职责等理由，政府应当承担一定的损害补偿责任。从实践来看，政府在环境事件的处置中实质上已经对环境损害进行了补偿，反映了环境损害的政府补偿具有社会现实基础。因此，立法上确认政府的环境损害补偿责任有充分的基础和理由。现代社会中，法律的发展和完善主要还需依靠制定法，即使在强调意思自治的民法领域，其法源中制定法的优越地位已经形成，[2]在涉及公权力运行的政府管理性制度中，制定法应当是最基本的依据。

---

〔1〕　在政府对环境损害的补偿没有明确法律依据的情况下，地方政府为了平息环境事件而通过应急管理途径、社会救济途径，甚至动员企业出资等途径筹集资金补偿严重的环境损害，其补偿行为未必违法但存在明显的法律依据不充分问题。
〔2〕　参见张力："民法转型的法源缺陷：形式化、制定法优位及其校正"，载《法学研究》2014年第2期。

中共中央办公厅、国务院办公厅于 2015 年 12 月 3 日印发并实施的《生态环境损害赔偿制度改革试点方案》（已失效）明确了逐步建立生态环境损害赔偿制度的目标，并对赔偿义务人问题明确规定："违反法律法规，造成生态环境损害的单位或个人，应当承担生态环境损害赔偿责任。现行民事法律和资源环境保护法律有相关免除或减轻生态环境损害赔偿责任规定的，按相应规定执行。试点地方可根据需要扩大生态环境损害赔偿义务人范围，提出相关立法建议。"这表明扩大生态环境损害赔偿义务人的范围已经纳入制度设计者的考虑范围，并可能在后续的立法中加以确认。[1]基于前述理由，政府应当成为生态环境损害的赔偿义务人承担一定的环境损害补偿责任，在修改《环境保护法》或者制定《环境损害赔偿法》[2]时应该确认政府的环境损害补偿责任。立法确认是建立环境损害政府补偿责任的前提，在全面推进依法治国的背景下更应当尽快将环境损害的政府补偿纳入法制轨道，克服其法律依据不充分带来的法律争议以及补偿范围不明确导致的社会争议。

（二）政府补偿责任应当通过立法规范

立法上确认环境损害的政府补偿责任的意义不仅在于完善

---

〔1〕《生态环境损害赔偿制度改革试点方案》主要是推动政府作为赔偿权利人进行生态环境损害索赔工作，"试点地方省级政府经国务院授权后，作为本行政区域内生态环境损害赔偿权利人，可指定相关部门或机构负责生态环境损害赔偿具体工作"。但是同时也规定"对公民、法人和其他组织举报要求提起生态环境损害赔偿的，试点地方政府应当及时研究处理和答复"，说明生态环境损害的赔偿并非只是政府对赔偿义务人的索赔。在赔偿权利人为公民、法人和其他组织的情形下，政府至少可能成为赔偿义务人。

〔2〕 已有学者提出了制定《环境损害赔偿法》、完善环境损害赔偿制度的建议，参见李艳芳："关于制定《环境损害赔偿法》的思考"，载《法学杂志》2005 年第 2 期；刘长兴："环境损害赔偿法的基本概念和框架"，载《中国地质大学学报（社会科学版）》2010 年第 3 期；张锋、陈晓阳："环境损害赔偿制度的缺位与立法完善"，载《甘肃社会科学》2012 年第 5 期。

政府补偿的法律依据，更在于以法律规定为依据可以防止政府补偿责任的扩大化，是限制环境损害政府补偿责任的法治化途径。经过几十年的经济高速发展，加之长期以来对环境保护的认识不够，我国正面临历史累积的环境污染和破坏后果显现的时期，近年来环境突发事件的增多已经显示我国正进入环境事件的高发期，[1]政府会面临越来越大的环境保护和环境事件应急压力，其中之一是社会对于政府补偿环境损害的期望和诉求会越来越多。如果没有正式立法的规范，难以避免环境损害政府补偿范围扩大化的趋势，这既不利于社会公平也不利于环境问题的解决。因此，以立法方式确认环境损害的政府补偿责任既是建立政府补偿责任制度的需要，更是明确政府补偿责任的边界、限制政府补偿责任的范围的需要。

从立法模式上看，环境损害的政府补偿责任应当在全国人大立法中明确，在环境保护基本法、污染防治单行法或者环境损害赔偿法中加以规定。如果在环境保护基本法或者污染防治单行法中规定，宜以少数条文确立环境损害政府补偿责任制度的框架，再辅之以专门的行政法规等明确制度的具体内容；如果在环境损害赔偿法中规定，则可以直接规定相对比较详细的环境损害政府补偿责任归责，包括补偿的条件、方式、程度等内容，而补偿标准等更为具体的规定宜由行政法规或者部门规章进行规定。不管采用何种立法模式，最终都需要以法律、法

---

〔1〕 对我国1998-2006年发生的环境污染事故进行了综合分析，结果显示，目前我国已进入环境污染事故多发期，历年来平均每天要发生4起左右的环境污染事故。参见董文福、傅德黔："近年来我国环境污染事故综述"，载《环境科学与技术》2009年第7期。近十年来我国环境群体性事件数量呈急剧上升趋势，其分布十分广泛，多发生在经济发达地区中的相对落后地区，以华东、华中、华南地区环境群体事件较为突出，并且集中发生在村镇一级。参见张萍、杨祖婵："近十年来我国环境群体性事件的特征简析"，载《中国地质大学学报（社会科学版）》2015年第2期。

规和规章等多层次立法建立完整的环境损害政府补偿责任制度，不仅保证政府对环境损害的补偿行为有抽象的法律依据，而且要建立环境损害政府补偿的具体规范，以法律为依据规范政府补偿责任的落实，防止在制度执行过程中地方政府对补偿范围、方式等的任意改变，损害政府补偿制度的权威性和公平性。

　　总之，立法确认环境损害的政府补偿责任不仅是建立环境损害政府补偿制度的需要，更是限制政府补偿范围、规范政府补偿行为的需要。在环境事件多发导致环境损害的补偿需求日益增多、政府不得已承担补偿责任的背景下，政府的职责定位又不允许政府补偿责任的过分扩大，这就亟需以立法的方式回应合理的社会需求确立环境损害的政府补偿制度，同时及时明确界定环境损害政府补偿责任的范围、方式和程序，规范政府的补偿行为、防止政府补偿责任的扩大化。通过立法确定政府的环境损害补偿责任是整个制度建立和运行的关键，也是改变目前政府在环境污染事件发生后实际支付的经济补偿于法无据的根本途径。现行立法虽然明确了政府的环境管理职责，但未明确政府的环境损害补偿责任，除了政府承担环境损害补偿责任的限制条件之外，还需要进一步明确政府承担环境损害补偿责任的具体形式。

第五章

环境损害政府补偿责任的制度化

　　环境损害的政府补偿既为社会所必须又必须限定在合理的范围之内，这就需要建立完整的环境损害政府补偿责任制度，明确环境损害的政府补偿责任的界限、标准和程序，以制度设计的科学化和制度运行的规范化确保环境损害政府补偿的法治化。环境损害政府补偿的制度化需要适当的制度设计，这应当考虑以下三个层次的问题：一是环境损害政府补偿制度的内部体系自洽。环境损害政府补偿制度应当立基于法律基本理论和政府定位，合理确定政府补偿责任的条件、范围、承担方式和补偿程序，形成规范的制度体系。二是明确环境损害政府补偿制度的法律体系定位。环境损害的政府补偿责任是环境损害赔偿责任体系的重要内容，将政府的环境损害补偿责任作为独立的责任制度对待，是环境损害救济体系完善的需要，但也要注重与相关制度的衔接。三是考虑环境损害政府补偿的社会条件。环境损害政府补偿的制度设计要回应社会现实需要，以解决社会现实问题为最终目标。要认识到在我国环境污染问题已经到了集中爆发期，尽快建立环境损害的政府补偿制度才能及时保护受害人权益、稳定社会秩序、实现环境公平和社会公平。其中后两个方面是完成环境损害政府补偿制度的外部条件，其影响要体现在政府补偿制度本身的设计。在此，先探讨环境损害政府补偿责任制度的基本内容，下一章探讨环境损害政府补偿制度与其他相关制度的衔接。

第一节　政府承担环境损害责任的基本条件

人类社会是充满风险的，进入工业社会之后更是如此，现代社会是风险社会的观念已被广为接受，[1]风险社会理论在全球化浪潮的裹挟下已经波及了世界上大多数国家。[2]人在充满风险的社会中生活，难免会遭受各种各样的损害。在损害发生后，可能的处理方案是自己承担或者转移给他人承担，即由责任人承担一定的赔偿性责任，侵权责任法就是为了解决这一问题而存在的。虽然现代社会的人们在出现损害后首先要去找责任人承担损失，但是损害转移的基本原则应当是：损害应当停留在它发生的地方，除非有充分的理由把它转移出去。这个过程在侵权责任法上是通过侵权构成要件来控制的，即符合侵权构成要件的由侵权责任人承担责任，否则损失由受害人自己承担。确立环境损害的政府补偿制度首先也需要考虑政府承担补偿责任的条件，符合条件才应当由政府承担补偿责任。本节探讨政府承担环境损害补偿责任的基本条件，后面两节结合具体的责任承担制度探讨具体条件和程序等问题。

一、存在严重的环境损害

从政府责任的限制和公民基本权利保护的需要出发，政府

---

〔1〕　参见张文霞、赵延东："风险社会：概念的提出及研究进展"，载《科学与社会》2011年第2期。乌尔里希·贝克将现代社会解释为风险社会，标志着风险社会理论的诞生。参见［德］乌尔里希·贝克：《风险社会》，何博闻译，译林出版社2004年版。

〔2〕　参见杨春福："风险社会的法理解读"，载《法制与社会发展》2011年第6期。

对环境损害的补偿责任应当限定在严重的环境损害。损害在词义上指利益、健康、名誉等遭受的损害，其定性虽然清楚但是定量却面临重重困难。环境损害由于涉及健康风险、生态损害等问题，其衡量更加复杂，进而何谓严重的环境损害也需要具体的衡量。首先是定性方面即环境损害程度的衡量，其次是定量方面即环境损害的鉴定和计量。

（一）环境损害程度的衡量

对环境损害严重程度的分析首先是定性分析，所谓严重是对事实状况的主观感受，但这种主观感受是建立在特定事实和相关实践经验的基础之上的。人身损害、财产损害和环境公益损害都有可能存在程度较重的损害，只有非传统人身和财产损害意义上的环境私益损害一般被认为是程度较轻的损害。对现实中的环境损害进行分析，严重的环境损害应当包括以下情形：

第一，危害生命健康的人身损害。现代社会对人的生命给予最高位阶的保护，侵犯自然人生命权被认为是最严重的违法行为，环境损害中造成的受害人死亡是最严重的后果。严重的环境污染事件中造成受害人死亡也是比较常见的损害后果，不管是突发环境事故造成的受害人当时死亡，还是累积性污染造成受害人健康受损导致的死亡，从程度上衡量当属严重的环境损害无疑。

环境污染和破坏造成的健康损害则存在不同的具体形态。通常来说，环境破坏导致的健康损害都是间接的，后果也不会特别严重，[1]更多与一般性的环境私益损害相联系。环境污染

---

[1]　环境破坏造成严重健康损害的特例是臭氧层破坏导致患皮肤癌风险的增加，但是臭氧层破坏是特定污染物长期排放造成的累积后果，而且其与皮肤癌之间的联系也存在较多不确定性。因此，不管在个体还是公共层次上都很难纳入损害赔偿的范围。

最常见的损害后果就是健康损害，根据污染程度、污染物种类的不同会导致轻重不同的健康损害后果，从轻微咳嗽到重要身体器官的严重损伤都有可能，并且可能间接导致受害人死亡。如果健康损害达到了破坏受害人日常行动能力的程度则应当认定为严重的环境损害，例如污染致癌症、尘肺病等严重的疾病的情形。当事人的日常行动能力是生活自理、完成日常劳动和工作所必需的，如果健康受损到了失去或者部分失去日常行动能力的程度，其生存权都受到了现实的威胁，当属严重环境损害的范围。

第二，破坏基本生活条件的财产损害。环境污染和破坏导致的财产损害通常以财产价值来衡量其严重程度，一般认为造成的财产损失数额越大损害程度越严重，但是就保障公民基本权利的目标而言，损失数额仅是衡量严重程度的一个因素，更重要的因素是损失对于受害人生活的影响程度。如果环境污染和破坏造成的损害主要是生产和商业活动的损失，即使损失的数额巨大也是营利性活动，应当通过一般侵权赔偿获得救济，或者作为经营风险的一部分由受害人自行承担。比较而言，如果环境污染和破坏造成了自然人的基本生活条件被破坏，例如地陷造成住宅受损，或者环境污染导致农民承包经营的农产品生产遭受损失，那么即使从数额衡量损失并不是特别巨大，但是由于这些财产构成自然人的基本生活条件，无法获得救济意味着其生存权利受到威胁，在其他途径无法获得救济时具有以公共财政资金来补偿的紧迫性。因此，对自然人基本生活条件的破坏原则上应当属于严重的环境损害。

第三，危及生命财产安全的环境公益损害。环境公益损害是对生态环境本身的损害，通常情况下不属于对个体进行补偿应当考虑的范围，但是如果严重的生态环境损害威胁到居民的生命和财产安全，特别是在短期内无法消除环境污染时，从保障公民基本权利的角度出发，有必要由政府采取一定的措施。在此情形，政府承担的责任不是针对具体受害人，而是直接针对严重的环境污染和破坏，但是其直接目标是解除环境污染和破坏对公民基本权利的威胁，在此意义上是对环境损害的救济。从形式上看，补救环境公益损害需要对污染或者受损资源进行治理，包括污染治理和矿山采空区整治等。政府环境整治是政府承担环境损害补偿责任的特殊形式，即以出资治理环境、恢复生态的形式避免环境损害的扩大，达到环境损害填补的效果。考虑到我国环境污染和破坏的现实，只有直接危及居民生命财产安全的环境公益损害才属于严重的环境损害，应当纳入政府补偿环境损害的范围。政府对一般的生态环境损害也有治理和整治的义务，但应当更多根据社会需要和政府财力由政府裁量决定，纳入政府的政治责任而非法律责任的范围。

（二）环境损害的鉴定和计量

在定性分析严重环境损害的基础上，还需要将对环境损害的计量作为补偿的前提，因为多数情形下政府的损害补偿也采用经济计量的方式来完成。损害的计量在各个领域都存在困难，只是在传统的领域已经发展出各种社会认可的计量方法，而在环境损害领域特别是与生态环境损失直接相关的领域对损害的计量还存在困难，例如自然资源损害的计量即存在技术困难。[1]但是尽管存在计量方法上的争议，在当前的社会技术条件下计算环境损害的数额是可以完成的。

鉴定是进行环境损害计量的专业技术途径。我国正在推进生态环境损害的鉴定评估工作，2011 年原环境保护部发布了

---

〔1〕　See Karen Bradshaw, Setting for Natural Resource Damages, *Harvard Environmental Law Review*, Vol. 40, No. 2（2016）, pp. 211~250.

《关于开展环境污染损害鉴定评估工作的若干意见》，提出了推动环境污染损害鉴定评估工作的具体要求。明确环境污染损害鉴定评估是综合运用经济、法律、技术等手段，对环境污染导致的损害范围、程度等进行合理鉴定、测算，出具鉴定意见和评估报告，为环境管理、环境司法等提供服务的活动，具体内容包括"对环境污染损害进行定量化评估""科学、合理确定损害赔偿数额与行政罚款数额"等。并将《环境污染损害数额计算推荐方法》（第Ⅰ版）作为附件同时发布，2014年又修改发布了《环境损害鉴定评估推荐方法》（第Ⅱ版）。2016年原环境保护部办公厅关于印发了《生态环境损害鉴定评估技术指南·总纲》和《生态环境损害鉴定评估技术指南·损害调查》等文件，进一步规范生态环境损害鉴定评估工作。随着生态环境损害鉴定评估工作的逐步推进，目前对于环境公共利益损失的计量基本上得到了社会的认可，计算公共利益损失的具体数额，实践中可以运用鉴定等技术手段。[1]环境污染导致的公共利益损失，目前已经可以在相当程度上开展科学的评估和计量。[2]

如果环境损害表现为传统的损害形式，例如受害人死亡、健康受损或者住宅受损，则损害的计量可以采用传统上已经成熟的方式。比如对死亡的赔偿包括死亡补偿金、丧葬费以及被抚养人的生活费等；对健康损害的补偿包括医疗费、营养费以及误工费、看护费等；对财产损失的赔偿包括重置费用或者可交易物的市场价值等；对于居民的基本生活资料例如住宅的损害计量需要考虑受害人的生活需要，可能包括异地重建、过渡

---

〔1〕 我国正在推进生态环境损害的鉴定评估，关于环境损害鉴定制度的研究也形成了不少成果，如王江、魏利青、崔高莹："论我国环境损害鉴定评估机制的完善"，载《环境保护》2016年第2期。

〔2〕 参见邢洁等："中国环境污染损害鉴定评估研究进展"，载《环境科学与管理》2016年第5期。

住房的费用等。但是环境损害的总体特征是与环境污染或者破坏之间的密切联系，其中的人身损害和财产损害可能由于环境因素的介入而变得复杂，因此必要时仍需要通过鉴定等专业技术手段确定损失的数额。

二、直接责任人无法承担责任

虽然也存在自然界本身的运行过程产生环境污染和破坏，但是现代社会的环境污染和破坏绝大部分是人类活动引起的，即使有不可抗力因素的影响，也不可排除人类活动对于环境损害形成的决定性影响。因此，理论上环境损害都是存在环境污染者或者破坏者的，其行为造成了环境损害后果，根据《侵权责任法》应当承担损害赔偿等责任，是环境损害的直接责任人。在环境侵权采用无过错责任原则的前提下，[1]环境损害只要可以归因于环境污染和破坏行为都可以追究行为人的责任，这也是环境侵权制度试图实现对受害人全面救济的基本思路。但是，事实上环境损害并非总能查明污染源或者直接责任人，即使能够查明也存在直接责任人无力承担损害赔偿等责任或者不能及时承担责任致受害人无法及时获得救济的情形。

（一）无法查明污染源或者责任人

有些损害确定是由环境污染或者破坏造成的，但是却无法

---

〔1〕　在环境侵权法领域，当今世界上大多数国家都采用了无过错责任主义归责原则。参见曹明德：《环境侵权法》，法律出版社 2000 年版，第 156 页。我国侵权法理论和立法都确认了环境侵权的无过错责任原则，《侵权责任法》第 65 条规定："因污染环境造成损害的，污染者应当承担侵权责任。"近年来学界开始反思和质疑环境侵权无过错责任原则的合理性，但是总体上仍未动摇无过错责任原则的地位。参见张宝："环境侵权归责原则之反思与重构——基于学说和实践的视角"，载《现代法学》2011 年第 4 期；刘长兴："环境污染侵权的类型化及责任规则探析"，载《宁夏大学学报（人文社会科学版）》2010 年第 3 期。

查明污染源，或者能够查明污染源也无法查明污染者，或者造成环境破坏的主体已经消灭。在环境污染的情形中，这通常与污染的累积性、转移性和潜伏性有关；在环境破坏的情形中，通常是由于经历太长时间，造成环境破坏的主体已经解散或者因其他原因消灭，或者违法采矿的主体难以查明。

环境污染的累积和转移特性会导致某地出现的环境污染后果无法追踪到具体的污染者，或者即使可以追踪也因为人数众多无法具体查明。水污染可以沿江河长距离转移，再加上沿岸分散排污的累积效应，以及污染进入相对静止的水体后的长期累积效应，经常出现污染源无法查明的情形，特别是在地下水污染时污染源的查明更加困难。而环境污染的潜伏性意味着污染行为与污染后果之间存在几年乃至几十年的时间间隔，这样即使导致污染损害的污染源是明确的，其责任人也可能已经解散或者因为其他原因消灭。

环境破坏导致地陷等造成人身和财产损害的因果关系比较容易查明，但是可能因为破坏行为与损害后果之间的时间间隔过长。例如，采矿导致的地陷可能在较长时间后才显现，出现环境损害后果时当初的环境破坏行为人已经难以查明或者主体消灭；在矿产被违法盗采等情形下，违法者的查明更是存在重重困难。

（二）直接责任人无力承担责任

环境污染和破坏的后果有可能影响广泛但程度较轻，也有可能比较集中同时损害严重。在后一种情形下，意味着环境污染者或者破坏者须承担较重的赔偿等责任，这些责任可能超出责任人的承担能力。环境责任保险是通过保险机制分散环境侵权责任、应对环境侵权责任人无力承担责任问题的制度化解决方案，但是目前其在我国的推广情况并不理想。[1]除此之外，民事上对于责任人无力承担赔偿责任的情形并无其他有效的解决方案。现实中，相当一部分的严重环境损害赔偿责任是责任人无力承担的，特别是历史上一些集体经营的重污染企业，名义上企业还在，但是已经因为经营问题丧失了偿付能力，又没有环境责任保险等其他可行的制度安排，致使周边的污染受害人处于事实上无法获得救济的情形。

比较特殊的是直接责任人无法及时承担责任的情形。有些环境污染和破坏的直接责任人本来具有承担赔偿等责任的能力，但是由于侵权责任的争议需要经过法律程序，或者经营困难等原因无法及时筹集资金，致使环境损害的受害人权益无法得到及时救济。如果仅仅是时间上的耽搁，从责任顺序来看仍应当由直接责任人对受害人进行赔偿。但是实践中无法及时承担责任可能转化为无法承担责任，而且即使时间上的耽搁有时对于受害人权益的救济也可能产生根本性影响，因此，对于直接责任人无法及时承担责任的情形，其中的严重环境损害应当纳入政府补偿的范围，但是直接责任人的责任不能免除并且受害人不应当获得双重赔偿或者补偿。

三、其他条件的判定

传统侵权责任的构成要件包括损害、原因行为、因果关系以及行为人的过错，环境侵权实行无过错责任原则也须具备损害、原因行为及其间的因果关系。环境损害的政府补偿责任的确认整体上参考侵权责任的归责，但是除了上述两个基本条件之外，其他的条件原则上都不是必备的条件，但是在环境损害

---

〔1〕　参见刘娟、董红："环境责任保险需求不足的成因及对策分析"，载《安徽农业大学学报（社会科学版）》2016 年第 6 期。

政府补偿责任的认定时仍是相关因素。

第一，关于因果关系问题。在侵权责任的构成要件中，因果关系是联系损害和原因行为的关键要件，由于环境侵权责任以无过错责任为原则，因果关系认定更成为责任认定的最关键因素。但是对于环境损害的政府补偿责任来说，因果关系并非责任成立的关键因素，理由在于：其一，政府行为与环境损害后果具有关联性，这种关联性是通过政府行为与环境污染和破坏行为的联系建立起来的，而不管是政府允许的行为导致的环境污染和破坏，还是政府未制止的行为导致的环境污染和破坏，都可以从政府积极行为的不当性和消极不作为的违法性联系到政府责任。环境污染和破坏行为与环境损害后果之间的因果关系当然影响政府行为与环境损害后果之间的关联性，但那又是另一个判断的内容。其二，政府补偿针对严重环境损害，在事实上很难否认环境污染和破坏与环境损害后果之间的因果联系。尽管环境侵权的因果关系证明在理论和实践中都还存在着争议和困难，[1]但是典型的严重环境损害与环境污染和破坏行为之间的因果联系是相对明确的。其三，政府补偿的目的主要是对无法获得救济的严重环境损害进行特殊救济，对公民基本权利的保障是关注的重点。就此而言，受害人遭受的严重损害是否确定是由环境污染和破坏导致的也并非是承担责任的唯一关键因素，即使在因果关系上存在着一些不确定性，从保障公民基本权利的目标出发也存在政府承担补偿责任的正当性。当然，环境损害政府补偿的目标是救济环境损害，因此仍然以政府行为与环境损害后果之间的关联性为条件。只是在因果联系基本可以判定但是还不足以达成因果关系认定时，不应过分纠结于

---

〔1〕 参见胡学军："环境侵权中的因果关系及其证明问题评析"，载《中国法学》2013 年第 5 期。

因果关系问题。

第二，当事人的诉求问题。在民事侵权关系中，当事人提出侵权赔偿等请求是侵权责任人承担相关责任的前提。在环境损害的政府补偿中，当事人的请求不应当作为政府履行补偿责任的前提条件，在当事人的补偿请求并不明确的情况下，政府也应当积极作为予以补偿。因为从法律关系的性质上讲，侵权责任是纯粹的民事责任，侵权赔偿等请求权是当事人可以自由放弃的权利，其实现也应当以当事人的积极主张为前提。而环境损害的政府补偿责任具有政府职责性，从政府职责履行的角度并不一定需要当事人的积极主张，政府也负有积极作为以完成职责的义务。具体来说，严重的环境损害事件都需要政府环境保护部门的介入，如果当事人没有提出政府补偿的请求，处理环境损害事件的部门也应收集环境损害的相关情况，并将可能涉及政府补偿责任的情况转交相关部门或者机构进行处理，特别是当事人已经积极寻求侵权赔偿但未能获得适当救济时，当事人的求偿请求是明确的，政府更应当积极作为对符合补偿条件的当事人完成补偿责任。当然，如果当事人在已知政府补偿的救济途径及相关情况后，明确拒绝政府补偿的，也应当尊重当事人的意愿，但应当以明确的告知为前提。

另外，实际完成环境损害的政府补偿还需要经过一定的程序，并按照一定的标准进行补偿，具体的条件在环境损害的政府直接补偿和补偿基金的操作过程中体现。

第二节　环境损害的政府直接补偿

政府是法律主体，在行使行政职权的过程中以行政主体的身份出现，作为补偿责任的承担主体并无法律上的障碍，只是具体操作中需要确定是各级人民政府还是政府部门。实践中，环境损害的政府补偿通常是由环境保护相关的政府行政主管部门承担的,例如陕西省凤翔县的血铅超标事件中,铅超标儿童的治疗费用即由凤翔县财政全额负担。[1]因此,政府对环境损害的受害人直接进行补偿是其承担责任的主要方式。而环境损害补偿基金作为间接实现政府补偿责任的方式,应当限于更具体的范围,并且以政府的直接补偿责任为基础开展制度设计。

从法律性质上看,环境损害的政府补偿与现行的行政赔偿或者行政补偿都有区别,在针对环境损害的意义上运用了行政赔偿的基本框架,同时在对政府行为的评价上参考了行政补偿的基本思路。但是,环境损害的政府补偿与行政赔偿、行政补偿都以政府或者政府部门为义务承担者,在补偿程序、方式和标准等方面也与行政补偿或者行政赔偿具有相似性。在此,对环境损害政府补偿义务主体、补偿范围和对象、补偿方式和标准、补偿程度等问题进行分析,具体内容上以侵权赔偿、行政赔偿和行政补偿的相关内容为参照。

一、政府直接补偿的情形

前文讨论了政府承担环境损害补偿责任的基本条件,主要是从损害后果角度对政府补偿责任的限定。从政府行为的角度考察,不同的政府行为状态可能导致不同的环境损害补偿责任。从政府承担环境损害补偿责任的理论基础出发,结合国内外的实践特别是药品管制等相关制度的经验,政府承担对环境损害的直接补偿责任的情形主要包括批准排污导致环境损害和违法不作为导致损害。

---

〔1〕 参见"凤翔615名儿童血铅超标 县财政全额负担治疗费用",载西部网:http://news.cnwest.com/content/2009-08/14/content_ 2311177.htm,2017年11月25日访问。

首先，经政府批准的排污行为或者资源利用行为造成环境损害时，如果直接排污者、造成环境破坏者无法或者无力承担赔偿责任，基于政府批准行为与排污行为的关联性，应当由政府承担直接的补偿义务。

政府对可能造成环境污染和破坏行为的控制通常通过审批来实现。行政审批是政府实施行政控制的重要手段，是指行政审批机关（包括有行政审批权的其他组织）根据自然人、法人或者其他组织依法提出的申请，经依法审查，准予其从事特定活动、认可其资格资质、确认特定民事关系或者特定民事权利能力和行为能力的行为。[1]行政审批行为的实质是"必须经过行政审批机关同意"，即必须经过行政机关同意的就属于行政审批，[2]一般认为包括行政许可和核准等。也有学者认为，行政审批与行政许可是相对应的平行概念，行政审批是行政机关所实施的内部审查批准权力，行政机关所实施的外部审查批准权力则属于行政许可。"非行政许可审批"的概念有违《行政许可法》的规定，内涵模糊，应予以废除。目前被归入"非行政许可审批"中的外部审批项目，都应作为行政许可，纳入《行政许可法》的规范之内。[3]从现行法律的规定来看，行政审批仍然包括了行政机关实施的外部审查批准。

在环境保护领域，控制污染的主要行政审批包括环评审批和排污许可。环评审批实质上决定了建设项目能否合法建设，对于通常的排污企业具有决定性影响。《环境影响评价法》第22条规定："建设项目的环境影响报告书、报告表，由建设单位

〔1〕　参见国务院行政审批制度改革工作领导小组：《关于贯彻行政审批制度改革的五项原则需要把握的几个问题》（国审改发〔2001〕1号）。

〔2〕　参见郭勇："行政审批概念的反思"，载《机构与行政》2014年第2期。

〔3〕　参见张步峰："基于实定法解释的'行政审批'概念分析"，载《法学杂志》2013年第11期。

按照国务院的规定报有审批权的生态环境主管部门审批。海洋工程建设项目的海洋环境影响报告书的审批，依照《中华人民共和国海洋环境保护法》的规定办理。审批部门应当自收到环境影响报告书之日起六十日内，收到环境影响报告表之日起三十日内，分别作出审批决定并书面通知建设单位。国家对环境影响登记表实行备案管理。审核、审批建设项目环境影响报告书、报告表以及备案环境影响登记表，不得收取任何费用。"而排污许可是判断排污行为合法性的直接依据，我国《环境保护法》和《大气污染防治法》等都规定了排污许可制度。《环境保护法》第 45 条规定："国家依照法律规定实行排污许可管理制度。实行排污许可管理的企业事业单位和其他生产经营者应当按照排污许可证的要求排放污染物；未取得排污许可证的，不得排放污染物。"针对历史上排污许可制度落实不到位，现实中存在大量的无证排污的现象，近年来环境保护行政主管部门已经开始大力推进排污许可制度的落实，在多个行业领域开展排污许可的确认和发证工作。

对于可能造成环境损害的自然资源开发利用行为，一般是通过环评审批和采矿许可进行行政控制的。对建设项目的环评审批不仅包括可能产生污染的项目，也涵盖自然资源开发利用等可能破坏生态环境的项目，国务院《建设项目环境保护管理条例》明确"为了防止建设项目产生新的污染、破坏生态环境"，国家实行建设项目环境影响评价制度，"建设对环境有影响的建设项目"应当进行环境影响评价，而环境影响评价需要依法审批。《矿产资源法》第 16 条规定："开采下列矿产资源的，由国务院地质矿产主管部门审批，并颁发采矿许可证：（一）国家规划矿区和对国民经济具有重要价值的矿区内的矿产资源；（二）前项规定区域以外可供开采的矿产储量规模在大型以上的矿产资源；（三）国家规定实行保护性开采的特定矿种；（四）领海及中国管辖的其他海域的矿产资源；（五）国务院规定的其他矿产资源。开采石油、天然气、放射性矿产等特定矿种的，可以由国务院授权的有关主管部门审批，并颁发采矿许可证。……"

至少从审批制度设计的初衷来看，是试图通过政府的审查和同意控制建设项目生产行为可能产生的环境污染和破坏，从而避免出现严重的环境损害。除了上述主要法律法规中对于环境污染和破坏的主要行政审批规定之外，还有法律、行政法规、部门规章和地方性法规作出了更加具体的规定，基本上形成了完整的环境污染和破坏行政管控制度，并且将具体的行政审批职责明确到了具体的政府行政主管部门，例如上述环境保护行政主管部门、地质矿产主管部门等。

也就是说在我国目前的环境保护及资源开发等制度体系下，可能造成环境污染和破坏的行为基本上都属于行政审批的管控范围。如果导致环境污染或者破坏的行为是经过相应的行政审批获得了政府或者政府的相应行政主管部门同意的，政府应当在符合前述条件时承担一定的环境损害补偿责任。

其次，政府行政不作为未及时制止违法排污或者资源开发行为导致重大环境污染事故发生或者重大环境破坏的，直接的污染者和破坏者不能承担责任而且造成了严重的损害后果时，政府应当因其不作为而对环境损害进行补偿。

在已经形成相对完整的环境污染和破坏行为管制制度体系的前提下，理论上可能导致环境污染和破坏的行为都是不应该出现的，但事实上我国一些地区还存在明显的环境污染和破坏现象。其中一些导致环境污染和破坏的行为是经过政府行政审批的，涉及政府管理不当的问题，还有一些是政府监管不力、当事人违法作为的结果。不论是否经过事前的行政审批，现实中出现可能导致严重环境污染和破坏的环境违法行为时，政府环境保护行政主管部门或者相关主管部门有义务通过环境监测、检查等及时发现并合理处置。已经出现比较严重的环境污染和破坏特别是已经被举报时，政府环境保护行政主管部门或者相关主管部门有义务及时予以制止。

政府或者其相关行政主管部门消极不作为放任违法的排污行为或资源开发利用行为造成严重环境损害后果的，相应的行政主管部门应当在符合前述条件时承担一定的环境损害补偿责任。

总之，政府的环境保护职责是其承担环境损害补偿责任的前提，不管是经过行政审批的建设项目最终造成了严重的环境损害，还是违法的排污和资源利用行为导致了严重的环境损害，都属于政府职责履行的不当。因此，经政府批准的排污行为或者资源利用行为造成环境损害，或者政府行政不作为未及时制止违法排污或者资源开发行为导致重大环境污染事故发生或者重大环境破坏的，政府应当承担一定的环境损害补偿责任。

另外，政府在公共设施建设和管理或者其他活动中直接污染或者破坏环境造成严重环境损害的情形下，应当参照民事赔偿责任制度由政府承担行政赔偿责任。政府在公共设施建设或者其他活动中直接排放污染物或者造成环境破坏的，因为政府活动与环境损害后果之间的直接关联性，与前述两种情形下的环境损害是政府行为的间接性结果存在显著差异，应纳入行政赔偿制度，由政府承担赔偿责任是更合理的制度选择。我国行政赔偿制度未明确将公共设施导致的损害纳入行政赔偿的范围，但是国外立法例上将公共设施造成的损害纳入行政赔偿的范围也比较常见，是相对比较成熟的做法。例如 1947 年《日本国家赔偿法》第 2 条第 1 款规定，因道路、河川及其他公共营造物的设置或者管理有瑕疵，给他人带来损失时，国家或者公共团体对该损害承担赔偿责任。[1]1981 年《德国国家赔偿法》第 1 条规定，国家对其因技术性设施的故障所产生的侵权行为，应该负赔偿责任；因违反对街道、土地、领水违章建筑物的交通安全义务所造成的损害，国家应负赔偿责任。[2]法国的公共工程损害赔偿制度是行政法院判例的产物，不仅和一般的民事赔偿责任不同，和一般的行政赔偿责任也不同，其特点是无过错赔偿责任占主导地位。而且公共工程损害赔偿责任不仅适用于公共工程本身，也适用于公共建筑物。[3]因此，基于人权保障的需要，国家就应当对其非权力行政下所设置和管理的公有公共设施的致害承担赔偿责任，通过国家赔偿或行政赔偿的立法加以确认，以便为行政相对人提供更有效的救济，而不应将公有公共设施致害仅视为一种民事侵权的存在。[4]对于因公共设施的建设和运行等活动导致的环境损害，基于政府行为与环境损害后果之间的直接相关性，应当由政府或者其相关行政主管部门承担行政赔偿责任而非补偿性责任，不属于政府承担环境损害补偿责任的情形。

二、政府直接补偿义务主体

环境损害的政府补偿责任必须落实到具体的责任主体，即补偿义务主体，代表政府履行补偿义务，完成补偿金的给付或者给予当事人其他形式的补偿。在此先考察行政赔偿和行政补

---

〔1〕参见杨临萍主编：《行政损害赔偿》，人民法院出版社 1999 年版，第 109 页。

〔2〕参见王堃、蔡武进："论我国行政赔偿范围的拓展与改良"，载《北京化工大学学报（社会科学版）》2012 年第 3 期。

〔3〕参见王名扬：《法国行政法》，北京大学出版社 2016 年版，第 345 页。

〔4〕参见王堃、蔡武进："论我国行政赔偿范围的拓展与改良"，载《北京化工大学学报（社会科学版）》2012 年第 3 期。

偿的义务主体，并以之为参照提出明确环境损害政府直接补偿义务主体的思路。

（一）行政赔偿和行政补偿的义务主体

行政赔偿的义务主体即赔偿义务机关，是指代表国家处理赔偿请求、参加赔偿诉讼、支付赔偿费用的行政机关。行政赔偿的主体是国家，但是国家是一个庞大的、结构复杂的政治实体，下设的机构和机关众多，受害者自己无法也没有权利确认承担赔偿义务的机关，[1]因此有必要确定具体的行政机关承担行政赔偿责任。同时，承担行政赔偿责任本身具有谴责的意义，国家机关因此可能相互推诿不愿承担赔偿责任。为了有利于受害人提出赔偿请求，避免行政机关之间的相互推诿，我国《国家赔偿法》借鉴域外经验设立专门条文明确行政赔偿义务机关，第 7 条规定："行政机关及其工作人员行使行政职权侵犯公民、法人和其他组织的合法权益造成损害的，该行政机关为赔偿义务机关。两个以上行政机关共同行使行政职权时侵犯公民、法人和其他组织的合法权益造成损害的，共同行使行政职权的行政机关为共同赔偿义务机关。法律、法规授权的组织在行使授予的行政权力时侵犯公民、法人和其他组织的合法权益造成损害的，被授权的组织为赔偿义务机关。受行政机关委托的组织或者个人在行使受委托的行政权力时侵犯公民、法人和其他组织的合法权益造成损害的，委托的行政机关为赔偿义务机关。赔偿义务机关被撤销的，继续行使其职权的行政机关为赔偿义务机关；没有继续行使其职权的行政机关的，撤销该赔偿义务机关的行政机关为赔偿义务机关。"第 8 条规定："经复议机关复议的，最初造成侵权行为的行政机关为赔偿义务机关，但复

---

〔1〕 参见罗豪才、湛中乐主编:《行政法学》（第 4 版），北京大学出版社 2016 年版，第 432~433 页。

议机关的复议决定加重损害的，复议机关对加重的部分履行赔偿义务。"

　　国外立法例对于行政赔偿义务主体有不同的规定，例如由社会保险机关在向受害人赔偿后再向行政机关索赔其实际赔偿额，[1]或者由保险机构作为赔偿义务主体。我国法律上明确了实施侵权行为的行政机关或者公务员所在的行政机关为行政赔偿义务机关，这有利于督促行政机关依法行政，便于受害人行使赔偿请求权并且有利于精简机构，[2]是符合我国现实需要的选择。而世界各国在确定赔偿义务机关时，都遵循国家责任、机关赔偿的原则，但是赔偿义务机关未必是实施侵权行为的行政机关或者公务员所在的行政机关，例如，瑞士是由财政部门统一代表国家履行行政赔偿义务；而韩国是在法务部下设国家赔偿审议会、地方检察机关下设地方赔偿审议会，作为专门而且相对独立的机构办理行政赔偿事务；还有由保险机构作为赔偿义务机关的情形。[3]也有学者主张，我国的行政赔偿义务机关也应当与行政侵权机关相对分离，二者的职能应当相互制衡、相互配合。[4]

　　行政补偿是因合法行为给行政相对人的合法权益造成损害而由国家给予行政相对人的补偿，是行政主体公法上的义

---

〔1〕　参见冼德庆："浅议行政赔偿义务主体"，载《华南师范大学学报（社会科学版）》1993 年第 2 期。

〔2〕　参见罗豪才、湛中乐主编：《行政法学》（第 4 版），北京大学出版社 2016 年版，第 433 页。

〔3〕　参见罗豪才、湛中乐主编：《行政法学》（第 4 版），北京大学出版社 2016 年版，第 433 页。

〔4〕　参见马怀德主编：《完善国家赔偿立法基本问题研究》，北京大学出版社 2008 年版，第 161 页。

务。[1]与行政赔偿制度集中规定于《国家赔偿法》中不同，我国并没有从立法上建立统一的行政补偿制度。《宪法》规定了行政补偿制度的框架，第 10 条第 3 款规定："国家为了公共利益的需要，可以依照法律规定对土地实行征收或者征用并给予补偿。"第 13 条第 3 款规定："国家为了公共利益的需要，可以依照法律规定对公民的私有财产实行征收或者征用并给予补偿。"具体到不同的领域，《土地管理法》《森林法》《国防法》《戒严法》等法律中都规定了行政补偿，《国有土地上房屋征收与补偿条例》详细规定了国有土地上房屋的征收补偿制度。从法律法规的具体内容来看，对于行政补偿义务主体的规定也不统一。《土地管理法》第 46 条规定："国家征收土地的，依照法定程序批准后，由县级以上地方人民政府予以公告并组织实施。被征收土地的所有权人、使用权人应当在公告规定期限内，持土地权属证书到当地人民政府土地行政主管部门办理征地补偿登记。"由此可见，土地征收中行政补偿的义务主体是地方人民政府土地行政主管部门。国务院于 2011 年制定的《国有土地上房屋征收与补偿条例》第 17 条规定："作出房屋征收决定的市、县级人民政府对被征收人给予的补偿包括：（一）被征收房屋价值的补偿；（二）因征收房屋造成的搬迁、临时安置的补偿；（三）因征收房屋造成的停产停业损失的补偿。……"实质上明确了房屋征收的补偿义务主体是作出房屋征收决定的市、县级人民政府。但是该条例第 25 条规定："房屋征收部门与被征收人依照本条例的规定，就补偿方式、补偿金额和支付期限、用于产权调换房屋的地点和面积、搬迁费、临时安置费或者周转用房、停产停业损失、搬迁期限、过渡方式和过渡期限等事项，

---

[1] 参见窦衍瑞：《行政补偿制度的理念与机制》，山东大学出版社 2007 年版，第 22~23 页。

订立补偿协议。补偿协议订立后，一方当事人不履行补偿协议约定的义务的，另一方当事人可以依法提起诉讼。"这是将房屋征收补偿的具体责任赋予房屋征收部门。

（二）环境损害的政府补偿义务主体

我国现行法律制度中，环境损害没有纳入行政赔偿的范围，[1]通常的行政补偿范围也不包括因污染事故而导致的环境损害，[2]特定情形下政府直接承担环境损害补偿责任是基于现实需要和理论分析的。因此，环境损害的政府补偿义务主体不能适用法律法规关于行政赔偿和行政补偿义务主体的规定。但是，基于环境损害政府补偿责任与行政赔偿责任和行政补偿责任的相似性，在义务主体的确定上应当参照行政赔偿义务主体和行政补偿义务主体确定的基本思路，由承担特定行政管理职责的政府或者其行政主管部门来承担具体的环境损害补偿责任。

在环境污染导致严重环境损害的情形下，负有环境污染管

---

〔1〕《国家赔偿法》列举了行政赔偿的范围，第 3 条规定："行政机关及其工作人员在行使行政职权时有下列侵犯人身权情形之一的，受害人有取得赔偿的权利：（一）违法拘留或者违法采取限制公民人身自由的行政强制措施的；（二）非法拘禁或者以其他方法非法剥夺公民人身自由的；（三）以殴打、虐待等行为或者唆使、放纵他人以殴打、虐待等行为造成公民身体伤害或者死亡的；（四）违法使用武器、警械造成公民身体伤害或者死亡的；（五）造成公民身体伤害或者死亡的其他违法行为。"第 4 条规定："行政机关及其工作人员在行使行政职权时有下列侵犯财产权情形之一的，受害人有取得赔偿的权利：（一）违法实施罚款、吊销许可证和执照、责令停产停业、没收财物等行政处罚的；（二）违法对财产采取查封、扣押、冻结等行政强制措施的；（三）违法征收、征用财产的；（四）造成财产损害的其他违法行为。"从法条的表述来看，没有涉及行政机关违法或者合法行使职权引起或者纵容排污而导致环境损害的赔偿问题。从法条解释的角度，"其他违法行为"造成人身或者财产损害的，受害人有取得赔偿的权利，但是一般也倾向于解释为其他违法行为直接造成损害的情形，而不包括行政机关违法引起或者纵容排污而间接导致环境损害的情形。

〔2〕 参见薛刚凌主编：《行政补偿理论与实践研究》，中国法制出版社 2011 年版，第 62~63 页。

控职责、行使相关行政审批权的是各级政府环境保护行政主管部门，因此相应的环境保护行政主管部门为环境损害补偿义务机关。《环境保护法》第 10 条规定："国务院环境保护主管部门，对全国环境保护工作实施统一监督管理；县级以上地方人民政府环境保护主管部门，对本行政区域环境保护工作实施统一监督管理。县级以上人民政府有关部门和军队环境保护部门，依照有关法律的规定对资源保护和污染防治等环境保护工作实施监督管理。"这是环境保护行政主管部门负有环境保护监督管理职责的基础性规定。对于可能造成环境污染的两项关键行政审批——建设项目环境影响评价审批和排污许可——原则上也是环境保护行政主管部门的职责，对于违法排放污染的查处职责也在各级环境保护行政主管部门。因此，不管是经批准的排污行为还是未经政府批准的违法排污导致的严重环境损害，符合政府直接补偿条件的，都应当由有管辖权的环境保护行政主管部门进行补偿。

在资源开发和利用导致环境破坏进而导致严重环境损害的情形下，对项目的环境影响评价还是属于各级环境保护行政主管部门的职责，但是对于资源的开发利用许可例如采矿许可可能属于地质矿产等相应部门的职责，这就存在具体承担环境损害补偿义务的部门如何确定的问题。这要区分几种不同的情形：

第一，环境保护行政主管部门批准环境影响评价报告，相应行政主管部门也批准了资源开发利用许可时，两个部门对于资源开发利用行为的实施都进行了审查并予以批准，如果最终造成了严重的环境损害例如地陷等，两个部门应当共同对损害后果负一定的补偿责任，为共同补偿义务机关。在行政赔偿制度中，我国法律上明确两个以上行政机关共同行使行政职权时侵犯公民、法人和其他组织的合法权益造成损害的，共同行使行政职权的行政机关为共同赔偿义务机关。

　　第二，只有一个行政主管部门批准了相应的行政审批事项，另一个部门未予审批或者未予批准时，资源开发利用行为本质上还是违法行为，所造成的严重环境损害一方面与已经批准的行政审批事项有关，另一方面与未予批准的行政主管部门未积极履行监督管理职责有关。但是考虑到行政审批对于资源开发利用行为已有审查，由已经批准了相应行政审批事项的行政主管部门承担一定的环境损害补偿责任更为适当。未予审批或者未予批准的行政主管部门虽然也存在监督管理不力的问题，可不再介入对环境损害的处理，由已经有审批行为的行政部门处理可以促进其谨慎开展审批业务，而且原则上都由财政资金对环境损害进行补偿，单一部门处理并不会从根本上损害受害人获得救济的权利。目前正在推行的行政审批制度改革将一些串联的行政审批事项改为并联，以减少申请单位获得批准的时间，在此背景下，强调行政主管部门对于自己批准的事项的延伸性责任更有助于促进行政审批权的规范和审慎行使。

　　第三，环境保护行政主管部门和相关行政主管部门都未予审批或者未予批准的情形下，完全违法的资源开发利用行为导致严重的环境损害时，应当由负有直接监督管理职责的部门承担环境损害的补偿责任。例如对矿产资源的违法开发，地质矿产行政主管部门负有更直接的监督管理责任；而环境保护行政主管部门虽然也负有建设项目环境影响评价审批的职责，但是更多是前提性管控而非直接的监督管理。鉴于环境损害补偿的资金来源于政府财政，单一部门处理既可明确部门职责又不改变责任的本质，宜由负有直接监督管理责任的部门承担其监管不到位、违法不作为导致的责任，即作为补偿义务主体承担对严重的环境损害的行政补偿责任。

确定环境损害政府直接补偿的义务主体，不仅需要明确特定领域的行政主管部门，还需要具体到特定级别的行政主管部门才能最终确定补偿的义务主体。然而，虽然权力配置是我国中央与地方政府关系的一个核心问题，[1]也是地方各级政府之间关系的核心问题，但我国法律上对于部门职责的纵向划分在很多情形下并不明确，一般按照行政事务的重要性和社会影响在行政法规、部门规章乃至规范性文件中确定不同的级别分工。不同层级的政府在纵向间职能、职责和机构设置上高度统一，行政主管部门也存在不同级别间的"职责同构"现象。[2]如果已经有法律法规或者文件明确了环境保护行政主管部门或者相关行政主管部门的级别分工，或者在排污行为或者资源开发利用行为经过了行政审批的情形下，承担环境损害补偿责任的义务主体即为对应的行政机关。否则，应当根据环境损害事件的影响大小等因素确定特定级别的行政主管部门为补偿义务主体。

另外，现实中往往还需要其他的行政审批对排放污染或者破坏环境的行为进行管控，例如建设项目的用地规划许可由规划和国土行政主管部门负责。确定具体的环境损害政府补偿义务主体要根据职责的相关性，即由负有环境保护监督管理职责的部门承担环境损害政府补偿责任，从其他管制角度对排放污染或者破坏环境行为进行行政审批的行政主管部门不承担补偿责任。当然，除了环境保护行政主管部门以及上述负责采矿许可的地质矿产行政主管部门之外，其他从环境保护角度对排放污染或者破坏环境行为进行行政审批的行政主管部门也可能承

---

〔1〕 参见李文钊:《中央与地方政府权力配置的制度分析》，人民日报出版社2017年版，第66页。

〔2〕 参见朱光磊、张志红:"'职责同构'批判"，载《北京大学学报（哲学社会科学版）》2005年第1期。

担环境损害的补偿责任，成为环境损害政府补偿的义务主体。需要注意的是，环境损害的政府补偿义务主体应当是具有独立主体资格的行政机关，没有独立的主体资格的工作机构，不能成为补偿义务主体。

三、政府直接补偿对象和范围

环境损害的政府补偿是对直接受害人的补偿，补偿对象为遭受严重环境损害的自然人、法人或者其他组织。补偿范围是确定政府应当补偿哪些损害，即哪些权利遭受损害时可能获得政府的直接补偿。

（一）政府直接补偿的对象

政府补偿因环境污染和破坏导致的严重环境损害，其对象是环境损害的受害人。行政赔偿制度中，赔偿对象即赔偿请求人是依法享有取得国家赔偿的权利，请求赔偿义务机关确认和履行国家赔偿责任的公民、法人和其他组织。[1]《国家赔偿法》第 6 条规定："受害的公民、法人和其他组织有权要求赔偿。受害的公民死亡，其继承人和其他有扶养关系的亲属有权要求赔偿。受害的法人或者其他组织终止的，其权利承受人有权要求赔偿。"基于环境损害政府补偿责任的理论分析并对照行政赔偿对象的规定，可以将政府直接补偿的对象界定为因环境污染和破坏遭受严重环境损害的自然人、法人和非法人组织，但是补偿对象的具体确定须注意以下几个方面的问题：

第一，环境损害的政府补偿对象以自然人为主。就基本人权的保障而言，人身权保护比财产权保护具有优先性，对基本

---

〔1〕　参见罗豪才、湛中乐主编：《行政法学》（第 4 版），北京大学出版社 2016 年版，第 424 页。其中公民、法人和其他组织是《民法通则》的表述，《民法总则》已经使用"自然人、法人和非法人组织"的表述。

生活资料的保护也应当优先于对生产资料的保护。环境损害的政府补偿在性质上属于对直接责任人侵权责任的补充，目标是救济受害人基本权利的损害，因此环境损害的政府补偿对象主要是自然人，法人和非法人组织原则上不属于政府补偿的对象，但在基本生产条件因环境污染和破坏遭受重大损失时可纳入政府补偿的范围。

第二，环境损害政府补偿请求权的转移应当受到限制。受害人请求侵权赔偿的权利原则上是可以转移给其他人的，这是实现民事权利保护和自由处置的需要。在侵权制度和行政赔偿制度中，如果作为受害人的自然人死亡，其继承人和其他有抚养关系的亲属，可以成为赔偿权利人。但是环境损害政府补偿的目标集中于对受害人基本权利损害的救济，并且政府补偿资金的公共属性也需要限制其补偿责任范围，因此，环境损害政府补偿请求权的转移应当受到严格限制。一方面，环境损害政府补偿请求权不能转移给其他人，即依法享有获得补偿权利的人不能转让其权利，如果本人不需要政府补偿的应当放弃相应权利。另一方面，在环境损害受害人死亡的情形下，其继承人或者亲属获得补偿的权利也应当受到限制，不仅要考虑其与死者之间的亲属关系，而且要结合其生活条件考虑其获得政府补偿资金的必要性。

总之，环境损害政府补偿的对象原则上包括所有受到严重环境损害的自然人、法人和非法人组织，但是基于政府补偿目标的特殊性，具体的补偿对象要受到一定限制，从而区别于一般行政赔偿和行政补偿的对象。在受害人为限制行为能力人或者无行为能力人等特殊情形，其法定代理人可以代为行使补偿请求权。

（二）政府直接补偿的范围

环境损害政府补偿的范围是环境污染和破坏导致的严重人

身权和财产权损害，为了防止政府赔偿义务的不适当扩大、超过适当限度而损害公共利益，应对政府赔偿的范围作出限制，具体的补偿范围应当以立法方式明确，在此探讨确定政府直接补偿范围相关的几个问题。

第一，政府直接补偿的范围限于环境污染和破坏导致的严重的人身权和财产权损害。严格意义上讲，环境污染和破坏都会造成一定的人身损害、财产损害，但是损害有严重程度的不同。一般来说，为了追求经济发展和物质财富，现代社会人们有义务容忍一定的环境污染和破坏，因此导致的轻微人身损害和财产损害是不能获得救济的。但是，如果环境污染和破坏造成了明显的人身或者财产损害，比如医学上可以判定的健康损害，以及财产价值的明显减损，则可以根据环境侵权规则追究污染者或者破坏者的侵权责任，使受害人获得侵权救济。但是基于政府不是环境污染和破坏后果的直接责任人，应当将其补偿责任限定在人身和财产受到严重损害的情形，其基本判断标准是权益损害破坏了受害人的基本生活或者基本生产条件。

第二，政府直接补偿的范围主要包括健康损害、基本生活资料损失等。依照上述补偿范围的严重性标准，通常对于生命、健康和基本生活资料的损害应当纳入政府补偿的范围。在日本，环境损害的政府赔偿是对环境污染致生命、身体、健康等重大利益遭受损害的，政府在一定的范围和条件下负国家赔偿责任。[1]我国对环境损害的政府补偿也应当限定在基本的人身和财产权损害范围内。

一是健康权损害。环境污染和破坏导致的严重健康权损害是最常见的损害结果，也是对受害人基本权利的直接且持续的

---

〔1〕　参见［日］黑川哲志：《环境行政的法理与方法》，肖军译，中国法制出版社 2008 年版，第 228~230 页。

损害，如果不能从直接责任人获得救济，政府的补偿就尤为必要。一般认为，健康权是独立的具体人格权，是指公民以其机体生理机能正常运作和功能完善发挥，以其维持人体生命活动的利益为内容的人格权。[1]随着人们追求的健康目标的提高，对健康权的界定也呈现扩大的倾向，例如，将健康权界定为人人享有可能达到最高标准的、维持身体的生理机能正常运转以及心理良好状态的权利。[2]政府补偿的健康权范围也应当限于严重的健康权损害，即环境污染或破坏导致受害人身体机能出现严重障碍。健康权损害的补偿一般包括医疗费、误工费、被抚养人的生活费等。相关的还有身体权损害问题，身体权是指公民维护其身体完全并支配其肢体、器官和其他身体组织的具体人格权。[3]一般来说环境污染和破坏不导致身体权的损害，极端情况下沾染特殊污染物导致的截肢等也属于严重的基本权利损害，可以比照健康权损害纳入政府补偿的范围。

二是生命权损害。生命权是以公民的生命安全的利益为内容的权利。[4]生命权损害的直接后果就是受害人死亡。按照一般的侵权损害赔偿规则，受害人死亡的赔偿范围包括死亡补偿金、丧葬费、死者生前抚养或者赡养的人的生活费等。环境污染和破坏也能导致受害人死亡，而生命权是人的最基本的权利，因此应当纳入政府补偿的范围，但是受害人死亡后获得补偿的权利已经转移给其继承人或者其他近亲属，给予受害人近亲属

---

〔1〕 参见王利明、杨立新、姚辉编著:《人格权法》，法律出版社 1997 年版，第 61 页。

〔2〕 参见林志强:《健康权研究》，中国法制出版社 2010 年版，第 33 页。

〔3〕 参见王利明、杨立新、姚辉编著:《人格权法》，法律出版社 1997 年版，第 74 页。

〔4〕 参见王利明、杨立新、姚辉编著:《人格权法》，法律出版社 1997 年版，第 50 页。

补偿未必符合政府补偿的目标。因此，对于生命权损害能否纳入政府补偿的范围需要根据实际情况进一步判断。

三是基本生活资料损失。财产权是人的基本权利，是指可以与权利人的人格、身份相分离而具有财产价值的权利，[1]主要包括物权和债权。环境污染和破坏改变的是人类生活的自然物质条件，与主要表现为人与人关系的债权关系不大，但很有可能导致物权的损害，即改变物的物理形态或者使用环境而损害其价值。环境污染和破坏如果导致受害人的基本生活资料损失，例如住宅受损或者受污染影响无法使用的，构成对当事人基本权利的侵犯，应当纳入政府补偿的范围，在不能从直接责任人获得赔偿时由政府提供补偿，以保障受害人的基本生活。

四是基本生产资料损失。人类的生产活动往往与营利性相关，特别是现代社会的生产活动与人的生存并非直接相关，因此从权利保护的紧迫性看，对生产资料的保护往往不如对生活资料的保护紧迫和重要，而且生产资料往往价值较高，因此因环境污染和破坏遭受损害时由政府进行补偿的必要性存在疑问。从目前已经发生的环境损害政府补偿个案来看，补偿的范围也主要是健康权损害和居民住宅的破坏，并不包括生产资料的损害。但是，如果生产资料例如耕地的破坏危及受害人的生活来源，从保障基本权利的目标来看也应当由政府提供一定的补偿。

第三，环境污染和破坏导致的严重健康风险防范也应当纳入政府补偿的考量范围。环境污染和破坏导致损害具有相当大的不确定性或者说风险性，即未来损害的可能性。传统侵权法上对损害的救济针对既成的损害，但是基于环境污染和破坏的特征，如果对于环境损害的救济不考虑未来的健康风险，可能

---

〔1〕　参见梁慧星：《民法总论》，法律出版社2017年版，第72页。

遗漏重要的问题、给未来留下损害隐患。因此,虽然将健康风险问题纳入政府补偿范围有扩大政府责任之嫌,但是从受害人基本权利保障的需要出发,在政府补偿中充分考虑受害人未来的健康风险而给予适当的医疗救助等更具有合理性。日本的审判实践中,由于大气污染等环境公害事件的发生,被害人提起的追究加害人损害赔偿责任的诉讼中,一般是以原告与被告达成和解,原告胜诉而结束,并在和解的基础上,被告对原告患者不仅要支付因公害而实际受到的损害赔偿金外还支付一定数量的恢复被破坏环境或被恶化环境得以再生的环境再生金。当然,对于风险的考虑应当限于环境污染和破坏主要是环境污染可能引起的严重健康风险,其他风险不危及当事人的基本权利特别是生存权利,为避免政府补偿责任的扩大应当排除于政府补偿范围之外。

第四,公共性的环境损害即环境公益损害不属于政府补偿的范围。环境污染和破坏本身损害了自然环境的生态价值,而且可能是严重的损害,例如严重污染的黑臭水体不仅灭绝水生生物而且损害临近的生态系统,产生严重的生态损害。生态损害是一种公共利益损害,而公共利益的最佳代表者是政府,因此,生态损害等环境公益损害不能再由政府向其他主体赔偿,而是主动履行整治、恢复义务。因此,一般来说,政府赔偿义务不应当包括生态损害或者公共财产利益损害等环境公益损害。自然人或者环保团体等也不得请求政府或者政府部门履行环境公益损害的赔偿义务,但在政府怠于履行相关义务时,可请求政府履行保护环境、改善环境或者恢复生态的职责。

四、政府直接补偿方式和标准

在确定环境损害政府直接补偿的义务主体、补偿对象和范围的基础上，要实际履行补偿义务还需要确定具体的补偿方式和标准。在此结合既有的环境损害补偿个案、政府补偿的目标，并参考行政赔偿制度和侵权赔偿制度的相关规则，提出环境损害政府补偿方式和标准的基本内容。

（一）政府直接补偿的方式

补偿和赔偿都是对受害人利益的填补，填补的方式决定着受害人权益获得补救的状况。行政赔偿和侵权赔偿制度中，金钱赔偿即通过给付一定数量的货币实现损害填补都是比较通用的方式。我国侵权责任法上规定了赔偿损失、恢复原状等责任方式，《国家赔偿法》第32条规定："国家赔偿以支付赔偿金为主要方式。能够返还财产或者恢复原状的，予以返还财产或者恢复原状。"奥地利国家赔偿制度仅规定了金钱赔偿一种方式。

环境损害的政府补偿也应当适用普通的损害赔偿方式，同时结合环境损害的特征灵活或者变通适用恢复原状等责任方式，具体来说应当包括以下补偿方式：

第一，金钱补偿。在社会经济体系高度发达的现代社会，货币作为一般等价物在经济利益的交易和流动中发挥着极为重要的作用。金钱赔偿与损害赔偿之理念虽然未必完全符合，唯其利在于金钱赔偿甚为适用，"虽非理想但相当实用"。[1]而金钱赔偿之所以被选择为最主要的国家赔偿方式，是因为其以支付货币的形式对受害人进行赔偿，简便易行，既可以使受害人的赔偿请求迅速得到满足，又便于赔偿机关承担和履行赔偿义务，且能够适用于多种形式的损害赔偿。[2]因此，在环境损害

〔1〕参见马怀德主编：《完善国家赔偿立法基本问题研究》，北京大学出版社2008年版，第308页。
〔2〕参见马怀德主编：《完善国家赔偿立法基本问题研究》，北京大学出版社2008年版，第308~309页。

的政府补偿中，也应当利用金钱补偿的优势优先以支付货币的方式对受害人进行补偿。

第二，服务补偿。环境污染和破坏对当事人基本权利的损害主要表现为健康损害，而健康损害的补救不仅需要经济成本，更需要有针对性的医疗服务，特别是对一些特殊污染物导致的健康损害，一般医疗机构可能无法提供适当的医疗服务。在此情形下，政府利用其掌握的公共资源协调和提供特定的医疗服务对受害人的权利救济就具有重要意义。现实中，政府对于污染受害者提供医疗服务也是常见的补偿措施。因此，在环境损害政府补偿过程中应当确认医疗服务补偿的地位，在一定条件下由政府提供特定的医疗服务来补偿受害人所受到的健康损害。

第三，财产置换。严重的环境污染和破坏可能破坏居民的居住环境而损害其基本权利，例如，短期无法消除的污染致使住宅不适于居住，或者环境破坏导致地质灾害使住宅成为危房。在此情况下，仅仅对受害人进行金钱赔偿往往无法解决其居住等基本生活条件问题，实践中的作法是政府新建住宅置换受害人无法居住的住宅，虽然面临种种困难但是对于受害人基本权利的保障具有重要意义。因此，环境损害的政府补偿应当包括财产置换方式的补偿，在一定条件下由政府提供适于居住的住宅置换因严重环境污染和破坏不适于居住的住宅。环境损害事件中，其他对于当事人生活和生产具有根本意义的财产受到严重损害的也可以采用置换的方式进行补救。

第四，环境整治和修复。环境污染和破坏可能存在长期影响，使受害人承担未来的健康风险，政府在处理环境损害事件时应当考虑对于健康风险的防范，其中一个方法是对受到污染和破坏的环境进行整治和修复。具体操作上，可以由政府直接履行整治义务，即由各级人民政府承担恢复环境的义务，积极采取措施整治受损害的环境，在环境污染严重的地区，安排专项资金用于环境整治；也可以设立专门的整治基金，利用基金进行环境整治以恢复环境。[1]县级以上人民政府应当设置环境整治基金，用于责任主体不明或者不能承担责任的生态损害的整治。环境整治基金的设立、资金来源、运行管理可以比照环境损害补偿基金。从形式和性质上看，政府的环境整治和修复都不同于一般意义上的补偿责任，但是在基本权利保护的意义上，严重环境污染和破坏的受害者可以请求政府履行环境整治和修复义务以避免健康损害，因此具有权利救济的作用。

（二）政府直接补偿的标准

环境损害政府补偿的标准决定着受害人权益获得救济的程度，前述补偿范围上对于政府应予补偿的环境损害作了限定，在具体的补偿标准上还需要更明确的原则和规则。

第一，环境损害的政府补偿以满足受害人的基本生活为原则，按照基本保障性标准确定政府补偿额数额。基于环境损害政府补偿责任的性质，补偿标准应当受到严格的限定，避免政府补偿责任过重导致的财政负担以及可能引起的社会不公。比较而言，环境损害政府补偿标准应当比照或者低于行政赔偿的标准，更低于侵权赔偿标准。我国行政赔偿的标准是在国家财政承受能力与受害人权利保护之间寻求平衡，未采用惩罚性标准、补偿性标准而是采用抚慰性标准，即赔偿金要低于受害人的实际损失。[2]抚慰性标准的采用是基于以下考虑：一是使受

---

〔1〕　或者将环境整治基金与环境损害补偿基金合并为"环境补偿及整治基金"，参见陈慈阳：《环境法总论》，中国政法大学出版社 2003 年版，第 443～445 页。但基于环境损害补偿与环境整治的明显区别，笔者认为环境损害补偿基金和环境整治基金相互独立、分别设置更合适。

〔2〕　参见马怀德主编：《完善国家赔偿立法基本问题研究》，北京大学出版社 2008 年版，第 319 页。

害人受到的损失能够得到适当弥补，二是考虑国家的经济和财政能力能够负担的状况，三是便于计算，简便易行。而民事侵权赔偿原则上采用填补损害的补偿性标准，即按照实际损失赔偿。即赔偿数额以行为人对其行为所造成的财产损失的大小为依据，全部予以赔偿，包括直接损失和间接损失，也就是既要对现有财产的直接减少进行赔偿，也要对正常情况下实际可以得到的利益进行赔偿。

环境损害政府补偿的目标是保障受害人的基本权利，因此在提供补偿时还需要考虑当事人的经济状况。环境侵权赔偿责任是环境污染或者破坏者的直接责任，应当以其财产填补受害人的全部环境损害，而无须考虑受害人的经济状况等因素。但是环境损害政府补偿的真正基础并非政府行为的可责难性，而是为了保障受害人的基本生活，因此其自身经济状况也是政府承担赔偿责任时应当考虑的因素。

国外的经验也表明环境损害政府补偿应当是保障性的补偿。美国超级基金制度和日本的公害健康被害人补偿制度都是因为没有建立适合的赔偿标准，导致了赔偿数额巨大最后基金无法承受，不得不进行严格的赔偿标准限值。环境损害政府补偿的保障性标准主要体现在对造成的财产损失一般只赔偿基本生活资料和生产资料的直接损失，并且对财产损失一般采取的是比例补偿原则，即按照比例补偿其中的一部分。保障性赔偿在人身损害补偿方面的体现则是限额补偿，即规定一个最高的限额，人身损害补偿的数额不超过限额。

第二，环境损害政府补偿的具体标准应当根据受害情况、当地生活成本、医疗费用等因素确定。环境损害政府补偿的实践操作需要明确的规则，补偿标准是其中一个重要的组成部分，在确定政府补偿遵循保障性标准的前提下，还需要地方政府在实际执行过程中制定细化的补偿标准。

一般来说，生命健康权损害的补偿标准应当包括必要的医疗费、因误工减少的收入、残疾后的生活补助费、死者丧葬费和死者生前所扶养的人的生活补助费以及其他必要的费用。《国家赔偿法》第 34 条规定："侵犯公民生命健康权的，赔偿金按照下列规定计算：（一）造成身体伤害的，应当支付医疗费、护理费，以及赔偿因误工减少的收入。减少的收入每日的赔偿金按照国家上年度职工日平均工资计算，最高额为国家上年度职工年平均工资的五倍；（二）造成部分或者全部丧失劳动能力的，应当支付医疗费、护理费、残疾生活辅助具费、康复费等因残疾而增加的必要支出和继续治疗所必需的费用，以及残疾赔偿金。残疾赔偿金根据丧失劳动能力的程度，按照国家规定的伤残等级确定，最高不超过国家上年度职工年平均工资的二十倍。造成全部丧失劳动能力的，对其扶养的无劳动能力的人，还应当支付生活费；（三）造成死亡的，应当支付死亡赔偿金、丧葬费，总额为国家上年度职工年平均工资的二十倍。对死者生前扶养的无劳动能力的人，还应当支付生活费。前款第二项、第三项规定的生活费的发放标准，参照当地最低生活保障标准执行。被扶养的人是未成年人的，生活费给付至十八周岁止；其他无劳动能力的人，生活费给付至死亡时止。"环境损害的政府补偿，可以参照上述标准按照保障性标准制定更严格的补偿标准。

关于财产权损害的赔偿标准，我国《国家赔偿法》明确了按照直接损失给予赔偿的原则。但是直接损失是一个内涵模糊的概念，其范围在实践中存在很大争议，有的费用支出例如利息、受害人为获得赔偿所支付的交通费、住宿费、律师费等是否属于直接损失仍然有争议。[1] 前已述及，环境损害的政府补偿中，对财产损害的补偿主要限于受害人基本生活资料和生产资料的补偿，而且是直接损失中与受害人基本生活密切相关的部门，具体可以采用定额或者比例的方式确定。例如，环境污染或者破坏导致受害人住宅受损的，可以按照每户定额的方式进行补偿，或者按照房产价值的一定比例进行补偿。

五、政府直接补偿资金和程序

不管以何种形式承担环境损害补偿责任，政府都需保证补偿资金的来源，而政府资金的支付需要一定的程序要求。

（一）政府直接补偿的资金保障

环境损害的政府补偿责任以政府或者其行政主管部门为义务主体，补偿资金来源于财政资金。《国家赔偿法》明确规定了国家赔偿的费用列入各级财政预算，并且规定赔偿费用预算的管理办法由国务院规定。在环境损害政府补偿制度通过立法确立时，也应当明确补偿资金须列入各级财政预算，以保障补偿费用的支付，切实保护受害人的基本权利。政府补偿义务是政府履行职责不当引起的，应当列入财政预算，参照国家赔偿的模式提供财政保证，具体的补偿费用管理办法由国务院规定。

在政府履行环境损害的补偿责任之后，还存在两个层次的追偿问题。一是向有过错的公务人员追偿。《国家赔偿法》规定赔偿义务机关赔偿后，应当向有特定过错的工作人员追偿部分或者全部赔偿费用，行政赔偿中已经确立了追偿制度。我国的行政追偿是指国家行政机关履行行政赔偿义务后，依法责令有

---

〔1〕 参见马怀德主编：《完善国家赔偿立法基本问题研究》，北京大学出版社2008年版，第324页。

故意或重大过失的工作人员或受委托的组织或个人或者人民政府依法责令有责任的行政机关承担部分或者全部赔偿费用的法律制度；行政赔偿中的追偿本质上是一种具有惩戒性的行政责任。[1]环境损害的政府补偿虽不以政府及其工作人员的违法为前提，但是也可能存在工作人员明显违法作为或者不作为导致环境损害的情形，在此情形下应当参考行政追偿的规定向有过错的工作人员追偿部分乃至全部补偿费用，既体现对有过错工作人员的惩戒，也保证政府补偿资金的安全和有效利用。二是向环境损害的直接责任人追偿。政府的环境损害补偿责任是间接责任，本质上具有替代直接的环境污染和破坏者承担责任的性质，因此通常以直接责任人不能承担环境损害的赔偿责任为前提，但是也存在政府承担补偿责任之后发现直接责任人可能承担赔偿的情形，在此情形即应当积极向直接责任人追偿，防止直接责任人借政府补偿化解矛盾逃避责任，也可以充实政府的环境损害补偿资金。

（二）政府直接补偿的程序

法律程序对于权利保障的意义不容低估，特定情形下，如果没有程序要点的精确界定，"有关实体权利的讨论将毫无意义"。[2]环境损害政府补偿的最终支付或者其他补偿义务的履行也是受害人权利救济的关键，在补偿的条件、义务主体和对象、范围和标准都明确的前提下，也需要一定的程序规范保证其实施。对环境损害的政府补偿程序总体上可以参考《国家赔偿法》规定的行政赔偿程序，同时需要根据其保障基本权利的目标适

---

〔1〕 参见王天云："论我国行政追偿的概念和性质"，载《湖北警官学院学报》2009年第3期。

〔2〕 参见［英］保罗·维诺格拉多夫：《中世纪欧洲的罗马法》，钟云龙译，中国政法大学出版社2010年版，第63页。

当借鉴行政赔偿程序的作法。具体来说，环境损害的政府补偿程序包括两种情况：一是应申请补偿程序。侵权赔偿和行政赔偿原则上都需要受害人提出申请，行政补偿有时也需要当事人主动申请，环境损害的政府补偿也应当以受害人申请为启动补偿程序的基本条件，即原则上受害人申请的，补偿义务主体才开展审查、核实以及按照标准补偿等工作。二是主动补偿程序。行政补偿制度中，在保障公共利益不得不牺牲个人利益的情形中，国家必须予以相应的补偿，这种补偿的特征不是待相对人申请，而是行政机关必须主动为之，[1]其中要经过制定补偿方案、确定补偿方式、协商与执行等程序。在特定情形下，环境损害的政府补偿也需要补偿义务主体主动履行补偿责任，制定补偿方案并与受害人协商、推动补偿的执行。

第三节　环境损害补偿基金

　　基金已经成为现代社会完成特定事务和实现特定目标的重要组织形式，很多行业都以成立基金的方式兴办、维持或者发展特定事业。从词义上看，基金是指为了某种目的而设立的具有一定数量的资金，例如，各种信托投资基金、保险基金、专项建设基金等。从运行过程看，基金需要确定资金筹集途径、运行模式、运用范围等具体内容，形成相应的基金制度。在环境保护领域，很多国家运用基金解决环境污染整治、环境损害赔偿的资金筹集难题，对环境保护事业的发展起到了助推作用，例如，美国为了推动污染场地的修复通过立法创设了超级基金制度，确立了污染场地修复的资金管理机制，为环境修复制度

---

　　〔1〕　参见罗豪才、湛中乐主编：《行政法学》（第4版），北京大学出版社2016年版，第476页。

提供了可供借鉴的立法经验。[1]为了确立合理的环境损害补偿资金筹集模式、建立公平合理的环境损害补偿责任机制，借鉴各类基金特别是环境保护基金的成功经验，建立环境损害补偿基金制度具有重要现实意义。

一、环境损害补偿基金的定位

(一) 基金及其在环境保护领域的运用

基金不仅在私人和商业领域发挥着重要作用，在公共和政府管理领域也充当了重要的角色，我国就设立了多种政府性基金来推进或者完成特定公共事务。我国财政法框架中的政府性基金，是指各级人民政府及其所属部门根据法律、行政法规和中共中央、国务院文件规定，为支持特定公共基础设施和公共事业的发展，向公民、法人和其他社会组织无偿征收的具有专项用途的财政资金。[2]政府性基金产生于 20 世纪 80 年代，是为了应对国家在经济体制改革之初的基础设施落后以及财政资金不足的现实困境而开征的。[3]以财政部公布的 2011 年全国政府性基金项目目录为例，截至 2011 年底，按规定程序经国务院或财政部批准向社会征收的全国政府性基金项目有 29 项，其中需缴入中央国库的有三峡水库库区基金、南水北调工程基金等 10 项，缴入地方国库的有地方教育附加、城镇公用事业附加等

---

〔1〕 参见沈绿野、赵春喜："我国环境修复基金来源途径刍议——以美国超级基金制度为视角"，载《西南政法大学学报》2015 年第 3 期。

〔2〕 参见《政府性基金管理暂行办法》（财综〔2010〕80 号）第 2 条。《关于加强政府性基金管理问题的通知》（财综字〔2000〕22 号）将政府性基金规定为"各级人民政府及其所属部门根据法律、国家行政法规和中共中央、国务院有关文件的规定，为支持某项事业发展，按照国家规定程序批准，向公民、法人和其他组织征收的具有专项用途的资金。包括各种基金、资金、附加和专项收费"。

〔3〕 参见陈融："我国政府性基金法律问题探讨"，载《政治与法律》2013 年第 1 期。

10 项，由中央国库和地方国库分享的有港口建设费、文化事业建设费等 9 项。[1]政府性基金的筹集方式多样，是我国一项数额庞大的非税收入，其使用领域包括了工业、农业、交通、教育、城市建设等众多领域。

环境保护中运用基金制度实现特定环境保护目标的作法早已存在，在环境污染治理等领域，基金机制被广泛采用并取得了显著成效。[2]美国的超级基金是利用基金应对污染整治问题的典型。我国台湾地区"环境基本法"规定政府应依法设置各种环境基金，[3]在环境整治和损害补偿中也出现了环境基金的理论和作法，并提出将环境整治基金与环境损害补偿基金合并为"环境补偿及整治基金"。[4]这些都是为了特定环境保护目标运用基金机制的例子，直接以环境损害救济为目标的还有环境共同基金机制。尽管对于设立共同损害赔偿基金这个模式还存在争议，[5]环境共同基金仍不失为环境损害赔偿责任社会化的一种形式。同地区、同行业企业面临的环境风险具有共同性，甚至可能存在共同侵权而应当承担连带责任的情形，因此容易就赔偿风险的集中和转移达成一致，成立环境共同基金分散赔偿风险。环境共同基金在性质上具有互保性，与环境责任保险具

---

〔1〕 参见陈融："我国政府性基金法律问题探讨"，载《政治与法律》2013 年第 1 期。

〔2〕 参见杜昀轩、姚瑞华、赵越："国外环境保护基金的经验分析及启示"，载《环境保护》2014 年第 16 期。

〔3〕 我国台湾地区"环境基本法"第 31 条规定："政府应依法设置各种环境基金，负责环境清理、复育、追查污染源、推动有益于环境发展之事项。"

〔4〕 参见陈慈阳：《环境法总论》，中国政法大学出版社 2003 年版，第 443~445 页。

〔5〕 参见［德］克里斯蒂安·冯·巴尔：《大规模侵权损害责任法的改革》，贺栩栩译，中国法制出版社 2010 年版，第 90 页。

有较大的差别。[1]环境共同基金应当是一定范围内企业自愿协
议的结果，基金的筹集、赔偿以及节余分配、不足时的补充等
规则都应当由企业自由协商，基金赔偿的条件由基金设立人在
基金章程中约定。

（二）环境损害补偿基金

基金作为实现环境损害补偿的一种方式在理论和实践上都
受到了重视。理论上，环境污染损害可以通过设立环境污染损
害补偿基金来解决受害人的补偿问题；[2]实践中专项补偿基金
也发挥着重要的损害补偿作用，例如墨西哥湾漏油事件等。环
境损害补偿基金制度是由政府通过征收环境税费等途径筹集资
金建立专门的环境损害补偿基金，设定补偿的范围、条件和标
准，对符合条件且无法通过民事赔偿及环境责任保险等社会化
途径获得赔偿的环境损害进行补偿。[3]即使政府有充分的理由
和依据承担对环境损害的基础性责任，从政府权力运行的特性
来看，承担直接的赔偿责任仍存在困难，但环境损害补偿又需
要政府的作为才能更合理地实现，为解决这一矛盾，环境损害
补偿基金制度是可资借鉴的。虽然专项补偿基金是否应当成为
补偿模式的常态存在争议，[4]至少在针对特定的污染类型或者
重大污染事故时，政府负责资金筹措、组织并运行的环境损害
补偿基金是政府承担环境损害补偿责任的间接形式，其建立和

―――――――――

〔1〕 参见吕忠梅等：《环境损害赔偿法的理论与实践》，中国政法大学出版社
2013年版，第278页。

〔2〕 参见阳露昭、张金智："论环境污染损害的公共补偿制度"，载《郑州大
学学报（哲学社会科学版）》2008年第3期。

〔3〕 参见陈慈阳：《环境法总论》，中国政法大学出版社2003年版，第443~
445页。

〔4〕 参见［美］肯尼斯·R.范伯格：《补偿的正义：美国如何应对灾难》，孙
伟等译，法律出版社2013年版，第171页。

运行应当成为实现环境损害之政府补偿的重要方式。

(三) 环境损害补偿基金的定位

提出环境损害补偿基金的目标是明确的，即救济环境损害。但是目前各国法律上提供的环境损害救济制度都不止一项，应当明确环境损害补偿基金在环境损害救济制度体系中的地位，特别是与环境损害的直接补偿的关系。

第一，环境损害补偿基金是履行环境损害政府补偿责任的具体方式。现实中也出现过环境污染者出资设立基金对污染受害人进行补偿的案例，从责任主体上看并不改变污染者的环境侵权赔偿责任主体地位。在此讨论的是政府主导下设立的环境损害补偿基金，其作用是代为履行政府的环境损害补偿责任，是环境损害政府直接补偿之外借用基金机制承担政府补偿责任的方式。因此，环境损害补偿基金对受害人的补偿以依法确认政府的环境损害补偿责任为前提，只是通过设计具体的条件等将特定的环境损害纳入基金的补偿范围，以专业化的运作提高政府补偿的效率和公平性。在具体的适用顺序上，出现严重的环境损害需要政府补偿时，应当先考虑环境损害补偿基金的途径，不能纳入环境补偿基金补偿范围的再按照政府直接补偿的条件和程序走政府直接补偿途径。

第二，环境损害补偿基金是环境损害救济体系的组成部分。环境损害补偿基金与政府直接补偿共同构成环境损害的政府补偿制度，是在环境侵权救济、环境责任保险以及环境共同基金等救济途径都失效情况下由政府对环境损害提供救济的最终机制。代表性观点认为，环境损害赔偿法应包含三个方面，即"以无过失责任为基础之损害赔偿法、强制责任保险与特别补偿及整治基金",[1]也是将环境损害补偿基金列于环境侵权救济、环境责任保险等社会化救济之后，构成环境损害救济体系的一个重要组成部分。

二、环境损害补偿基金的设立和管理

随着几十年高速、粗放式的经济发展遗留的环境污染隐患凸显，致使我国已经进入环境污染事件的高发期，可以预见的将来各类环境损害事件还会不断出现，特别是在曾大力发展矿业、化工业、电镀业等高污染产业的地区，将需要偿还巨额的历史欠账，没有适当的资金保障机制不足以完成政府的环境管理职责，也无法给予受害人适当救济。在确立环境损害政府补偿责任的基础上，设立环境损害补偿基金应当成为高环境风险地区政府承担补偿责任的主要途径。通过基金的设立和运作，及时、有效、充分、合理地完成政府的环境损害补偿责任。

（一）环境损害补偿基金的设立

在环境污染和破坏相对严重、环境损害风险高的地区，县级以上人民政府应当设置环境损害补偿基金，并委托专门的基金管理机构负责管理和运行，以补偿因不明污染源所致环境损害之受害人，或者其他原因无法获得赔偿的受害人的损失，使其获得基本保障，作为政府承担环境损害补偿责任的基本形式。

针对环境风险较高的特定行业或者领域，应当由政府组织设立专门的环境损害补偿基金，在该行业或者领域出现重大环境污染事故导致损害无法及时填补时，由基金支付给受害者补偿。基金的来源应当以政府财政资金特别是污染税费为主，例如特定污染物的排污权有偿出让的收入应当按一定比例纳入相

---

〔1〕 参见陈慈阳：《环境法总论》，中国政法大学出版社2003年版，第445页。

应的基金。其他领域的重大污染事故发生后，污染者无法承担赔偿责任时也可以设立临时性的环境损害补偿基金，对特定事故的受害者进行补偿，其资金来源可包括政府预算、社会捐助等。专门和临时环境损害补偿基金可以纳入一般环境损害基金的管理，在用途上作出特殊规定，例如用于特定的环境损害事件等，其资金不足或者结余可与一般环境损害补偿基金相互调剂。

（二）环境损害补偿基金的筹集

政府设立的环境损害补偿基金以履行政府环境损害补偿责任为直接目的，其资金来源主要应当是政府预算资金，同时基于环境损害与特定污染源的关联性，在设立专门补偿基金时可以针对特定污染源征收特别费用纳入基金作补偿用途。具体来说，环境损害补偿基金应当通过以下途径筹集：[1]

第一，政府财政投入。环境保护本身是一项公共事业，各类环境基金中国家财政投入都是重要的资金来源。例如美国超级基金制度中财政拨款是一个重要的来源，日本公害健康被害补偿制度中的事业费也是由中央政府和地方政府分担的。[2]环

---

〔1〕 关于环境损害补偿基金的筹集参考了其他环境保护基金的做法，例如我国台湾地区对于土壤及地下水污染整治基金，从政府角色和公益属性来看，环境保护基金具有一些共性，因此可以相互借鉴。我国台湾地区"土壤及地下水污染整治法"第29条规定："土壤及地下水污染整治基金之来源如下：一、土壤及地下水污染整治费收入。二、污染行为人、潜在污染责任人或污染土地关系人依第四十三条、第四十四条规定缴纳之款项。三、土地开发行为人依第五十一条第三项规定缴交之款项。四、基金孳息收入。五、'中央主管机关'循预算程序之拨款。六、环境保护相关基金之部分提拨。七、环境污染之罚金及行政罚锾之部分提拨。八、其他有关收入。"

〔2〕 日本的环境损害补偿基金制度以污染企业的民事责任为基础，因此主要由污染企业承担补偿费用。具体包括以下几项：受害者补偿费，由污染企业承担；公害保健福利事业费，由企业承担一半，剩下的一半由中央政府和地方政府共同负担；补偿所需日常费，由中央政府和地方政府对半开支。

境损害补偿基金立足于承担政府环境损害补偿责任人，政府财政投入应当是基金的最重要来源。一方面，环境损害事件高发地区应当通过预算途径划拨专门的资金用于环境损害补偿，投入环境损害补偿基金或者由特定政府部门直接补偿受害者。政府应当根据财政支付能力以及污染损害的严重程度从预算资金中拨付一定的款项纳入环境损害补偿基金。从最根本的意义上讲，环境污染是整个经济发展的副作用，因此从经济发展所形成的财政资金中拨付部分款项用于环境损害补偿具有合理性。另一方面，政府针对环境污染和开发行为所征收的税费应当按照一定比例划入环境损害补偿基金。这是环境损害补偿基金的主要来源，因为正是环境污染和破坏行为导致了环境损害，特别是不明污染源的情形，所以由所有污染者承担补偿费用符合"污染者负担"原则，也是可能的途径当中相对最公平的。具体来说，环境相关税费包括环境资源税、排污费以及对环境违法行为的罚款。当然，环境相关税费还具有组织财政收入，进行环境整治等用途，因此，只能将其中一定比例的提取纳入环境损害补偿基金。

第二，针对环境污染和破坏者征收的特别税费。环境保护的成本本应由环境污染和破坏者承担，政府承担环境损害补偿责任的前提是直接责任人不能承担责任。但是在有可能明确或者相对明确的情形下，仍应当针对特定的污染和破坏者征收特别的税费补充进环境损害补偿基金，完成对受害者的补偿。一般环境保护基金的重要资金来源也包括一定范围内排污者缴纳的费用，美国超级基金制度采用的环境税收的方式，日本公害健康被害补偿制度则通过收费的方式，即主要是针对特定主体课征特别费用。在法国，有针对飞机噪声的赔偿机制。1973年2月13日法国通过有关对巴黎的机场的规定，设置行政赔偿制度，收取基金，向住在机场周围的居民提供补偿，而基金的来源则是向使用机场的各个航空公司征税。管理该基金的是机场行政管理部门，周围居民如果要提出补偿请求或其他主张的，也是向该机场行政管理部门提出。

第三，向环境污染和破坏者等直接责任人追缴的款项。因污染源不明对环境损害受害进行补偿后，还存在查明污染源的可能；在其他原因致受害人无法获得赔偿的情形，还存在日后或者赔偿的可能性。因此，在向受害人提供补偿的同时，在补偿的范围内，环境损害补偿基金获得向环境损害人或者其他责任人追缴赔偿款的权利，该权利具备实现条件时，环境损害补偿基金管理机构应当及时追缴相应款项，纳入环境损害补偿基金管理。

第四，利息收入、捐赠收入以及其他收入。环境损害补偿基金运行中的沉淀资金会产生利息收入。环境损害补偿基金具有公益性，吸收捐赠可以成为其来源之一。在保证资金安全的前提下，环境损害补偿基金还可以通过投资等渠道获得增值。环境污染损害补偿基金的费用不应当完全依靠国家财政来支撑，而应当通过各种途径扩大基金资金的来源，保障基金运作有足够的资金。

总之，环境损害补偿基金的筹集应当考虑环境损害补偿的实际需要和政府财政承担能力，多渠道筹集资金以保障严重的环境损害能够得到适当的救济。

（三）环境损害补偿基金的管理

实现对环境损害的公正补偿需要良好的基金运行机制，政府应当组织环境损害补偿基金的运行。基金设立时应当明确由基金补偿的环境损害的情形、范围和程序，政府指定的部门或者委托的机构负责基金的资金管理、补偿的支付等工作，具体包括以下几个方面：

第一，明确环境损害补偿基金的管理机构。基金的运行需要明确的管理人，政府性基金通常是由特定的管理机构负责管理的，我国台湾地区的土壤及地下水污染整治基金即由基金管理会负责日常管理。[1]由政府设立的环境损害补偿基金可以由特定政府部门例如环境保护行政主管部门负责管理，或者设立专门的基金管理机构进行管理。相对而言，专门的环境损害补偿基金管理机构更利于基金目标的达成。一方面，作为一项专门的事务性工作，专门的管理更有利于保证业务的专业性和提高管理效率。另一方面，专门机构独立运作便于对资金的监管，考核其利用效率，并建立专业性的操作制度。环境损害补偿基金管理机构的职责包括：基金的日常管理，政府授权的资金征集，环境损害补偿申请的受理、审核以及支付等。

第二，明确环境损害补偿基金的筹集和使用规则。环境损害补偿基金是政府为保护环境损害受害人而设立的，为实现此目标，政府有义务根据环境损害补偿的客观需求来确定基金的资金规模、资金来源、补偿范围以及各级基金之间的分工和转移支付关系，基本规则应当在国家法律法规规定的框架下由设立环境损害补偿基金的政府通过规章或者规范性文件明确。允许基金进行投资的，需要明确投资的比例、方式和风险控制措施等。

第三，明确环境损害补偿基金的补偿支付规则。为实现环境损害政府补偿等目的，环境损害补偿基金在设立时即应明确基金补偿的具体条件和标准，对符合条件且无法通过民事赔偿及环境责任保险等社会化途径获得赔偿的环境损害进行补偿。环境污染或者破坏导致受害人生命权、健康权等权益的严重损

---

〔1〕　我国台湾地区"土壤及地下水污染整治法"第30条规定，前条土壤及地下水污染整治基金应成立基金管理会负责管理及运用。

害，符合下列情形之一，且不能从侵权赔偿、保险等途径获得损害赔偿的，可向环境损害补偿基金请求补偿：①侵害人无法查明；②侵害人已经死亡或者消灭；③侵害人无力支付赔偿金或者逃匿；④环境损害鉴定困难而不能获得赔偿。另外，环境损害补偿基金是环境损害赔偿的补充形式，不能与其他赔偿重复获得。

在法律上确定环境损害补偿基金管理机制和原则的前提下，具体管理制度可以在相关立法中明确授权国务院通过制定行政法规规范环境损害补偿基金的管理。

三、环境损害补偿基金的运用

环境损害补偿基金最终支付给特定的环境污染和破坏受害人才能实现其目的，体现政府环境损害补偿的职责担当。环境损害补偿基金管理者应当按照既定的补偿范围、条件、标准和程序给予受害人补偿，并且及时行使应由基金享有的权益，保证环境损害补偿基金的运用合法合理。

（一）环境损害补偿申请

从程序上看，对权利的救济原则上需要当事人主张即行使请求权。民法上的请求权是权利人可以要求他人为一定行为或不为一定行为的权利。[1]请求权概念的创造是民法从诉讼秩序到权利秩序演进的需要。请求权经历了从救济性手段到建构性基石的转变，从具体的权利扩展为抽象的概念，促成了以实体权利为中心的法律维护模式的建立。[2]从性质上看，请求权包括了权能性请求权和救济性请求权两种形态。[3]救济性请求权

〔1〕 参见张晓霞："民法中请求权概念之辨析"，载《法学家》2002年第2期。
〔2〕 参见梅夏英、邹启钊："请求权：概念结构及理论困境"，载《法学家》2009年第2期。
〔3〕 参见周辉斌、宋旭明："请求权概念与性质之辨析"，载《时代法学》2003年第1期。

对于实体权利的实现具有重要意义，是法律救济程序运行的基础。

　　在基本权利的受益权功能获得普遍认可的前提下，[1]公法上的请求权也逐步受到重视。行政法上的请求权源自于公法权利，请求权作为公法权利的一种类型，其权能覆盖整个公法权利，[2]作为受益权核心内容的给付请求权是公法请求权的典型形态之一。公法请求权的确认和保护，对基础性公法权利的实现具有重要意义，是实现对基础性公法权利全面保护的前提。[3]实践中，行政赔偿、行政补偿等制度一般也以当事人提出相应的权利请求为前提。

　　环境损害的补偿通常也需要受害人提出请求，其前提是政府承担环境损害的补偿责任。从理论上讲，环境损害赔偿或者补偿请求权源自公民环境权，在实体性的环境权受到侵犯时，救济性请求权发挥排除侵害或者请求救济的功能。基于环境权的特殊权利属性及内涵，在传统意义上的权利功能之外，应形成请求权功能。[4]环境损害发生后，受害人可以向直接的环境污染和破坏者请求赔偿；无法获得适当赔偿时，可请求政府履行环境损害补偿职责向政府请求补偿。

　　环境损害补偿基金是为了履行政府的环境损害补偿责任而设立的。在环境损害实际发生后，受害人可以向环境损害补偿

---

　　〔1〕　参见张翔："基本权利的受益权功能与国家的给付义务——从基本权利分析框架的革新开始"，载《中国法学》2006 年第 1 期。

　　〔2〕　参见王锴："行政法上请求权的体系及功能研究"，载《现代法学》2012 年第 5 期。

　　〔3〕　参见徐以祥："行政法上请求权的理论构造"，载《法学研究》2010 年第 6 期。

　　〔4〕　参见张震："环境权的请求权功能：从理论到实践"，载《当代法学》2015 年第 4 期。

基金管理者提出补偿请求，管理环境损害补偿基金的机构或者政府部门有义务按照既定的条件和标准支付相应的补偿金。

在具体操作中，基于环境损害补偿属于政府的公共职责，在受害人请求权的行使方式上可以适当灵活处理：一是受害人主动向环境损害补偿基金管理者提出申请的，基金管理者应当及时受理并且根据情况要求申请人提供相应的资料。严重的环境损害事实等应当由政府监测和核实，受害人受到严重损害的其他事实需要申请人提供。二是受害人向政府环境保护行政主管部门等提出补偿申请的，政府部门应当及时转移至环境损害补偿基金管理者处理，视同受害人向环境损害补偿基金管理者提出申请。三是政府或者其相关行政主管部门在处理环境损害事件的过程中，认为需要向受害人提供补偿的，可以主动提出补偿方案并转移至环境损害补偿基金管理者处理，履行政府的主动补偿责任，不能严格按照民事诉讼的不告不理原则处理。

（二）环境损害补偿金支付

环境损害补偿基金管理者在收到受害人的补偿申请或者相关政府部门转交的补偿要求后，应当及时审核受害人的补偿资格并以适当形式支付补偿金。

对于环境损害补偿申请或者要求的审核要严格依据法律法规进行。由于环境损害补偿的特殊性质，既要政府承担一定的补偿责任又不能按照侵权赔偿的标准进行补偿，其间给补偿义务主体留下了较大的自由裁量空间。但是，以环境损害补偿基金方式实现政府的补偿责任时，应当严格限制环境损害补偿基金管理者的裁量权。一方面，要通过法律规定设定环境损害补偿的基本条件、限制范围和补偿标准，确定补偿的大致框架和基本原则，环境损害补偿基金管理者不能突破既定框架和原则支付环境损害补偿金。另一方面，设立环境损害补偿基金需要明确的基金管理制度规定，并且针对具体的环境损害补偿基金制定基金章程的基本管理文件，基金支付环境损害补偿金必须严格按照基金管理制度和章程文件的规定审核相关资料，确定受害人获得补偿的资格和补偿数额。

环境损害补偿原则上以支付补偿金的方式实现，即给予受害人金钱补偿。环境污染和破坏造成的后果可能是长期积累造成的，而且在一定期限内持续，因此损害补偿金的支付也可能需要持续一定的时间，比如，健康损害的治疗费可能是长期费用，很难通过一次性补偿实现救济目标，如果一次性支付后受害人又无法获得连续性治疗的，也不符合环境损害政府补偿的目标。因此，环境损害补偿金的支付需要根据具体情形确定是一次性支付还是连续支付。采用财产置换等其他补偿方式的，可以由环境损害补偿基金管理者直接组织实施，也可以委托给其他主体具体实施而由环境损害补偿基金支付相应的费用。

环境损害补偿基金作为专门的环境损害补偿途径，应当优先于政府直接补偿对严重的环境损害提供救济。在设立环境损害补偿基金的地区，无法获得其他救济的严重环境损害原则上都应当由环境损害补偿基金根据既定的条件和程序支付补偿金或者给予其他形式的补偿。政府直接补偿在未设立环境损害补偿基金的地区运用，或者对不符合环境损害补偿基金补偿条件的特殊环境损害提供补偿。

（三）环境损害补偿基金的追偿

环境损害从根本上应当由环境污染和破坏的直接责任人承担赔偿责任，政府补偿是替代性的间接责任，以直接责任人不能提供相应救济为前提。实践中，在履行环境损害补偿义务后，可能找到直接责任人或者发现直接责任人具有赔偿能力，政府或者环境损害补偿基金应当获得对环境污染或者破坏的直接责任人的追偿权力，追偿的范围限于已经履行补偿义务的范围。但是，由于环境损害的政府补偿包括基金的补偿只是最低限度的保障性补偿，受害人仍可以向直接责任人请求全部损失的赔偿，而且其赔偿请求权应当优先于政府的追偿权利，即优先保护受害人的权利。受害人获得政府直接补偿或者环境损害补偿基金的补偿后，又获得直接责任人、保险人或者环境共同基金的赔偿的，应当将其中相当于政府赔偿之金额返还履行赔偿义务的政府或者政府部门，不能重复获得两种渠道的赔偿或者补偿。

实践中可能面临的问题是，在政府向受害者赔偿之后，向直接责任人的追偿可能面临各种困难，包括直接责任人不明、无偿还能力或者责任范围存在争议等。这只能在部分意义上通过完善相关法律机制来解决，包括在政府补偿责任承担条件等制度中明确相关问题的处理规则。同时，在完成对受害人的补偿义务之后，政府或者相关机构积极向直接责任人追偿也是其一项重要职责。

第六章
环境损害政府补偿制度的体系定位

公法与私法的划分是现代法治秩序的基本框架，虽然随着社会发展出现了公法私法化和私法公法化的倾向，公私法之间的划分不再被严格遵循。但是，现代公法与私法的融合也并未使二者的划分失去意义。[1]环境损害的政府补偿跨越了公法和私法的界限，运用了私法上侵权赔偿的基本逻辑，最终由政府承担公法性质的责任，而且与环境侵权赔偿制度、行政赔偿制度有比较密切的联系。但是，环境损害政府补偿责任的提出是为了解决特殊的环境损害问题，其责任承担条件、承担方式等都与现有法律制度存在显著区别，应当成为法律制度体系中相对独立的组成部分。当然，同时要建立与环境损害的传统救济制度、政府法律责任制度之间的适当联系，明确与相关制度的区分，才能发挥其独特作用，实现运用法律理论和制度应对现实环境损害问题的目标。

第一节　环境损害政府补偿责任的独立性

环境损害的政府补偿责任是基于现实提出的一个新问题，

---

〔1〕　参见郭明瑞、于宏伟："论公法与私法的划分及其对我国民法的启示"，载《环球法律评论》2006年第4期。

理论分析和制度比较的结果表明，其制度功能、承担主体、责任性质以及责任归责都具有不同于既有环境损害法律制度的特点。在此意义上，环境损害的政府补偿责任具有独立性。

一、环境损害政府补偿制度功能的独立性

（一）环境损害政府补偿的权利救济功能

政府补偿是对于环境损害的直接填补，对因环境污染和破坏受到损害的权利提供直接的救济。在英语中，"救济"的日常语义是指对疾病或者某种不良事物的治疗或者改善，这使得其很容易被扩展到法律语境之下。[1]环境损害的政府补偿是环境污染和破坏受害人权利救济的重要途径，可以从实体和程序两个方面实现对权利的救济。

在实体方面，环境污染和破坏导致的当事人权利损害可以通过政府补偿获得。法律上所称的救济是"对已发生或业已造成伤害、危害、损失或损害的不当行为的纠正、矫正或改正"。[2]环境损害已经形成时，对其纠正、矫正或者改正实为必要，政府针对损害的补偿是矫正的重要方式。对受害人的经济补偿具有填补损害的功能，其他方式的补偿更是直接对损害的纠正或者矫正。例如，政府为环境污染的受害人提供疾病治疗、健康体检等医疗服务，是对当事人健康受损的直接纠正措施。

在程序方面，环境损害的政府补偿为当事人的权利救济提供了一条新的途径。一般来说，当事人的人身和财产权利受到损害时，民事诉讼是首要的救济途径。但是，由于环境污染和

---

〔1〕 参见于宏："英美法上'救济'概念解析"，载《法制与社会发展》2013年第3期。

〔2〕 ［英］戴维·M. 沃克：《牛津法律大辞典》，李双元等译，法律出版社2003年版，第957页。

破坏导致的损害具有因果关系难以确认、污染者不明等问题，民事诉讼并非总能实现，这也是众多环境事件中当事人弃诉讼途径而转向直接向政府提出诉求的原因。环境损害的政府补偿直接回应了受害人的权利救济需求，以政府行政程序完成对当事人特定权益损害的救济，具有重要的现实意义。在现行民事程序权利救济机制体系中存在的救济缺位或过剩、救济方式不当、救济程序粗疏、救济对象模糊、救济标准混乱以及救济路径混同或错位等问题的背景下，[1]尤其需要拓宽环境损害的救济渠道，环境损害的政府补偿可以发挥积极作用。

总之，目前的现实问题不仅是环境损害事件的大量出现，而且损害救济也同样面临着实体和程序上的双重困难。政府回应社会现实需要为受害人提供直接的补偿，不仅可以实现实体上对于环境损害的救济，更是从程序上拓宽了环境损害救济的渠道。从这个意义上，政府补偿对于环境损害的救济具有独特的功能，是其他的制度和措施所不具备的。

（二）环境损害政府补偿在救济体系中的地位

在环境损害的救济体系中，政府补偿责任制度具有相对独立的地位。从性质上看，环境损害的政府补偿基于政府的基本权利保障义务，可以通过立法确立为政府的一项独立职责，从而不同于环境领域的民事责任和社会化责任。从内容上看，虽然环境损害的政府补偿以其他救济不能实现为前提，但是具体的补偿范围、标准和程序等相对独立，构成自成体系的补偿制度。

环境损害的政府补偿是环境损害救济体系的一个组成部分。就整体赔偿及补偿制度而言，民事或行政赔偿为第一线，责任

---

〔1〕　参见潘剑锋："论建构民事程序权利救济机制的基本原则"，载《中国法学》2015 年第 2 期。

保险或财务保证为第二线，行政补偿基金为第三线，而国家补偿为第四线，国家关系缔约基础之条约上赔偿或补偿权利为第五线。[1]德国立法上私法层面要以《环境责任法》为中心，以私权益的救济为首要价值取向，以第三方的实际人身和财产损失为主要赔偿范畴；公法层面以《环境损害和预防法》为核心，强调企业和个人经营者的预防义务，注重环境修复和风险预防，赔偿范围主要包括预防措施费用和环境的恢复费用。[2]也有学者认为，环境损害救济体系应包含三个方面，即"以无过失责任为基础之损害赔偿法、强制责任保险与特别补偿及整治基金"。[3]换言之，上述环境损害赔偿责任制度、环境责任保险制度、环境损害政府补偿责任制度共同构成完整的环境损害救济体系，三者之间的关系是：[4]其一，环境损害赔偿责任制度是环境损害救济体系之基础，也是环境责任保险制度和环境损害政府补偿制度建立的前提。其二，环境责任保险制度的作用在于分散环境损害赔偿责任，避免污染者无力赔偿而导致受害人无法求偿之困境。其三，环境损害政府补偿责任制度处理不明污染源之损害及污染者和保险人无力负担之损害，补环境损害赔偿责任制度和环境责任保险制度无法为环境污染受害人提供完全救济之漏洞。因此，构成环境损害救济体系的三项制度，彼此并非各自独立，而是互相配合，彼此配套填补漏洞，形成一个完整的环境损害救济体系，保障因环境污染而受损害的受害人的权益能够获得填补。

---

〔1〕 柯泽东：《环境法论（二）》，三民书局1995年版，第120页。
〔2〕 参见周龙："德国环境损害赔偿法律制度研究及对中国立法的启示"，载《环境科学与管理》2017年第2期。
〔3〕 陈慈阳：《环境法总论》，中国政法大学出版社2003年版，第445页。
〔4〕 参见陈慈阳：《环境法总论》，中国政法大学出版社2003年版，第445～446页。

民事赔偿和社会化赔偿是环境损害填补的基本途径，但是并不能保证环境损害得到填补，对不明污染源所致之环境损害，或责任者无力赔偿且社会化方式未覆盖之环境损害，建立公共补偿制度是必要的。政府应当在环境损害的公共补偿中发挥主导作用，"直接承担或者分担环境损害赔偿"，[1]理由在于：其一，法律明确规定了政府的环境保护职责，环境侵害是直接或间接由于政府失职造成的，因此政府应当承担一定的责任。其二，环境侵害本身具有公共性，一定意义上是社会发展的副作用，因此其侵害后果不应当由不幸的社会个体承担，政府作为公共管理者应当承担救助义务。环境损害公共补偿制度包括环境损害补偿基金、政府的补偿责任等方面的内容。

（三）环境损害政府补偿制度功能的独立性

在环境损害的法律救济体系中，政府补偿的功能定位是解决其他制度无法解决或者实际上未能解决的问题，在此意义上具有功能的独立性。具体来说，政府补偿所针对的环境损害从性质、现实需要等方面与其他制度的救济对象相互区别，或者至少是错位补救，从而发挥其独特的制度功能。

第一，环境损害政府补偿的基本出发点就是处理其他救济途径未能解决的问题。人类社会的法律制度经过长期地发展，基本可以应对通常的社会问题。从法律制度发展的过程来看，非遇到无法应对的现实问题也不应进行无谓的制度创新。环境损害的政府补偿从其出现就是为了解决其他救济途径未能妥善应对的环境损害问题，在其他救济手段都归于失败之后采取的特殊处理，因此从其产生开始即具有填补制度空白的功能，发挥着与其他的损害救济制度不同的作用。

---

〔1〕　参见李锴、周辉："试论我国环境损害赔偿的国家责任"，载《江西社会科学》2007年第1期。

第二，环境损害的政府补偿针对相对严重损害的环境权益损害，解决当事人的基本健康权益受到损害、基本生活遭受威胁的问题。虽然当事人的这些权益也属于民事制度保护的范畴，因此在民事赔偿范围上可能与政府补偿存在一定的重叠，但是政府补偿所要解决的是当事人基本权利遭受损害后的可能面临的生活甚至生存问题，从根本上关注的是人的生活本身，这一点与民事救济直接关注已为法律所确认的权利存在差别。当然，为了避免重复救济问题，环境损害的政府补偿须以民事救济和社会化救济的失败为前提。这也体现了环境损害政府补偿的制度功能与民事救济和社会化救济都存在差别。

第三，环境损害的政府补偿针对的是私人利益的损害，以救济私人权益为目标，而不是以公共利益的保护为目标。如果将关注点集中于环境污染和破坏者应当承担的责任，那么需要同时考虑对私人利益的保护和对公共利益的保护，这是目前认为环境民事诉讼存在不足从而提出和实践环境公益诉讼的内在原因。从环境问题的全面解决来看，私人利益和公共利益的损害都应当获得救济，这一点毫无疑问，但公共利益本身并非容易把握的概念，在法律体系中也是一个极其复杂的概念，在不同的制度情境下，所呈现的内涵可能大相径庭；法学界对公共利益的研究不可胜数，但仍难以用一个统一的定义将其各方面予以涵盖和描述。[1] 环境损害的政府补偿不再纠结于公共利益的补救问题，将目标界定为对私人利益受到的严重损害进行救济，从而与其他救济途径特别是社会化救济和公共利益救济的目标区别开来，在制度功能上也存在明显的差别。

这些功能上的独立性当然与环境损害政府补偿责任提出的

---

〔1〕 参见颜冬铌："公共利益要件的司法确认——以确认违法判决中的判决倾向为角度"，载姜明安主编：《行政法论丛》（第19卷），法律出版社2016年版。

现实考虑有关，即环境损害政府补偿的最初提出就是为了解决其他救济途径不能解决基本权利救济而导致的尖锐社会矛盾。基于此，环境损害的政府赔偿制度立足于国家赔偿理论，以补偿行政许可不适当或者环境行政不作为所致严重环境损害为目标，为环境损害的受害人提供最后的救济途径，[1]从而具有独立的功能定位。反过来，这一功能定位也决定了环境损害政府补偿责任从性质上要区别于其他类似责任，从而成为一种相对独立的责任形态；进而，环境损害的政府补偿责任归责也需要相对专门的设计。

二、环境损害政府补偿责任定位的独立性

对环境损害政府补偿责任的功能定位决定了其具有独特的社会基础，也因此需要特别的法律基础，从性质上区别于现有的法律责任类型。其背景是，由于保障人权的国家义务日益获得社会认可及制度支持，国家义务的具体形态也在不断发展变化，因此政府的环境损害补偿责任在事实上和法律意义上也都具有独特性。

（一）环境损害政府补偿责任的独特属性

为解决严重的环境损害无法获得适当救济的问题而创设的政府补偿责任虽然沿用了环境损害赔偿的基本框架，参考了行政补偿责任和赔偿责任的基本理论，但是在一些基本方面又与这些责任类型存在重要差别，从而具有相当程度的独特性。

---

〔1〕　理论上，社会保障制度是环境损害赔偿责任社会化的最终途径，参见张梓太、张乾红："我国环境侵权责任保险制度之构建"，载《法学研究》2006年第3期。实践中，上述所有途径都未能赔偿的环境污染受害人也可以纳入社会保障的范围。但是，社会保障制度应当具有全社会统一的保障范围、条件和标准，不宜在环境污染受害者问题上做特殊对待，否则有违社会保障的宗旨，并可能与环境损害补偿制度重复。因此，社会保障制度不属于环境损害赔偿的范围。

首先，环境损害的政府补偿责任非民事赔偿责任。从关注于受害人的损失这一点来看，环境损害的政府补偿与民事侵权赔偿具有一致性，但是从责任主体和责任构成来看，政府补偿责任并非民事赔偿责任。其一，政府承担环境损害补偿责任并非由于其实施了环境污染或者破坏行为，政府并非造成损害后果的原因行为的行为人，从原因行为这一要件来看政府就不是民事赔偿责任的主体。而且，虽然政府环境损害补偿责任的承担有其不适当履行相应职责的原因，但政府不适当履行职责与环境污染和破坏行为并不能等同，也不构成侵权法意义上的共同行为，因此也不构成共同侵权责任的主体。进一步的因果关系、主观过错等更是无从谈起。其二，政府承担环境损害赔偿责任的目标并非基于民事上的平等和公平理念，而是着重于受害人基本权利的救济，从政府与受害人之间的地位上看二者也不是平等的民事主体关系，其间的责任也就难以归类为民事赔偿责任。其三，环境损害政府补偿的目标和要求也区别于民事赔偿，并不要求填平受害人所遭受的损害，因此其目标并非民事权利的全面保护，而是基本或者说最低层次的保护。而民事赔偿要求对于受害人权益在受损范围内的全面补偿，以填平损失为目标。因此，环境损害的政府补偿责任虽然遵循了损害补偿的思路，与民事赔偿具有相似的地方，但是在性质上不属于民事责任。

其次，环境损害的政府补偿并非行政补偿责任或者行政赔偿责任。政府补偿责任建立在政府相应行政职责的基础之上，属于行政法律责任的范畴。行政法律责任是行政法至关重要的核心，因为行政法律责任不仅事关权利是否有切实的保障，权力是否受到有效的制约问题，而且还关系到立法是否正当、执行是否有效率、司法是否公正的问题。[1]但同时，我国行政法律责任的理论和实践也还存在逻辑脉络不甚清楚、碎片化等问题，这也给环境损害政府补偿责任的具体定位带来了困难。在此，从相关概念比较的意义上分析环境损害政府补偿责任的独特性。

环境损害的政府补偿责任不同于行政补偿责任。使用"补偿"的概念意在弱化对于补偿主体的责难性，即政府承担补偿责任并非对其行为的法律责难，而是为了对相对人损失的填补。在这一基本关注点上，环境损害的政府补偿与其他领域的行政补偿具有共通性。但是，现行行政补偿制度强调政府行为的合法性，在政府合法行为造成相对人的特别牺牲时应当给予相应补偿或者适当补偿。但是环境损害的政府补偿以政府不履行或者不适当履行职责为前提，因此并非基于政府的合法行为，这是其与行政补偿的基本区别。

但是，政府的不适当履行职责并未达到传统上需要承担法律上赔偿责任的程度，因此环境损害的政府补偿责任不同于行政赔偿责任。行政赔偿是对政府违法作为或者不作为造成的损害后果的赔偿，以政府直接的违法为前提条件，是政府违法行为的直接法律后果。环境损害的政府补偿中，虽然政府有不履行或者不适当履行职责的行为，但损害后果并非由政府的行为直接造成，因此不构成行政赔偿责任。

总之，环境损害的政府补偿责任在法律性质上不同于民事赔偿、行政补偿和行政赔偿，应当认定为行政法律责任的新类型，进而设计适当的规则完成政府补偿的目标。

---

〔1〕　参见田文利、张艳丽："行政法律责任的概念新探"，载《上海行政学院学报》2008年第1期。

（二）环境损害政府补偿责任的独立地位

在功能上发挥其他救济方式不能发挥的作用，在性质上区别于其他责任类型，环境损害的政府补偿责任因此具有相对独立的地位。这主要体现在：其一，补偿责任的承担条件区别于其他救济方式。只有在受害人遭受严重的环境损害而且无法通过其他救济途径获得适当救济时，政府才承担必要的补偿责任，这从根本上使政府的环境损害补偿责任成为环境损害救济体系的相对独立部分。其二，补偿责任的承担主体具有特殊性。承担环境损害补偿责任的政府或者政府部门并非造成环境损害的直接行为人，但是又并非与环境损害后果毫无关系，责任主体的行为与损害后果之间存在的独特联系，使环境损害的政府补偿责任从其他责任类型中独立出来。当然，最终体现环境损害补偿责任独立地位的是责任规则的特殊性，即由特殊的责任规则构成相对独特的责任制度，从而成为环境损害救济体系的一个独特组成部分。

三、环境损害政府补偿责任规则的独立性

对环境损害政府补偿责任的确认本身就是制度创新，这需要具体规则的支撑，在这个意义上环境损害的政府补偿责任规则独立于其他法律制度的规则。但是，基于环境损害政府补偿责任与既有的行政赔偿等责任的相关性，其规则也不必完全创新，而应当体现对既有制度的继承，从而体现环境损害政府补偿与现行制度的联系。

（一）环境损害政府补偿责任规则的继承性

对传统法律的继承与创新是现代立法的通常途径之一，[1]

---

〔1〕 参见何珊君："科学立法的总要求与具体路径"，载《江西社会科学》2015年第4期。

环境损害政府补偿责任规则不可能完全建立在法律的空白领域，仍需要在继承既有相关法律规则的基础上进行创新发展，形成相对独立的规则系统。环境损害政府补偿责任规则对既有规则的继承主要体现在两个方面：

一方面是对环境损害侵权赔偿规则的继承。尽管仍存在很多的争议甚至质疑，但是我国的环境损害侵权赔偿责任归责已经基本定型，其主要内容以《侵权责任法》的规定特别是环境污染侵权的特别规定为基础，辅以环境单行法中的侵权责任规定、司法解释和其他规范性文件中的相关规定，总体上形成了关于侵权赔偿条件、主体、范围以及标准等完整的制度，为环境损害赔偿诉讼提供了比较充分的支撑。环境损害的政府补偿责任由政府承担，超出了环境损害赔偿的框架，但是在环境损害的认定、环境污染和破坏与损害后果的关联性、补偿的范围和标准等方面仍需沿用、借用或者参照环境损害赔偿责任归责，作为其发展创新规则的基础。

另一方面是对行政赔偿程序规则的继承。由于环境损害政府补偿责任主体是政府、政府部门或者代表政府的基金管理机构，所以在补偿程序上不能参照环境损害的侵权赔偿，一方面由于补偿主体与受害人的主体地位不平等，不能通过民事请求、协商以及诉讼的途径来完成环境损害的政府补偿；另一方面由于法定化的补偿责任是政府的一项职责，在符合特定条件时政府或者其代表者应当积极主动履行。从职责的内容上看，环境损害的政府补偿与行政赔偿更为接近，其程序规则可以借用或者参照行政赔偿的程序，由当事人提出申请、政府或者其代表者进行审核作出补偿决定。

任何一项法律制度的运行都是基于特定的制度环境，环境损害政府补偿责任的落实也需要相关制度的保障。在这个意义上，环境损害的政府补偿责任规则需要继承环境损害侵权责任规则和行政赔偿程序规则。政府环境损害补偿责任的承担需要专门的规则，但针对专门规则没有规定的情形，还需要回到环境损害侵权责任规则、行政赔偿程序规则寻找制度依据。

（二）环境损害政府补偿责任规则的创新性

环境损害政府补偿制度需要通过立法确立为正式法律制度，立法过程就是规则的设计和创新的过程。具体的环境损害政府补偿责任规则除了联系和继承现行相关制度规范之外，需要进行创新以体现其独特性和独立性：

第一，对政府环境损害补偿责任的确认。立法上确认政府应当承担特定的环境损害补偿责任是建立相应制度的首要条件。环境损害侵权赔偿需要确定侵权主体，但是现实中经常由于种种原因无法完成侵权归责或者侵权主体无法承担赔偿责任，对政府补偿责任的确认就是对环境损害赔偿责任主体制度的突破，是环境损害政府补偿制度的基础。具体规则上，需要明确承担环境损害补偿责任的具体政府、政府部门或者补偿基金管理机构，形成环境损害政府补偿的主体制度。

第二，明确政府承担环境损害补偿责任的条件。补偿条件是环境损害补偿责任制度与侵权赔偿制度、行政赔偿制度区别的关键，正是由于补偿条件的不同使其发挥不同的社会功能。立法上建立环境损害政府补偿责任制度，需要在明确补偿责任的基础上设定政府承担补偿责任的具体条件，条件的设定决定着政府承担环境损害补偿责任的边界，也体现着环境损害政府补偿责任制度创新的程度和范围。

第三，明确政府承担环境损害补偿的程序和范围等具体规则。尽管在环境损害的认定、承担补偿责任的程序等方面，环境损害的政府补偿制度可以在一定条件下直接适用或者引致适用已有的相关规则，但是补偿程序和范围、标准等具体规则是一个繁杂的系统，要实现制度设计的目标、准确应对各种不同的社会现实情况、规范政府的补偿行为，仍需要设计可操作的环境损害政府补偿的程序、范围、标准以及后续处理等具体规则。

总之，构想中的环境损害政府补偿制度是为了应对环境损害不能获得救济的特殊情况，从功能目标、性质定位以及具体规则层次都有区别于相关制度的特殊性，虽然需要在既有环境损害救济制度体系之下发挥作用，但仍不失其独立制度的地位。

第二节 环境损害的政府补偿与其他救济方式的关系

强调环境损害政府补偿制度的独立性，不仅不能切断其与环境损害其他救济方式的联系，而且需要恰当处理其与相关制度的关系，方可实现环境损害救济制度整体价值。环境损害的救济途径主要包括通常的民事救济、社会化救济，其共同目标是处理环境损害的受害人权利补救，相互之间需要适当对接。其中部分内容在环境损害的政府补偿制度设计中已经涉及，在此仅作简单总结。

一、环境损害政府补偿制度的补充定位

环境损害救济的基础性制度是环境损害侵权赔偿任制度，即以民事侵权责任理论来构造环境损害民事赔偿责任制度，是为民事救济。环境损害民事赔偿责任的关键在于确定环境损害赔偿请求权之权利主体、对应的责任主体以及责任范围，其适用需要明确的侵权责任主体、侵权行为与环境损害之间存在相对明确的因果关系等条件，因此也导致很多情形下受害人无法通过环境损害赔偿途径获得救济。解决该问题的通常方案是社

会化救济，即通过环境责任保险、共同基金等途径来实现环境损害赔偿责任的社会化分担，从而提高受害人获得损害赔偿的可能性。但是，环境损害社会化赔偿制度需要以相对明确的环境损害赔偿责任为基础，因此无法解决环境损害赔偿责任不明而导致的救济不足，因此社会化救济也难以从根本上解决受害人在一些情形下无法获得救济的问题。

环境损害的政府补偿是为了弥补民事救济和社会化救济的不足而提出的，其定位就是为环境损害提供补充性救济。所谓环境损害政府补偿责任的补充性，一方面体现在政府补偿只针对环境损害民事赔偿、社会化赔偿无法填补的环境损害，另一方面体现在政府补偿只针对受害人所遭受的严重环境损害。基于此，环境损害政府补偿制度是环境损害救济体系中为弥补民事救济制度和社会化救济制度的不足而存在的，在制度体系中处于补充性地位。

二、环境损害的政府补偿与民事救济

一般认为，环境侵权以无过错责任为归责原则，但是，环境侵害行为是多种多样的，不加区别地对待难免失之笼统，分类处理似更适当。环境损害赔偿的最终形式是支付赔偿金，但对生态环境应当以恢复原状为原则，不能恢复原状的，支付赔偿金。环境损害的赔偿标准应当区分情况确定。

环境损害的政府补偿与民事救济之间的关系需要考虑两个方面：其一，环境损害的政府补偿以民事救济不能实现为前提。政府补偿作为环境损害救济的最后手段，是在民事救济、环境责任保险等社会化救济均失效的前提下才提供的，以保障受害人基本权利的实现。其二，环境损害的政府补偿与民事救济在所填补损害的具体内容上不能重合。如果受害人已经获得了民事救济，其基本权利损害救济的迫切性已经化解，则不能再获得政府补偿；如果政府补偿后受害人又获得民事救济，则应当向政府或者环境损害补偿基金归还相当于政府补偿的数额。当然，如果受害人获得的民事救济不足以实现基本权利救济，或者获得政府补偿后又获得部分民事赔偿的，可以认为民事赔偿与政府补偿在实质内容上不重合，受害人可以同时获得民事赔偿和政府补偿。

三、环境损害的政府补偿与社会化救济

环境损害救济的社会化是环境侵权责任法发展的趋势。社会化救济建立在民事责任明确的基础上，以弥补民事侵权救济的不足为目标，通过责任保险、共同基金或者特定财务安排来分散、转移或者特定化责任人赔偿责任，目标是保护受害人获得及时、充分的赔偿，具体包括环境责任保险、环境共同基金和环境公积金三项制度。环境责任保险是责任社会化趋势在环境侵权赔偿领域的体现，也是"避免因损害数额过巨导致污染制造者无法赔偿损害"[1]的制度措施。环境责任保险制度以强制为原则，同时鼓励自愿的环境责任保险安排。环境共同基金是环境赔偿责任社会化的另一种形式，可以在同地区、同行业企业面临共同环境风险时分散赔偿责任。环境公积金是强制企业从税后利润中提取的专项准备金，作为环境损害赔偿或者履行替代责任的专项准备金管理，用于环境损害赔偿。

环境损害的政府补偿与社会化救济之间的关系也须从两个方面来认识。一方面，环境损害的政府补偿是环境损害救济社会化的体现，或者说是其极端表现形式，即最终由全社会来共

---

〔1〕　陈慈阳：《环境法总论》，中国政法大学出版社 2003 年版，第 438 页。

同承担环境损害包含的损失。在这个意义上，环境损害的政府补偿和社会化救济都是对环境损害赔偿制度的补充和超越，都是以社会连带思想扬弃侵权制度的个人主义思路，将环境损害的救济从个体责任扩展到社会责任，包括政府责任。但是，由于政府具有代表社会全体的属性，又被排除于一般意义的社会之外，因此环境损害的政府补偿可以算作社会化救济之外的一种独立的救济方式。

另一方面，环境损害的社会化救济与民事救济一样都是政府补偿的前提，在优先次序和追偿等方面与民事救济的地位相同，即环境损害的政府补偿在民事救济和社会化救济都不足以实现基本权利救济时为受害人提供最基本的权利保障，同时受害人获得的民事赔偿、社会化赔偿和政府补偿在所填补损害的内容上不能重合，也就是说受害人不能就环境损害获得重复的补偿或者赔偿。

第三节 环境损害的政府补偿与政府环境法律责任

虽然在思路上参考了环境损害赔偿责任的框架，但是一旦将环境损害的补偿明确了政府的法定责任，其性质就超出了民事责任的框架而成为政府的行政职责。由此来看，环境损害的政府补偿责任是政府环境法律责任的具体内容和承担方式。另外，环境损害的政府索赔作为环境法领域的最新制度发展，与环境损害的政府补偿有一定的关联，在此一并讨论。

一、政府环境法律责任的宏观与微观

当环境问题已经成为一个严重的社会问题时，政府应当承担环境责任特别是环境法律责任并无争议。然而，就我国环境管理的现实来看，政府不履行环境责任以及履行环境责任不到

位，已成为制约我国环境保护事业发展的严重障碍，[1]2014年修订的《环境保护法》虽然大幅度增加了政府环境管理责任的规定，明确了地方政府的环境质量目标责任，但是政府环境责任的法制化仍有待实践检验。[2]从总体上看，政府承担环境法律责任的基本框架已经确定，但是关于如何承担责任的具体设计仍显不足。

（一）政府环境法律责任的宏观设计

我国《宪法》和《环境保护法》都规定了政府环境保护职责，这是明确政府环境法律责任的第一个层次。《宪法》第26条第1款规定："国家保护和改善生活环境和生态环境，防治污染和其他公害。"这被认为是政府环境保护职责的宪法根据。《环境保护法》第6条第2款规定："地方各级人民政府应当对本行政区域的环境质量负责。"第10条规定："国务院环境保护主管部门，对全国环境保护工作实施统一监督管理；县级以上地方人民政府环境保护主管部门，对本行政区域环境保护工作实施统一监督管理。县级以上人民政府有关部门和军队环境保护部门，依照有关法律的规定对资源保护和污染防治等环境保护工作实施监督管理。"环境保护单行法中也都从不同的角度规定政府的环境保护职责，如《水污染防治法》第4条第2款规定："地方各级人民政府对本行政区域的水环境质量负责，应当及时采取措施防治水污染。"《环境影响评价法》第16条第1款规定："国家根据建设项目对环境的影响程度，对建设项目的环境影响评价实行分类管理。"这些对环境管理职责的抽象规定搭

---

〔1〕　参见牛晓波、杨磊："环保总局第三张牌：修法问责'污染保护伞'"，载《21世纪经济报道》2007年2月27日。

〔2〕　参见马波："论政府环境责任法制化的实现路径"，载《法学评论》2016年第2期。

建了政府环境法律责任的基本框架：其一，政府承担环境保护的基本职责，有义务采取措施保护和改善生活环境和生态环境、防治污染和其他公害；其二，政府对环境质量负责，已经明确地方各级人民政府对本行政区域的环境质量负责，这一规定既有政治宣示意义也有法律规范意义；其三，对政府具体环境管理职责的规定，例如水污染防治职责、环境影响评价管理职责等。

在规定政府环境职责的基础上，环境保护基本法和单行法规定了一系列的环境管理制度，进一步界定了政府环境管理的权限范围，从政府职权职责统一的角度，这构成明确政府环境法律责任的第二个层次，即具体的管理责任，这主要体现在各项环境管理制度中。综合《环境保护法》和主要环境保护单行法的规定，目前我国确立的环境管理制度主要有：一是环境影响评价制度。环境影响评价制度主要规定在《环境影响评价法》中，《环境保护法》第 19 条第 1 款规定："编制有关开发利用规划，建设对环境有影响的项目，应当依法进行环境影响评价。"对于战略环评和政策环评是否应当在法律上明确仍有争议。[1]二是环境规划制度。环境规划是政府实施环境管理、实现环境目标的重要手段，关键是如何协调环境规划与其他规划的关系，整合环境规划与其他规划[2]是理想目标，但在实践中存在操作困难。与规划相关也相对独立的环境功能区划、生态功能区划制度也赋予了政府相关的管理权限。三是环境标准制度。环境

---

〔1〕 参见蔡守秋："论修改《环境保护法》的几个问题"，载《政法论丛》2013 年第 4 期；汪劲："《环境保护法》修改：矫枉必须过正——对《环境保护法修正案草案》有关'八加一'条文修改的评析"，载《甘肃政法学院学报》2013 年第 1 期。

〔2〕 参见刘佳奇："协调与整合：论环境规划的法律规制"，载《河北法学》2013 年第 6 期。

标准是实施环境管理的重要依据，现行法环境标准制度在环保实践中发挥了重要作用，其规则得到了基本肯定的评价，[1]但仍有改进余地。例如，在环境标准制定程序可采用公众合理监督下的授权方式。[2]又如，更严格的地方环境标准可能带来污染向不发达的上游地区转移等问题，因此国家环境标准和地方环境标准之间的关系需重新定位。[3]四是总量控制制度。总量控制是实现环境保护目标的硬性约束手段，环境单行法中已经明确了主要污染物的总量控制要求，资源保护领域例如森林采伐许可已经实行了总量控制，《环境保护法》也确认了污染物总量控制制度。五是环境监测制度。环境监测制度的现实问题部门分治带来的信息不统一、不能共享问题，需要统一环境监测的方法、标准以及监测点位与网络建设等，[4]目前我国正在建立统一的环境监测体系。六是环境税费制度。《环境保护税法》的出台确立了环境税制度，其他如排污费等也在逐步规范，环境税费正成为政府实施环境管理的重要手段。七是生态补偿制度。《环境保护法》明确了生态补偿制度，作为平衡环境利益与经济利益的重要机制，生态补偿对于实现环境管理目标特别是平衡经济发展与环境保护的关系至关重要。八是限期治理制度。

〔1〕 参见汪劲："《环境保护法》修改：矫枉必须过正——对《环境保护法修正案草案》有关'八加一'条文修改的评析"，载《甘肃政法学院学报》2013年第1期。

〔2〕 参见周卫："如何保障环境标准的'科学确定'——论《环境保护法》第9、10条的修改"，载《环境经济》2012年第11期。

〔3〕 参见刘长兴："国内环境污染转移的法律控制"，载《环境保护》2008年第22期。

〔4〕 参见汪劲："《环境保护法》修改：矫枉必须过正——对《环境保护法修正案草案》有关'八加一'条文修改的评析"，载《甘肃政法学院学报》2013年第1期。

限期治理制度作为现行法一项重要制度，历来存在争议，[1]甚至其合法性本身都受到质疑。但在未达到国家环境质量标准的重点区域、流域的环境管理中，限期治理、限期达标制度具有重要意义。

总之从宏观上看，现行法律已经从政府环境保护职责和环境管理制度两个层次搭建了政府环境法律责任的基本框架，这构成政府实施环境管理，推进环境保护工作的法律基础。但是，仅有政府环境法律责任的框架性规定是不够的。

（二）政府环境法律责任的微观缺失

国内外的实践表明，政府在推进环境保护中的作用地位无可替代，政府推动环保的动力、机制和手段直接关系环境目标的实现程度，因此加强政府责任是实现环境保护目标的保障。目前环境保护的理论和实践界在强化政府环境法律责任的大方向上保持一致，认为《环境保护法》应当重点约束政府、强化政府责任，而且基本完成了政府环境法律责任宏观架构，以及部分具体法律责任的明确化，但是对于具体法律责任还存在一些缺失等问题。

首先，政府环境法律责任如何承担。环境质量的政府负责制在现行法已有规定，但并未规定不履行责任的后果，这被认为是该制度未能落实的原因，因此强化政府责任、健全政府问责制成为当然选择，[2]当然还有加强对政府激励的思路。[3]但问题是政府在承担宏观和柔性的政治责任之外，如何承担环境

---

[1]　参见陈海嵩："论限期治理的法律属性"，载吕忠梅主编：《环境资源法论丛》（第8卷），法律出版社2010年版。

[2]　参见蔡守秋："论修改《环境保护法》的几个问题"，载《政法论丛》2013年第4期等。

[3]　参见巩固："政府激励视角下的《环境保护法》修改"，载《法学》2013年第1期。

法律责任。在环境质量的政府负责制层次上，即使环境质量未达到既定目标，也很难说就一定存在具体的政府违法，对整体环境质量负法律责任不合法理。但是，为了保护和改善生态环境，维持一定的环境质量，政府需要完成一系列的管理行为，具体的环境管理制度中通常都明确了管理相对人违法的责任，而对于政府的具体法律责任规定仍显不足。例如，目前关于环境风险防范的政府责任立法还存在明显的缺陷和问题，也体现了政府环境法律责任的缺陷。[1]因此，现行制度上政府的环境法律责任如何承担还不够明确，从而在出现环境问题时经常无从对政府追责。

其次，环境监管体制带来的责任主体不明问题。更进一步分析，现行《环境保护法》确定的环境监管体制存在"九龙治水"、分割管理的弊端，部门间协同甚至统一监管、跨地区协调监管一直是理论界的明确主张，但在立法过程中部门统一监管未获足够重视，跨地区协调监管也被认为存在实际困难。这就带来了政府责任承担的具体主体不明，无法落实政府的环境法律责任。虽然全面的统一管理太过理想化，但环境保护监管职权向环境保护部门的适度集中，在一定区域内打破地区隔离仍是必要的。

总之，政府职责的落实在法律上依赖于具体的法律责任制度，政府违法实施环境监管应当追究其行政法律责任，但现行法的责任范围窄、责任规则不明确，实施力度不够，如何完善还存在分歧。对环境行政不作为、乱作为的责任追究特别是如何追究，在环境法理论和制度实践上还未取得应有的进展，这就难以避免环境管理的不完善。

---

〔1〕参见陈海嵩："政府环境法律责任的实证研究——以环境风险防范地方立法评估为例"，载《社会科学战线》2016年第4期。

二、补偿环境损害是政府环境法律责任的承担方式

因此，完善政府环境法律责任制度的重点在于明确具体的责任承担方式，改变目前关于政府环境法律责任规定相对宏观、强调职权而忽视具体责任承担的问题。理论上，对应于各项环境管理制度，都应当明确政府不履行或者不适当履行管理职责的法律责任，《环境保护法》已经规定了上级人民政府及其环境保护主管部门对下级人民政府及其环境保护主管部门的监督职权，以及对违法行为的处分权或者建议处分权，[1]以及地方各级人民政府，县级以上人民政府环境保护主管部门和其他负有环境保护监督管理职责的部门违法时直接责任人的行政法律责任。[2]但是，环境保护领域的政府补偿或者赔偿责任并未进入立法规范。

（一）补偿作为法律责任方式

理论上对于法律责任的本质仍有不同的理解，如处罚论、后果论、义务论等分别强调了法律责任的不同方面。从功能角

---

〔1〕《环境保护法》第 67 条第 1 款规定："上级人民政府及其环境保护主管部门应当加强对下级人民政府及其有关部门环境保护工作的监督。发现有关工作人员有违法行为，依法应当给予处分的，应当向其任免机关或者监察机关提出处分建议。"

〔2〕《环境保护法》第 68 条规定："地方各级人民政府、县级以上人民政府环境保护主管部门和其他负有环境保护监督管理职责的部门有下列行为之一的，对直接负责的主管人员和其他直接责任人员给予记过、记大过或者降级处分；造成严重后果的，给予撤职或者开除处分，其主要负责人应当引咎辞职：（一）不符合行政许可条件准予行政许可的；（二）对环境违法行为进行包庇的；（三）依法应当作出责令停业、关闭的决定而未作出的；（四）对超标排放污染物、采用逃避监管的方式排放污染物、造成环境事故以及不落实生态保护措施造成生态破坏等行为，发现或者接到举报未及时查处的；（五）违反本法规定，查封、扣押企业事业单位和其他生产经营者的设施、设备的；（六）篡改、伪造或者指使篡改、伪造监测数据的；（七）应当依法公开环境信息而未公开的；（八）将征收的排污费截留、挤占或者挪作他用的；（九）法律法规规定的其他违法行为。"

度看，法律责任的惩罚性往往首先被强调，"责任便是惩罚"的观念已经深入人心，而且法律责任往往或多或少包含了惩戒的目的。而补偿性在矫正正义观念下也被认为是法律责任的基本属性，其特征在于以特定利益补偿受害人所受到的损失，着重法律责任对特定秩序或者利益的补救。法律责任的惩罚性和补偿性在某种程度上是联系在一起的，例如侵权赔偿和行政赔偿对于违法者是一种惩罚，对于受害者的主要作用在于补偿其利益损失。另外，法律责任的预防性也日益受到重视，惩罚本身具有预防后续违法的作用，但是传统法律责任的事后惩罚与补救已经不能适应现代风险社会的需要，在实质损害发生前就进行积极预测和预防的预防性责任变得日益重要。[1]着眼于现代风险社会的特点，在传统的补偿性法律责任和惩罚性法律责任之外，确立预防性法律责任既符合现实需要，也是对法律责任体系的充实和深化。[2]

通常反映为经济利益转移的赔偿或补偿责任往往具有三个方面的功能，从违法者需要付出经济成本的角度讲，其遭受的不利益体现了法律责任的惩罚性；从受害者获得经济利益的角度讲，体现了法律责任的补偿性；从对违法者及其他人行为的指引来看，又具有防止今后类似违法再现的预防性。补偿或赔偿的多功能属性使其成为运用广泛的法律责任方式，民事法律责任和行政法律责任都有赔偿或补偿责任，刑事法律责任中的罚金事实上也与补偿或赔偿责任类似。

公法责任的核心在于公共职能在运作过程中所产生的成本

---

〔1〕 参见柳建启："论风险社会法律责任体系的开放性"，载《政法学刊》2017年第4期。

〔2〕 参见李友根："论产品召回制度的法律责任属性——兼论预防性法律责任的生成"，载《法商研究》2011年第6期。

与风险如何在全体成员、部分成员或个体之间分配，[1] 行政法律责任除了实现对违法者的惩罚之外，也要注重成本和风险的分配及转移问题，其中以补偿或赔偿表现出来的经济利益转移是其中的重要方式。补偿作为法律责任的多功能性可以实现行政法律责任的多重目标。

（二）政府的环境损害补偿责任

在政府的环境法律责任领域，补偿也应当成为一种重要的责任形式。一方面，鉴于政府环境法律责任具体规则的不完备已经损害了环境法律的执行力，从立法上明确具体的法律责任是完善政府环境法律责任制度所必需的。另一方面，政府补偿责任的惩罚性、补偿性和预防性也可以为政府处置环境损害事件提供适用的法律工具，有利于理顺各方在环境损害问题上遇到的矛盾和困难。

具体来说，其一，补偿责任可以体现出对政府履行环境保护职责不力的惩罚。虽然《环境保护法》明确了地方政府的环境质量目标责任制，但是目前并没有强制性的责任对未完成环境目标的政府或者其工作人员进行约束。环境损害补偿在间接意义上可以看作是对政府履行环境保护职责不力的惩罚，即由于政府不履行或者不适当履行环境管理职责，间接造成严重环境损害的，强制政府承担经济上的不利后果，具有惩戒的意味。其二，补偿责任可以实现对受害者权益的补救。严重环境损害的受害人如果无法通过民事赔偿或者社会化赔偿获得权利救济，那么政府的补偿客观上可以达到补救权益损害的效果。其三，补偿责任对于政府的环境管理工作也是一种促进，从而具有推动政府严格履行职责、预防环境损害发生的作用，在这个意义

---

[1] 参见宋京霖：“责任与法律责任”，载《南华大学学报（社会科学版）》2015 年第 2 期。

上具有预防性。

因此，政府的环境损害补偿责任可以也应当成为政府承担环境法律责任的重要方式，在完善政府环境法律责任制度的同时发挥疏解社会矛盾、理顺利益关系的作用。

三、环境损害的政府补偿与政府索赔

在环境损害的政府职责方面，目前正在推行的一项措施是生态环境损害的政府索赔，即由政府作为赔偿权利人向造成生态环境损害的单位和个人索赔。环境损害的政府补偿与政府索赔在环境损害、补偿或者赔偿、政府主体等方面具有共同要素，在此作简单地比较，目的仍在于明确环境损害的政府补偿制度在法律体系中的定位。

（一）环境损害政府索赔制度

2015 年，中央办公厅、国务院办公厅印发《生态环境损害赔偿制度改革试点方案》（中办发［2015］57 号）（已失效），在吉林省等 7 个省市部署开展改革试点，取得明显成效。为进一步在全国范围内加快构建生态环境损害赔偿制度，在总结各地区改革试点实践经验基础上，2017 年 12 月 27 日，中共中央办公厅、国务院办公厅印发了《生态环境损害赔偿制度改革方案》（以下简称《方案》）并发出通知，要求各地区各部门结合实际认真贯彻落实。明确自 2018 年 1 月 1 日起，在全国试行生态环境损害赔偿制度；力争到 2020 年，在全国范围内初步构建责任明确、途径畅通、技术规范、保障有力、赔偿到位、修复有效的生态环境损害赔偿制度。

《方案》虽属于政策文件，但是其内容对生态环境损害的概念、赔偿范围、赔偿义务人、赔偿权利人等作了明确规定，而且基于政策文件在我国社会生活中的实际执行力，可以说已经基本上形成了生态环境损害的政府索赔制度。具体来说，《方案》将生态环境损害界定为因污染环境、破坏生态造成大气、地表水、地下水、土壤、森林等环境要素和植物、动物、微生物等生物要素的不利改变，以及上述要素构成的生态系统功能退化，并以列举方式明确了其具体形态。赔偿范围包括生态环境损害赔偿范围包括清除污染费用、生态环境修复费用、生态环境修复期间服务功能的损失、生态环境功能永久性损害造成的损失以及生态环境损害赔偿调查、鉴定评估等合理费用。赔偿义务人是违反法律法规，造成生态环境损害的单位或个人。应当承担生态环境损害赔偿责任的，应当做到应赔尽赔。赔偿权利人是国务院授权省级、市地级政府（包括直辖市所辖的区县级政府）。省域内跨市地的生态环境损害，由省级政府管辖；其他工作范围划分由省级政府根据本地区实际情况确定。省级、市地级政府可指定相关部门或机构负责生态环境损害赔偿具体工作。省级、市地级政府及其指定的部门或机构均有权提起诉讼。跨省域的生态环境损害，由生态环境损害地的相关省级政府协商开展生态环境损害赔偿工作。另外，在程序上，《方案》明确了开展赔偿磋商、完善赔偿诉讼规则的要求。目前，各地特别是省级政府和人民法院正在大力推进生态环境损害的政府索赔工作。

（二）环境损害政府补偿与政府索赔的关系

从制度框架来看，环境损害的政府索赔与政府补偿是方向相反的补偿机制，前者是政府作为赔偿权利人向违法造成生态环境损害的单位和个人索赔，后者是政府作为义务人向遭受严重环境损害的单位和个人补偿，利益的流动方向是相反的，政府的角色也存在重大差别。但二者仍存在一些关联：

第一，环境损害的补偿和索赔都是政府的职责。虽然环境损害的政府补偿强调政府的责任，政府索赔强调政府的权利，但是从政府的职责与职权相统一的角度，不管是补偿还是索赔都是政府的职责所在，其目标都在于完成政府的环境保护职责。

第二，环境损害的补偿和索赔都是对环境损害的补救措施。虽然最终经济利益流向的主体不同，但是获得补偿或者赔偿的主体都是或者至少代表了环境损害的受害方，而且其获得补偿或者赔偿都是为了补救环境损害。环境损害政府补偿的对象是具体的受害人，补偿体现了对其权利的直接救济；政府索赔中赔偿的对象是政府，但是政府是作为公共利益代表者出现的，赔偿实质上是对受损害的公共利益的补救。

第三，环境损害的补偿和索赔都是借鉴了环境损害侵权赔偿的制度框架而加以改造的，政府补偿制度中置换了侵权赔偿制度中的赔偿责任人，政府索赔制度中置换了侵权赔偿制度中的赔偿权利人。通过主体制度以及相关规则的改造，环境损害的政府补偿和政府索赔都形成了新的制度，从而发挥独特的制度功能，推动解决环境损害所导致的复杂社会矛盾。

因此，虽然环境损害的政府补偿和政府索赔制度存在比较大的差别，但是从制度功能的配合，最终目标的协调上看，二者仍存在密切关联。

余 论

　　环境损害的政府补偿主要基于环境损害救济的现实需要而
提出，理论上借鉴了行政赔偿和行政补偿制度的思路和规则。
就我国目前环境损害事件的形势而言，尽快确立和规范环境损
害的政府补偿制度是化解环境污染和破坏所导致的社会矛盾所
必需。同时，环境问题及其导致的社会矛盾也不能靠环境损害
的政府补偿来解决，政府补偿制度只是环境损害救济制度的一
个组成部分，而且未必是最重要的部分，环境侵权救济才应当
发挥环境损害救济的基础性作用；更进一步讲，环境损害问题
不能仅从事后救济的角度设计法律制度，也要注重环境风险预
防制度的完善。

一、环境损害的预防

　　环境损害的预防需要从风险的角度认识环境问题。风险，
就其字面可以理解为可能发生的危险。严格来讲，风险是一种
潜在的危险状态，它包括两层含义：危险爆发的可能性与不确
定性，以及危险的危害性后果（财产的损失、人员的伤亡与生
态环境的破坏）。[1]风险的内涵很广，既有自然风险、经济风

---

〔1〕 曾维华、程声通：《环境灾害学引论》，中国环境科学出版社 2000 年版，
第 136 页。

险、社会风险与政治风险，也有环境风险与生态风险等。

环境风险是环境问题出现之后提出的概念，是认识环境问题的一个侧面，即实际的损害发生之前的侧面。对环境风险的认识，众说不一。亚洲开发银行关于环境风险的定义是："由于自然或人为活动引发的，在自然环境中发生或经过自然环境传递，超出人类社会最大可承受程度的危害生态、人体健康和社会财富的不确定事件。"[1]或者定义为，所谓环境风险是指由自然或人为活动引起，孕育于"人-机-环境"系统中，并通过自然环境的媒介作用，对"人-机-环境"系统构成潜在威胁的一种危险状态，包括这种危险状态爆发的可能性与不确定性，以及危险可能导致的危害性后果两方面内容。[2]

即使存在各种不同认识，仍可以发现环境风险应当包括以下几个方面的规定性：其一，环境风险的介质是自然生态环境，即环境风险是由于自然生态环境的破坏而引起损害后果发生的风险。其二，环境风险是一种损害后果发生的不确定性。即是否发生损害后果，具体发生什么样的损害后果是难以预测的，或者虽然可以在一定程度上预测损害后果，但其长期影响或其他相关影响仍是不确定的。其三，环境风险所可能引起的损害后果，包括对人的身体健康、生命的损害，财产的损失，或者影响人类对自然环境的正常利用的自然环境本身的损害，即损害后果可能是任何对人类或自然环境不利的状态。

为了避免出现对人类不利的环境后果即环境损害，需要加强对环境风险的预防，亦即对环境损害的预防。这需要从三个

---

〔1〕 转引自曾维华、程声通：《环境灾害学引论》，中国环境科学出版社 2000年版，第 136~137 页。

〔2〕 曾维华、程声通：《环境灾害学引论》，中国环境科学出版社 2000 年版，第 137 页。

层次着手：

第一，环境风险的预测。其一，是对自然环境风险的技术性预测。现代文明社会基本上都建立了各种预测系统，例如天气预报系统。其二，是对人类活动整体环境影响的预测。例如，对于温室气体排放、森林面积减少、臭氧层破坏的环境后果的预测。这些预测是环境风险预防个案分析的基础。环境风险的个案预测以前述一般预测为基础，一方面要分析具体环境风险的发生机制，根据已往的经验和已知的客观规律，分析各个环境事件的影响因素及其作用规律，从而预测环境风险的各种可能后果。另一方面要确定环境风险的规模和严重程度，对于各种可能的环境风险后果，都应当估计其可能造成的环境损害的种类、程度及长期影响，从而大致上量化环境风险的规模。其三，估算环境风险发生的概率和期望值。即分别估算每一种环境风险的可能后果发生的概率，并结合对环境风险规模的预测估算环境风险损失的期望值。这是环境风险预测的最终结果和决定环境风险预防措施的依据。

第二，环境风险的防止。环境风险的基本特征之一是不确定性，但这种不确定性并不意味着环境风险的后果完全不可预测，在有些情况下，可以确知环境风险所有可能导致的损害后果及各种后果发生的概率。环境风险的防止是建立在环境风险相对可预测的基础之上的，实施的前提是：环境风险后果的种类是有限的，并且可以预知每一种损害后果的发生状况、发生机制；确知各种后果发生的概率，对各种后果都有合理的预防措施制止损害的发生或控制损害的程度，也就是说，有确定的符合"成本-效益"原则的措施可供采用。环境风险的防止以准确的预测为前提，而预测的准确性本身也未必能十分确定。因此，"防止"环境风险虽然是应对环境风险最理想的措施，但其实用范围及效果却有相当的局限性。

　　第三，环境风险的防范。概然性地减少环境风险发生的可能即"防范"环境风险。环境风险的积极防范是在不放弃影响环境的活动和利用环境资源的情况下，采取一定的可以抵御一定程度风险的措施，降低环境风险发生的可能性及风险损害程度。例如，预先加固河堤可以减少洪水灾害的发生，但不能保证完全避免；危险品的贮运中加固贮运设备、严格保管制度也只能是减少了危险品泄露的可能性。环境风险的消极防范是为了回避一定的环境风险，放弃影响环境的活动或减少对环境资源的利用。因此，它包含了保持环境资源原貌和对自然环境风险规避的含义。

　　趋利避害是人类的本能需求，因此对于环境损害的预防具有重要的社会意义，环境法预防原则的提出、具体制度的设计都在某种程度上反映了这一需求。具体制度层面，对环境损害的预防要从公法和私法两个方面入手，发展、完善或者建构相应的法律制度。

　　在公法方面，环境行政管理的主要任务是预防环境风险和环境损害。风险行政的理论和实践已经取得了长足的进展，环境风险防范是风险行政的重要方面。有学者认为，规制环境风险是环境行政的逻辑起点，但是我国的环境行政还缺乏整体视野与思路，在规制理念、规制制度、规制机构和规制过程这四个方面存在着断裂。解决这些问题可以通过统合环境风险行政规制工具的方式寻求解决，可能的统合进路有确定环境行政规制中的价值排序与优先顺位、充分的环境风险信息交流以及规制中市场手段的适用等。[1]一般的环境管理多涉及对环境风险和具体环境损害的预防，例如环境影响评价制度、环境标准制

---

　　[1]　参见刘超："环境风险行政规制的断裂与统合"，载《法学评论》2013 年第 3 期。

度、环境规划制度、环境许可制度等。

在私法方面，预防性民事责任越来越受到重视，我国《侵权责任法》也创立了侵权预防责任。比较法经验表明，侵权预防责任的出现是当代侵权法之最新发展趋势。该责任对传统侵权责任带来了巨大挑战，需要对归责与归责依据进行重新界定，确立不同的责任正当性基础以及责任构成要件、法律效果等。[1]民事权利制度的发展也对环境损害预防起了积极作用，起源于环境法的预防原则在民法领域的体现越来越突出。

二、环境损害预防与救济的关系

预防环境风险、避免环境损害的发生无疑是应对环境问题的理想效果，而且预防措施也是在特定领域和一定程度上解决环境问题的重要途径。但是问题在于，环境损害不可能完全避免，或者某些环境损害的预防成本过高而不能完全避免，这就意味着环境损害出现的必然性，救济因而成为必要。

环境损害从本质上无法完全避免。虽然爱因斯坦拒绝"相信上帝拿地球当骰子来赌博"，但是在 20 世纪人类开始"拿这个星球当骰子来赌博"，却对游戏规则一无所知。人类，并非刻意而为，但已经在地球上进行了巨大的、无法控制的实验。[2]这场实验包括了无止境的技术创新，也包括无节制的自然资源开发利用、人造化学品等污染物排放。虽然崇尚法律的确定性是法学的悠久传统，[3]但是法律并未在环境风险的应对上提供

---

〔1〕 参见叶名怡："论侵权预防责任对传统侵权法的挑战"，载《法律科学（西北政法大学学报）》2013 年第 2 期。

〔2〕 参见［美］J.R.麦克尼尔：《阳光下的新事物：20 世纪世界环境史》，韩莉、韩晓雯译，商务印书馆 2013 年版，第 3 页。

〔3〕 参见曹祜："论法律的确定性与不确定性"，载《法律科学（西北政法大学学报）》2004 年第 3 期。

根本性帮助。现实已经并且将继续表明，这些实验会造成广泛和重大的环境损害。

环境损害的出现就意味着预防的失败，需要环境损害的救济制度进行补救。关于环境损害的预防已经发展出了相对比较完整的环境管理制度，从环境规划、环境标准、环境影响评价乃至总量控制、排污许可等方案力图避免出现环境损害后果，或者说力图将环境损害控制在社会可以承受、个体可以容忍的范围之内。然而环境损害的现实表明这些制度并未完全实现预防的目标，在整体性的环境问题超过社会的接受度时，政府加强环境管理仍是解决问题的基本途径；在社会个体遭受的环境损害明显高于为了社会经济发展应当容忍的水平时，或者说造成了人身或者财产权益的损害时，对受损权益的救济就是法律的基本任务。环境损害的救济需要运用传统的民事侵权救济途径，考虑环境损害的特殊性对其进行适当的改造；民事救济不足以保护当事人权益的，采用环境责任保险、环境共同基金等社会化救济制度；最后是环境损害的政府补偿制度为遭受环境污染和破坏损害的基本权利提供保障。

另一方面，环境损害救济也具有一定的预防作用。对环境损害的民事侵权赔偿责任可以促使责任人减少污染和破坏环境的行为，因此具有一定的预防作用。作为污染者负担的必然结果，潜在的污染者的环境风险会转换为期待损失，该期待损失需要行为者在做该行为时予以负担，当前已经存在把该负担制度化的构造，[1]这样也可以通过救济制度实现环境损害预防的目标。社会化救济一定程度上被视为直接责任人逃避责任的方式，但是从社会需要为环境损害作出赔付准备的角度看，也增

---

〔1〕 参见［日］黑川哲志："从环境法的角度看国家的作用及对后代人的责任"，王树良、张震译，载《财经法学》2016 年第 4 期。

加了环境污染和破坏行为的成本，有助于抑制对环境的污染和破坏，从而预防环境损害。例如在日本，作为赔偿措施，《核能损害赔偿法》第 7 条要求核能企业缔结核能损害赔偿保险合同。[1] 环境损害的政府补偿责任在一定意义上是对政府环境管理不力的追责，从而有助于政府积极履行环境保护职责、降低社会整体环境风险，实现对环境损害的预防。例如，日本在对排放污染物或者加油站等存在环境污染风险的行为进行许可时，其许可要件之一便是在一旦发生污染时，经营者具有恢复原状何赔偿污染损失的财务能力。[2]

因此，虽然环境损害的预防和救济是应对环境问题的不同角度，在法律制度的设计上也存在根本性差异，但是二者在解决环境问题这一根本目标上是一致的，需要相互协调共同完成环境保护的制度任务。

---

〔1〕 参见［日］黑川哲志：“从环境法的角度看国家的作用及对后代人的责任”，王树良、张震译，载《财经法学》2016 年第 4 期。
〔2〕 参见［日］黑川哲志：《环境行政的法理与方法》，肖军译，中国法制出版社 2008 年版，第 167 页。

主要参考文献

1. 陈慈阳：《环境法总论》，中国政法大学出版社 2003 年版。

2. 陈清秀：《行政罚法》，法律出版社 2016 年版。

3. 陈真亮：《环境保护的国家义务研究》，法律出版社 2015 年版。

4. 程燎原、王人博：《赢得神圣——权利及其救济通论》，山东人民出版社 1993 年版。

5. 金瑞林、汪劲：《20 世纪环境法学研究评述》，北京大学出版社 2003 年版。

6. 冷罗生：《日本公害诉讼理论与案例评析》，商务印书馆 2005 年版。

7. 李军鹏：《责任政府与政府问责制》，人民出版社 2009 年版。

8. 林志强：《健康权研究》，中国法制出版社 2010 年版。

9. 刘超：《问题与逻辑：环境侵权救济机制的实证研究》，法律出版社 2012 年版。

10. 罗豪才、湛中乐主编：《行政法学》（第 4 版），北京大学出版社 2016 年版。

11. 吕忠梅：《环境法新视野》，中国政法大学出版社 2007 年版。

12. 吕忠梅主编：《环境法学概要》，法律出版社 2016 年版

13. 吕忠梅等：《环境损害赔偿法的理论与实践》，中国政法大学出版社 2013 年版。

14. 沈开举、王钰：《行政责任研究》，郑州大学出版社 2004 年版。

15. 汪劲：《环境法律的理念与价值追求——环境立法目的论》，法律出版社 2000 年版。

16. 王名扬:《法国行政法》,北京大学出版社 2016 年版。

17. 张文显:《法哲学范畴研究》(修订版),中国政法大学出版社 2001 年版。

18. 张梓太:《环境法律责任研究》,商务印书馆 2004 年版。

19. 郑少华:《生态主义法哲学》,法律出版社 2002 年版。

20. 竺效:《生态损害的社会化填补法律研究》,中国政法大学出版社 2007 年版。

21. [美] A. 迈里克·弗里曼:《环境与资源价值评估——理论与方法》,曾贤刚译,中国人民大学出版社 2002 年版。

22. [美] O. C. 麦克斯怀特:《公共行政的合法性———种话语分析》,吴琼译,中国人民大学出版社 2002 年版。

23. [美] J. R. 麦克尼尔:《阳光下的新事物:20 世纪世界环境史》,韩莉、韩晓雯译,商务印书馆 2013 年版。

24. [美] 阿尔伯特·赫希曼:《欲望与利益:资本主义胜利之前的政治争论》,冯克利译,浙江大学出版社 2015 年版。

25. [美] 奥利弗·A. 霍克:《夺回伊甸园:改变世界的八大环境法案件》,尤名青译,北京大学出版社 2017 年版。

26. [美] 霍尔姆斯·罗尔斯顿:《环境伦理学》,杨通进译,中国社会科学出版社 2000 年版。

27. [美] 肯尼斯·R. 范伯格:《补偿的正义:美国如何应对灾难》,孙伟等译,法律出版社 2013 年版。

28. [美] 圭多·卡拉布雷西:《理想、信念、态度与法律:从私法视角看待一个公法问题》,胡小情译,北京大学出版社 2012 年版。

29. [美] 理查德·派普斯:《财产论》,蒋琳琦译,经济科学出版社 2003 年版。

30. [美] 理查德·J. 皮尔斯:《行政法》(第 5 版)(第 3 卷),苏苗罕译,中国人民大学出版社 2016 年版。

31. [美] 萧拉瑟:《笛卡尔的骨头——信仰与理性冲突简史》,曾誉铭、余彬译,上海三联书店 2012 年版。

32. [美] 约翰·罗尔斯:《正义论》,何怀宏、何包钢、廖申白译,中国社会科学出版社 1988 年版。

33. ［美］茱莉亚·德莱夫：《后果主义》，余露译，华夏出版社 2016 年版。

34. ［加］威廉·莱斯：《自然的控制》，岳长岭、李建华译，重庆出版社 1993 年版。

35. ［德］奥托·迈耶：《德国行政法》，刘飞译，商务印书馆 2002 年版。

36. ［德］克里斯蒂安·冯·巴尔：《大规模侵权损害责任法的改革》，贺栩栩译，中国法制出版社 2010 年版。

37. ［德］乌尔里希·贝克：《风险社会》，何博闻译，译林出版社 2004 年版。

38. ［德］U. 马格努斯主编：《侵权法的统一：损害与损害赔偿》，谢鸿飞译，法律出版社 2009 年版。

39. ［法］亚历山大·基斯：《国际环境法》，张若思编译，法律出版社 2000 年版。

40. ［澳］皮特·凯恩：《法律与道德中的责任》，罗杰华译，商务印书馆 2008 年版。

41. ［日］宫本宪一：《环境经济学》，朴玉译，生活·读书·新知三联书店 2004 年版。

42. ［日］黑川哲志：《环境行政的法理与方法》，肖军译，中国法制出版社 2008 年版。

43. ［日］原田尚彦：《环境法》，于敏译，法律出版社 1999 年版。

44. 欧洲侵权法小组编著：《欧洲侵权法原则：文本与评注》，于敏、谢鸿飞译，法律出版社 2009 年版。

45. 蔡守秋："从环境权到国家环境保护义务和环境公益诉讼"，载《现代法学》2013 年第 6 期。

46. 曹祜："论法律的确定性与不确定性"，载《法律科学（西北政法大学学报）》2004 年第 3 期。

47. 陈聪富："环境污染责任之违法性判断"，载《中国法学》2006 年第 5 期。

48. 陈海嵩："国家环境保护义务的溯源与展开"，载《法学研究》2014 年第 3 期。

49. 陈太清："行政罚款与环境损害救济——基于环境法律保障乏力的反思"，载《行政法学研究》2012 年第 3 期。

50. 韩大元："基本权利概念在中国的起源与演变"，载《中国法学》2009 年第 6 期。

51. 贺思源、刘士国："论环境监管失职致害的国家赔偿责任"，载《河北法学》2013 年第 12 期。

52. 金观涛："论社会契约论的起源与演变"，载《中国法律评论》2014 年第 1 期。

53. 李步云、刘士平："论行政权力与公民权利关系"，载《中国法学》2004 年第 1 期。

54. 吕忠梅："论公民环境权"，载《法学研究》1995 年第 6 期。

55. 吕忠梅："再论公民环境权"，载《法学研究》2000 年第 6 期。

56. 吕忠梅："环境权力与权利的重构——论民法与环境法的沟通和协调"，载《法律科学（西北政法大学学报）》2000 年第 5 期。

57. 马缨："美国环境公平研究概述"，载《国外社会科学》2003 年第 2 期。

58. 苏永钦："私法自治中的国家强制——从功能法的角度看民事规范的类型与立法释法方向"，载《中外法学》2001 年第 1 期。

59. 王明远："环境侵权的概念与特征辨析"，载梁慧星主编：《民商法论丛》（第 13 卷），法律出版社 1999 年版。

60. 吴卫星："环境权内容之辨析"，载《法学评论》2005 年第 2 期。

61. 姚辉："关于人格权的两个日本判例"，载中国人民大学法学院《大法律评论》编辑委员会编：《人大法律评论》（2001 年卷第 1 辑），中国人民大学出版社 2001 年版。

62. 叶金强："论侵权法的基本定位"，载《现代法学》2015 年第 5 期。

63. 袁立："公民基本权利野视下国家义务的边界"，载《现代法学》2011 年第 1 期。

64. 张素华："论行政不作为侵权的责任承担——以三鹿奶粉事件为中心的研究"，载《法学评论》2010 年第 2 期。

65. 张贤明："政治责任与法律责任的比较分析"，载《政治学研究》2000

年第 1 期。

66. 张翔:"基本权利的双重性质",载《法学研究》2005 年第 3 期。

67. 张震:"环境权的请求权功能:从理论到实践",载《当代法学》2015 年第 4 期。

68. 周枫:"近代社会契约论中的个人主义及其前提批判",载《哲学研究》2015 年第 4 期。

69. Alan Boyle and Michael Anderson (eds), *Human Rights Approaches to Environmental Protection*, Clarendon. Oxford 1998.

70. Clifford Rechtschaffen and Eileen Gauna, *Environmental Justice: Law, Policy, and Regulation*, Carolina Academic Press, 2002.

71. Tracylee Clarke, Tarla Rai Peterson, *Environmental conflict management*, Thousand Oaks, California : SAGE Publications, Inc. , 2016.

72. Frank B. Cross, *The Public Role in Risk Control*, Environmental Law in Northwestern School Law of Lewis & Clark College, Vol. 24, No. 3, 1994.

73. OECD, More *Comprehensive Pollution Insurance*, *Environmental Policy and Law*, Vol. 21, No. 3-4, 1991.

74. Parvez Hassan, *Elements of Good Environmental Governance*, Asia Pacific Journal of Environmental Law, Vol. 6, Issue. 1, 2001.

75. Karen Bradshaw, *Setting for Natural Resource Damages*, Harvard Environmental Law Review, Vol. 40, No. 2, 2016.

后 记

　　环境法学自其产生至今都未摆脱来自法学的质疑。问题导向决定了环境法学的对策属性，伦理导向意味着环境法学难以获得现代法律所推崇的确定性。而环境法学提出的制度方案，往往要么游离于既有法律体系之外而缺少法律性，要么属于对既有法律制度的重复而不具有独特意义。在创新与守成之间，环境法学研究似乎仍未找到适当位置。

　　本书是广东省社科规划项目《环境损害政府补偿责任研究》的最终成果，其目标本不在环境法学的理论创新，主要还是完成工作任务。但是研究过程中，仍然存在一些无法回避的问题，在此简单总结几点，算作对这个研究过程的反思，也算对自己今后研究工作的提醒。

　　虚假的问题意识。环境问题是环境法学研究的出发点，对问题的认识程度在很大意义上决定着研究的深度。在观察和总结环境问题的过程中，难免被一些表面的、非关键的因素所迷惑，也缺乏深入探究问题本源的动力。因此对问题的总结和提炼不到位，随便找一个所谓的环境问题即开始理论分析和对策研究，其结论难有说服力。在对环境损害的政府补偿责任进行研究的过程中，越深入发掘越能发现一些初步的判断并不具有实质意义。

　　薄弱的法学基础。对环境问题、环境伦理乃至环境社会学、环境经济学的过度关注分散了对法律理论的研究精力，在对"传统法律"一知半解时即对其大加批评并开始"环境法学"的研究，思路和成果难免"环境"因素过多，法学成分不足，要么完全超出法学领域，要么把既有法律制度加上"环境"两个字就当成环境法律制度。而法律制度的真正创新绝非易事，所以环境法学的很多具体制度仍须回到传统法律制度的轨道。

　　悬空的制度方案。上述因素导致的结果是，环境法学的研究成果一方面难以实现预期效果，另一方面又难以获得理论认可，提出的制度方案往往脱离既有制度体系、脱离环境保护实践。已有的多个环境法制度"实验"已经证实了这一点。在环保领域强调法律理论，在法学领域强调环保特色，导致不少环境法律制度"悬空"，既无法与现行制度建立有机联系，又无法独立发挥调整功能。

　　在这个意义上，本书作为学术研究成果是难以令人满意的，只能算努力避免并期望解决这些问题的一个尝试。能够在纠结中完成这项工作，首先要感谢我的导师吕忠梅教授。吕老师是我走上学术道路的引路人，又在我数次准备放弃时给予关心和鼓励，希望今后的工作能够不辜负老师的期望。其次要感谢家人的支持。女儿的降生带给我无尽的欢乐，也带来了生活的压力和工作的动力，唯愿孩子们快乐成长！最后特别感谢丁春晖编辑为本书出版付出的辛勤工作！

刘长兴
2018 年 11 月 30 日